上海自贸区临港新片区
金融开放和创新发展研究

杨力　张云　刘郭方等　编著

中国财经出版传媒集团
中国财政经济出版社

图书在版编目（CIP）数据

上海自贸区临港新片区金融开放和创新发展研究 / 杨力等编著. --北京：中国财政经济出版社，2023.1

ISBN 978-7-5223-1902-5

Ⅰ.①上… Ⅱ.①杨… Ⅲ.①自由贸易区-金融改革-研究-上海 Ⅳ.①F832.751

中国版本图书馆 CIP 数据核字（2023）第 004087 号

责任编辑：叶　彤　　　　　　责任校对：胡永立

封面设计：北京兰卡绘世　　　责任印制：党　辉

上海自贸区临港新片区金融开放和创新发展研究

SHANGHAI ZIMAOQU LINGANG XINPIANQU JINRONG KAIFANG HE CHUANGXIN FAZHAN YANJIU

中国财政经济出版社 出版

URL：http：//www.cfeph.cn

E-mail：cfeph@cfeph.cn

社址：北京市海淀区阜成路甲 28 号　邮政编码：100142

营销中心电话：010-88191522

天猫网店：中国财政经济出版社旗舰店

网址：https：//zgczjjcbs.tmall.com

北京时捷印刷有限公司印刷　各地新华书店经销

成品尺寸：185mm×260mm　16 开　16.5 印张　223 000 字

2023 年 3 月第 1 版　2023 年 3 月北京第 1 次印刷

定价：78.00 元

ISBN 978-7-5223-1902-5

（图书出现印装问题，本社负责调换，电话：010-88190548）

本社质量投诉电话：010-88190744

打击盗版举报热线：010-88191661　QQ：2242791300

前言

P R E F A C E

2019年11月，习近平总书记在上海考察时提出，“上海自贸试验区临港新片区要努力成为统筹发展在岸业务和离岸业务的重要枢纽”。2020年11月，习近平总书记在浦东开发开放30周年庆祝大会上指出，浦东要努力成为国内大循环的中心节点和国内国际双循环的战略链接，并做出支持浦东发展人民币离岸交易的重要指示。2021年4月，中共中央、国务院印发《关于支持浦东新区高水平改革开放打造社会主义现代化建设引领区的意见》（下称《意见》），明确提出“构建与上海国际金融中心相匹配的离岸金融体系，支持浦东在风险可控前提下，发展人民币离岸交易”，并给出了具体措施：“创新面向国际的人民币金融产品，扩大境外人民币境内投资金融产品范围，促进人民币资金跨境双向流动”“支持在浦东设立国际资产交易平台，试点允许合格境外投资者使用人民币参与科创板股票发行交易”。

2019年8月，中国（上海）自贸试验区临港新片区（以下简称“新片区”）正式挂牌成立。在中央“三步走的战略构想方针”指引下，在上海市委市政府部署下，在沪金融管理部门和机构以及新片区管委会等多方力量齐心协力，聚焦打造具有重要影响力的特殊经济功能区，大力推进新片区金融改革开放创新，取得了积极进展。值此三周年之际，上海长三角科创产业金融服务协同创新中心（以下简称“协创中心”）组织研究团队，聚焦研究新片区“金融开放和创新发展”，梳理和总结新片区建设经验，探索自贸港与境内离岸金融体系建设的规律，探索起到持续推动新片区引领高质量开放和发展的作用。

上海长三角科创产业金融服务协同创新中心是由上海市教委批准成立，依托上海立信会计金融学院学科专业优势以及在金融服务科创产业发展领域的研究基础，协同上海临港集团、临港新片区管委会、长三角 G60 科创走廊联席办等机构，结合各单位在滴水湖金融湾（临港）建设、长三角 G60 科创走廊建设、金融支持科技创新（实体产业）发展等方面特色研究和实际需求，围绕国家重大战略，搭建起来的一流的长三角科创产业金融服务协同创新平台，旨在汇聚一批具有跨部门、跨学科、跨领域的创新型人才和团队，促进学科交叉融合，提升科研协同和人才培养创新能力，从而更好地为国家重大战略落地、上海国际金融中心建设、浦东引领区建设等提供智力支持。自成立以来，协创中心联合各界研究力量开展协同研究，其中为新片区进行更深层次、更宽领域、更大力度的全方位高水平开放提供智力支持成为重要工作任务之一。本书是协创中心联合研究的阶段性成果精选，关注领域包括：人民币离岸交易、人民币国际化和资本项目可兑换、发展新型国际贸易、金融资产交易平台、金融产业聚集与生态、金融交易与创新等。其中，第一至五篇为精选报告，第六篇是基于四篇优质报告的统筹研究，主要研究内容如下。

第一篇研究报告“临港新片区人民币离岸交易研究”深入分析了上海发展人民币离岸交易面临的新形势新环境，以人民币国际化发展进程作为事实依据，剖析人民币离岸市场发展难点和瓶颈制约，提出了上海发展人民币离岸交易的操作性思路、路径和创新举措。

第二篇研究报告“临港新片区加快打造跨境电商生态链研究”从发展跨境电商产业的现状和优势角度，剖析新片区跨境电商产业发展所面临的主要瓶颈，通过对国内城市发展跨境电商产业的典型案例分析，理清新片区快速发展跨境电商生态链的方向以及新思路和新举措，提出相应的可操作建议。

第三篇研究报告“临港新片区金融聚集提升路径研究”通过分析临港新片区金融业集聚现状，针对新片区的金融业集聚提升路径方面研究较少，聚焦新片区金融聚集发展水平、建设金融聚集区问题较多，金融业聚集程度的创新路径有待提升等问题，展开全面深入研究，并提出了相应政策建议。

第四篇研究报告“中国跨境资本流动风险与对策研究”研究了疫情冲击下跨境资本流动的国际环境变化，各国在跨境结算领域的竞争，分析了新环境和人民币国际化战略下中国跨境资本流动风险的新特征，对于构建中国跨境资本流动风险的预警与响应机制提出了政策建议。

第五篇研究报告“中国跨境资本流动监管体系构建研究”基于文献梳理和主成分分析形成跨境资金流动的预警指标，构建跨境资本流动监测预警体系，并对其预警能力进行了检验。之后，进一步探讨了宏观经济、跨境贸易等因素对跨境资本流动的冲击机制并提出完善我国跨境资本流动管理的政策建议。

第六篇研究报告“临港新片区高能级金融服务发展研究”研究了新兴金融业发展背景下，临港新片区跨境金融服务的创新发展内容，分析了临港新片区金融聚集区建设、国际金融资产交易平台、贸易新业态和金融交易数据跨境流动的发展经验，对临港新片区跨境高能级金融服务创新发展指出了发展方向并提出了政策建议。

上述报告汇聚了包括北京师范大学经济与工商管理学院、北京第二外国语大学、上海财经大学金融学院、上海大学经济学院、湖北大学商学院、上海海事大学、上海立信会计金融学院等在内的多家国内知名高校的优秀研究团队。各研究报告主要参与者为：第一篇为丁剑平教授、吴君副教授、鞠卓博士等；第二篇为陈志成教授、王锐副教授、张卓博士等；第三篇为蔡宏波教授、胡海峰教授、郑飞虎副教授等；第四篇为刘郭方副教授、徐晓璞经济师、曹春玉博士；第五篇为喻崇武博士、赵令锐博士、张世国博士；第六篇为基于四篇优质报告的统筹研究，主要由上海立信会计金融学院的郭晨博士和薛莹博士等执笔，汇聚了尹应凯教授、王国松教授、殷凤教授、程时雄教授、肖德教授、喻春娇教授、甘爱平教授、陈磊副教授、余运江副教授、徐鑫高级经济师、周欢副教授、李梓毓博士、周佳雯博士、舒杏博士、常青青博士等研究团队的前期工作。

本书经历了课题研究、成果精选、汇编统筹等多个过程，筚路蓝缕却因得到了多方面的关怀和支持而顺利问世，也践行了协创中心协同合作的理念。在本书出版之际，特别感谢中国财政经济出版社的大力支持和主动服务，编辑花费了大量时间认真审阅和修订，提出了许多宝贵的意见，在此表示由衷感谢！本书编写过程中，借鉴了大量专业人士、同行和机构的文献资料，在此表示诚挚的谢意，如有不当之处，敬请指正。由于我们经验有限，书中难免有错误和不足之处，请广大读者朋友对本书提出宝贵意见和建议，欢迎同行专家批评指正，以便后续修改完善。

作者

2022 年 12 月

目录
CONTENTS

第一篇

临港新片区人民币离岸交易研究

一、研究背景及意义

习近平总书记在庆祝浦东开发开放30周年大会上指出，将“支持浦东发展人民币离岸交易、跨境贸易结算和海外融资服务”。上海发展离岸人民币交易面临难得的机遇。近年来，中国香港、新加坡、中国台湾、马来西亚以及伦敦、法兰克福等地在加紧进行人民币离岸中心的建设。反观中国内地，最应发挥作用的上海自贸试验区却刚刚起步。为此，深入分析上海发展人民币离岸交易面临的新形势新环境，找准难点和瓶颈制约，研究提出上海发展人民币离岸交易的操作性思路、路径和创新举措，推进上海离岸人民币交易，对于加快推进上海国际金融中心建设，强化上海全球资源配置功能和更好服务引领实体经济发展具有重要意义。

过去衡量货币国际化三个功能指标交易媒介、价值储存、计价货币已被规模性、流动性、可信度替代（丁剑平和管珺，2021）。网络外部性的功能越来越强，因此必须要注意离岸市场的网络外部性功能。世界货币存量的50%是通过离岸市场周转的，SDR货币当中都有离岸市场，且离岸市场发展得很快，对扩大网络外部性的功能越来越强。中国利率没有降到零利率之前，在融资成本上不能与SDR其他货币进行竞争。只能通过扩大人民币离岸市场规模的路径，来达到人民币离岸市场的网络外部性。人民币离岸市场主要是债券市场和离岸信贷市场，加上风险识别机制和对风险进行对冲的人民币外汇期货市场。上海人民币离岸市场框架如图1－1所示：

（一）离岸业务将成为货币国际化的主要“载体”之一

丁剑平和管珺（2021）认为，过去衡量货币国际化三个功能指标交易媒介、价值储存、计价货币已被规模性、流动性、可信度替代（如图1－2所示）。通过“可信度”，负利率或零利率货币仍旧可以成为国际货币或避险货币。国际货币体系（无论是布雷顿森林体系还是牙买加体系）的一些

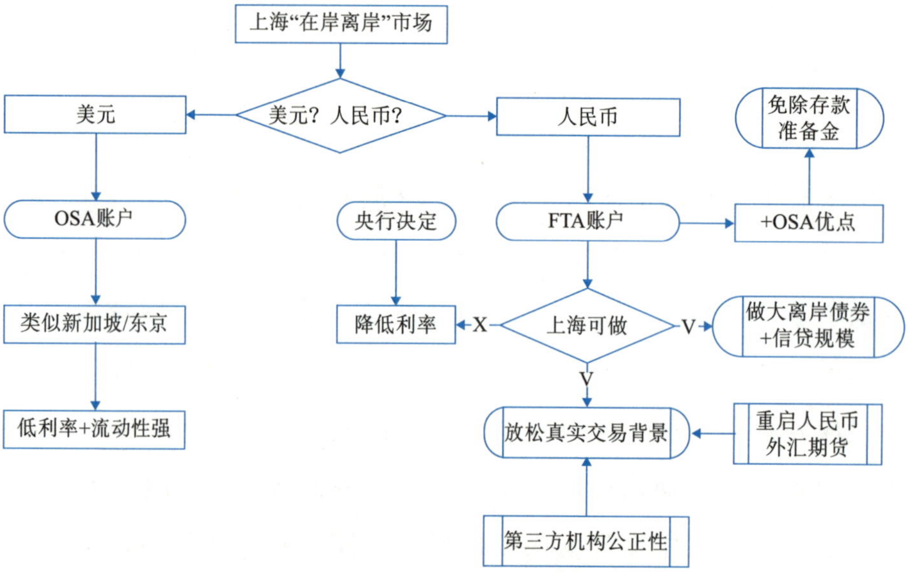

图 1－1　上海人民币离岸市场框架图

规则被架空，被现实中的货币“网络外部性”取而代之，而“规模性”和“流动性”则与“网络外部性”互动。“离岸”本身就意味着境内外政策有别（也可视为资本账户部分管制）。IMF 定义离岸金融为银行和其他中介机构向非居民提供金融服务，包括从非居民吸收存款和向非居民贷款的银行中介作用，以及基金管理、保险、信托业务、资产保护、公司规划和税务规划等其他服务。

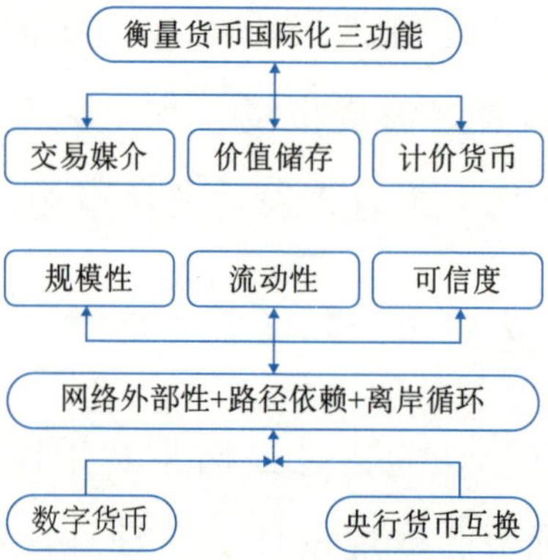

图 1－2　货币国际化的三功能与三要素

（二）发展货币离岸市场有助于扩展网络外部性

Murau 等（2020）认为在金融全球化世界中，国际货币体系是一个有阶层的结构，该体系的关键特征是离岸美元的创建。这一特征在 20 世纪 50 年代和 60 年代与布雷顿森林体系共同发展，并在 70 年代被取代。自 2008 年美国次贷金融危机以来，这种“离岸美元体系”一直受到美联储向其他主要央行延伸的“央行互换额度”网络的支持。作为 SDR 篮子货币（美元、欧元、英镑和日元）都存在各种离岸市场业务，其共同特点是：①在岸利率与离岸利率存在差异，但两地汇率则无差别。通过“特设”账户（都存在变相的资本账户管制）将那些“流失”境外的本土银行业务“重新拉回”到境内，且不会对本国的基础货币和货币政策产生很大影响。②在本币债务高企的同时，其利率趋势线不断下滑以降低本国债务成本。而低利率货币恰恰是“避险货币”特征之一，因为低成本也容易被发展中国家企业作为“融资货币”。然而一旦出现危机预警，美联储就会拉升利率来促使资金回流，与此同时，这些（非居民）企业累积的债务危机就爆发了。③巨大的离岸货币市场为货币发行国家的（海外）非居民提供了充足的流动性，较强的流动性也是货币国际化竞争的“利剑”，因为流动性与融资成本是负相关的（丁剑平和管珺，2021；丁剑平，2022）。

（三）发展人民币离岸债券市场有助于控制金融市场风险

根据离岸债券市场深度（规模 + 规范）的风险可控特征，发展人民币离岸债券市场成为对外开放的首选市场。债券市场是现代金融市场的基础市场、核心市场，全球大类资产配置结构中约 70% 集中于债券市场。特别是国债市场容量大、波动小，是整个金融市场的稳定器和压舱石，能够有效应对大量资金进出，防范开放中面临的国际资本冲击风险（周文斌等，2022）。国际经验表明，所有离岸金融衍生品都基于债券市场。诸如前苏联为了应对美国制裁，将其资金调往欧洲市场；石油输出国组织将其“石油美元回流”资金调往欧洲离岸市场。如果上海离岸人民币债券市场坚持离岸人民币“本币优先”原则，不仅有利于加快推进人民币国际化，而且能够提升抵御外部金融风险的能力。

（四）发展人民币外汇期货市场有助于控制金融市场风险

我国的外汇衍生品市场在近几年取得了一定的发展，但是仍然未能满足我国走向浮动汇率并进一步开放资本市场的要求。目前我国外汇衍生品市场均为场外市场，外汇衍生品的场内市场仍未被开发。而外汇期货市场作为现货和场外市场的重要补充，在价格发现、流动性供给等方面有着不可忽视的作用。场外市场在远期定制化产品上具有优势，而外汇期货市场则在短期标准化产品上具有优势，两者具有强大的互补性。除此之外，外汇期货市场作为单一最大的集中交易平台，具有场外市场没有的高标准化、准入门槛低、高流动性、交易时间长、透明度强且监管完善等优势。作为单一最大集中交易平台，外汇期货市场在价格发现、流动性供给等方面发挥了不可忽视的作用，是外汇市场的重要组成部分。新兴市场建立外汇期货市场的实例表明，外汇期货市场并没有增加即期市场的波动性，反而有助于稳定即期市场。可能是因为期货市场中更多元化的参与者通过更有效的“低买高卖”，使汇率更快地回归其均衡水平，从而稳定了市场。因此，对于新兴市场国家而言，外汇期货市场的作用更像是稳定器，而非风险源。

（五）发展人民币离岸市场有助于稳步推进人民币国际化

IMF 于 2022 年 3 月 24 日发表了一篇题为《美元优势的隐形侵蚀：积极的多元化和非传统储备货币的崛起》的论文。论文表示，美元份额的下降并没有伴随着英镑、日元和欧元份额的增加。相反，美元的流出是双向的：1/4 流入中国的人民币，3/4 流入作为储备货币作用有限的小国货币。因此，过去 20 年国际储备体系演变的一个特征是：持续远离美元，人民币的作用最近略有上升，市场流动性、相对回报和储备管理的变化增强了非传统储备货币的吸引力（如图 1－3 所示）。

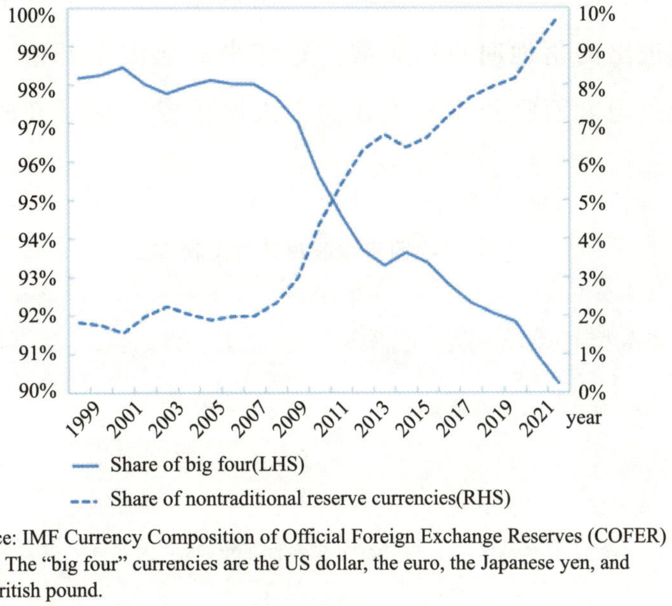

图 1－3　前四大储备货币与其他非主要储备货币比重的变化（1999～2021 年）

数据来源：IMF。

近期来，美元的份额持续下降。根据 COFER，2019 年一季度到 2021 年第三季度之间，即使根据汇率和利率的波动进行调整，美元在 11 个季度中有 10 个季度的份额在下降。此外，过去 20 年全球储备中美元份额的下降不能归因于中国，因为中国被纳入 COFER 是 2015 年以后。而与之相匹配的是非传统储备货币份额的增加，除了人民币，还有澳元、加元、韩元、新加坡元和瑞典克朗等。论文进一步指出，发现有 46 个活跃的多元化者已经改变了他们的投资组合，这些国家至少有 5% 的外汇储备是非传统货币。文章在结论部分提出，储备货币竞争通常被框定为巨头之战。虽然中国的国力日益增强，但人民币或仍然很难超越美元。自 1999 年创立以来，欧元作为储备货币的地位几乎没有提高。尽管人民币已经取得了一些进展，但作为一种国际储备形式，人民币仍落后于美元。

在我国金融开放的过程中，实现人民币资本项目可兑换是关键的一环，如表1－1所示（张明，2022）。中国一直以来都在不断推进资本项目下自由可兑换，并且已有不少领域实现了自由可兑换。选择资本项目开放自由兑换、自由进出的落地时点很重要。近年来美元汇率升值、人民币汇率波动加剧、新兴国家面临资本外逃压力，人民币资本项目开放需要避免大规模的资金外流。

表1－1　　中国资本账户开放现状

市场类型	主体类型	流入	流出
直接投资	非居民	负面清单管理	允许
	居民	允许	发改委、商务部与外管局审核
货币市场	非居民	不允许	不允许
	居民	需要人民银行和外管局事前批准	不允许，授权主体除外
股票市场	非居民	QFII与RQFII（无投资上限），沪港通、深港通与沪伦通，B股市场买入股票，跨境理财通	QFII、沪港通、深港通与沪伦通申请赎回外汇，B股市场卖出股票，跨境理财通申请赎回
	居民	QDII，沪港通、深港通与沪伦通申请赎回，跨境理财通申请赎回	QDII、沪港通、深港通与沪伦通，跨境理财通
债券市场	非居民	QFII与RQFII（无投资上限），债券通（北向通）	QFII申请赎回外汇，发行熊猫债券后将资金汇出
	居民	发行外债需要经人民银行和外管局事前批准	债券通（南向通）
衍生品市场	非居民	不允许	不允许
	居民	通过金融机构从事此类交易需要提前通过资格审查，对公开外汇仓位有限制	通过金融机构从事此类交易需要提前通过资格审查，对公开外汇仓位有限制
跨境借贷	非居民	在外债额度内、经过批准可以举借外债	还本付息资金允许
	居民	在外债额度内、经过批准可以举借外债、还本付息资金允许	国内商业银行在一定额度内可进行操作

二、上海发展人民币离岸交易的现状与瓶颈

截至 2022 年 5 月，境内外人民币离岸债券市场累计发行债券 68 支，金额约 1700 亿元人民币，包括境外发行的“点心债”和上海自贸试验区率先试点支持各类境内外主体在自贸区面向区内及境外投资人发行“在岸的离岸”债券（简称“自贸债”）。在国际经济环境复杂变化下，人民币债券离岸市场在香港、新加坡、东京分化转移，依托上海国际经济、金融、贸易、航运中心集聚优势，发展“在岸的离岸”债券市场尤为重要（如图 1－4 所示）。

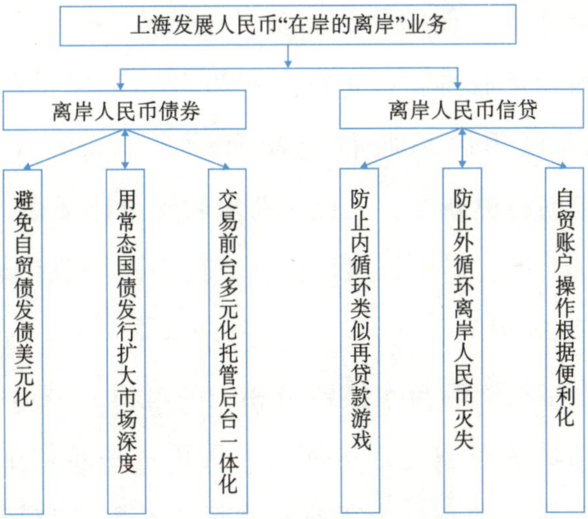

图 1－4　上海发展人民币“在岸的离岸”业务

人民币汇率的波动带来了汇率风险，市场主体规避汇率风险的需求扩大，外汇衍生品市场应运而生（张光平，2006）。2005 年，人民币外汇衍生品合约诞生，交易币种包括人民币对欧元、美元、英镑、澳元、加拿大元、日元、港币共 7 个币种。随后，央行批准银行间外汇市场开展人民币与外汇掉期，但是由于技术问题，2006 年人民币外汇掉期交易才正式被推出。2007 年，我国允许银行间外汇市场开办人民币外汇货币掉期交易。2011 年，我国建立了期权产品。经过多年的发展，我国已经建立了基本完善的外汇

衍生品市场。截至2020年年末，我国外汇衍生品市场成交的金额超过206万亿人民币。

（一）人民币离岸市场发展支撑：人民币国际化

1. 中国人民银行《2021年人民币国际化报告》

中国人民银行于2021年8月公布《2021年人民币国际化报告》。报告指出，2020年以来，我国推动形成以国内大循环为主体、国内国际双循环相互促进的新发展格局，稳慎推进人民币国际化，更好发挥跨境人民币业务服务实体经济、促进贸易投资便利化的作用。人民币的支付货币功能进一步增强，投融资货币功能深化，储备货币功能上升，计价货币功能有新的突破，人民币国际化取得积极进展。2020年，人民币跨境收付金额较快增长，银行代客人民币跨境收付金额合计为28.39万亿元，同比增长44.3%，收付金额创历史新高。人民币跨境收支总体平衡，全年累计净流出1857.86亿元。2021年上半年，银行代客人民币跨境收付金额合计为17.57万亿元，同比增长38.7%。

经常项目和直接投资等与实体经济相关的跨境人民币结算量较快增长，大宗商品等重要领域及东盟等地区使用人民币进一步增加。人民币汇率弹性增强，双向波动成为常态。为规避汇率风险，更多市场主体倾向在跨境贸易投资中选择使用人民币。跨境人民币业务政策框架更为完善，在跨境贸易投资中使用人民币更加便利。

境外投资者积极配置人民币资产，证券投资等资本项下使用人民币成为人民币跨境收支增长的主要推动力量。我国经济基本面良好，货币政策保持在正常区间，人民币相对于主要可兑换货币有较高利差，人民币资产对全球投资者的吸引力较强。截至2021年6月末，境外主体持有境内人民币股票、债券、贷款及存款等金融资产金额合计为10.26万亿元，同比增长42.8%。

2. 中国人民大学《人民币国际化报告 2021》

根据中国人民大学国际货币研究所编制的《人民币国际化报告 2021》：截至 2020 年年底，人民币国际化指数（RII）达到 5.02，同比大幅增长 54.20%，创历史新高。RII 由中国人民大学国际货币研究所编制，用以客观描述国际经济活动中人民币的实际程度。通过这个综合量化指标，可以了解人民币在贸易计价结算、金融交易和官方储备等方面执行国际货币职能的发展动态，也可以与其他主要国际货币进行横向比较。报告指出 RII 大幅增长得益于三方面：

第一，人民币国际贸易计价结算职能继续巩固。2020 年，经常项目下跨境贸易人民币结算金额达到 6.77 万亿元人民币，同比增长 12.09%；全球范围内，国际贸易的人民币结算份额为 2.91%，较上年提高了 18.40%。

第二，人民币金融交易职能显著增强。在全球直接投资持续低迷之际，2020 年人民币直接投资规模达到 3.81 万亿元，同比增长 37.05%，创下近五年内最快增速；2020 年底，由直接投资、国际信贷、国际债券与票据等共同决定的人民币国际金融计价交易综合占比达到 9.89%，同比增长 84.23%，成为 RII 攀升的主要动力。

第三，人民币国际储备职能进一步显现。目前已有 70 多家境外央行类机构进入中国银行间债券市场，超过 75 个国家和地区的货币当局将人民币纳入外汇储备；2020 年第四季度，全球官方外汇储备中的人民币资产份额达到 2.25%，同比增长 14.80%；人民币在特别提款权中的相对份额为 10.83%，回升至与初始权重基本持平。

2022 年 7 月 23 日，中国人民大学发布《人民币国际化报告 2022：低碳发展的机遇与挑战》。报告指出：从人民币国际化现状来看，人民币国际使用规模与市场认可程度总体延续增长态势。人民币更加全面地发挥国际货币职能，稳定位居全球主要货币前列。报告重点分析了低碳发展与人民币国际化的关系：第一，低碳发展是应对气候变化的必然要求，也是中国经济实现可持续高质量发展的必由之路。长远来看，低碳发展可增强人民币硬实力与软实力，是人民币国际化行稳致远的重大机遇。第二，资源禀赋和发展阶段使我国减排降碳任务更加艰巨，需妥善解决减排成本过高、制约经济发展、增加转型风险等问题。必须充分理解低碳转型的必要性和紧迫性，高度重视“双碳”目标对产业结构调整的硬约束、向高质量发展的成功跨越及其对人民币国际化的影响。总体而言，低碳发展的长期效益要高于短期减排成本和中期转型风险。

3. 来自国际经济机构与组织的分析

（1）国际货币基金组织（IMF）：对国际储备货币的分析：

根据国际货币基金组织（IMF）的统计，自2016年10月份加入SDR（特别提款权）以来，人民币在全球外汇储备中的占比从1.08%起步，整体进入稳步上升过程。其间，除了在2018年下半年至2019年受中美经贸摩擦影响，人民币在COFER中占比有所反复外，该指标基本上以每个季度0.1至0.2个百分点的速度稳步提高。即使在2017年至2018年上半年美联储快速加息、国内货币政策边际放宽期间，人民币在COFER中的占比依然保持了上升势头。

根据国际货币基金组织（IMF）于2022年3月31日发布的“官方外汇储备货币构成（COFER）”数据显示，2021年第四季度，人民币在COFER中占比再度上升，刷新2016年第四季度IMF报告该数据以来的新高，由三季度的2.66%升至2.79%，位居全球第五位。这也是IMF自2016年开始公布人民币储备资产以来的最高水平。IMF数据显示，2021年第四季度，人民币外汇储备总额由上年三季度的3201.5亿美元升至3361亿美元。至2021年四季度，美元仍是全球主要央行持有规模最大的储备货币。美元在全球外汇储备中占比为58.81%。IMF专家将份额增长归因于中国经济的崛起和人民币的国际化。在俄罗斯与西方之间的相互制裁以及全球金融混乱的背景下，2022年人民币的份额增长还将加快。从2018年四季度起，人民币连续13个季度蝉联全球第五大国际储备货币。已有 70 多家境外央行类机构进入中国银行间债券市场，超过 75 个国家和地区货币当局将人民币纳入外汇储备。

（2）国际清算银行（BIS）：对国际投资交易货币的分析：

根据国际清算银行最新一次的数据调查（见表 1－2）：2019 年日均外汇交易量增长 30% 至 6.6 万亿美元，中国大陆 2019 年场外交易工具的日均交易量排名各大外汇交易中心中的第 8 位，高于 3 年前的第 13 位。就现货市场的特定货币而言，美元巩固了其作为全球最主要货币的地位，在所有外汇交易中占 88%，与之前的调查基本持平。BIS 这份针对包括 53 个主要国家近 1300 家银行及其金融机构的调查显示：美元仍保持全球货币主导地位，在所有交易货币中占比 88%，欧元交易份额有所上升，达到 32%；日元下降了约 5%，但仍是第三大活跃交易货币（占比 17%）；其次分别是英镑（13%）、澳元（7%）、加元（5%）以及瑞郎（5%）。人民币在全球排名中并未出现进一步攀升，保持全球第八大货币地位，占比 4.3%，仅次于瑞士法郎。

表 1－2　　2019 年全球外汇市场日均交易量　　单位：十亿美元

货币	2019 年最新排名	2016 年		2019 年	
		交易量	占比（%）	交易量	占比（%）
USD	1	4437	88	5824	88
EUR	2	1590	31	2129	32
JPY	3	1096	22	1108	17
GBP	4	649	13	844	13
AUD	5	349	7	447	7
CAD	6	260	5	332	5
CHF	7	243	5	327	5
CNY	**8**	**202**	**4**	**285**	**4**
HKD	9	88	2	233	4
NZD	10	104	2	137	2
合计		**5066**		**6595**	

数据来源：Wind 资讯。

（3）环球同业银行金融电讯协会（SWIFT）：全球支付货币的统计数据：

SWIFT 是环球同业银行金融电讯协会的简称，SWIFT 创建于 1973 年，总部设在比利时首都布鲁塞尔，其主要职能是在全球银行系统之间传递结算信息。根据 SWIFT 发布的报告显示，2021 年 12 月人民币国际支付份额由 11 月的 2.14% 升至 2.70%，当月，人民币在国际支付中的份额占比升至第 4 位。这也是 2015 年 8 月中国央行“汇改”以来，人民币国际支付全球排名首次超越日元。根据 SWIFT 报告，2021 年 12 月，在主要货币的支付金额排名中，美元、欧元、英镑分别以 40.51%、36.65%、5.89% 的占比位居前三位。日元占比降至 2.58%，排名第 5 位。人民币在全球支付中占比进一步提升，与我国外贸高景气度及人民币资产吸引外资持续流入的表现基本一致。

根据环球同业银行金融电讯协会（SWIFT）2022 年 4 月 21 日发布的数据：2022 年 3 月，在基于金额统计的全球支付货币排名中，人民币保持全球第五大活跃货币的位置，占比 2.2%。从金额来看，2022 年 3 月，人民币支付金额较 2 月明显提升，总体增加 20.86%，同期全球所有货币支付金额总体增加了 22.56%。根据 SWIFT 2022 年 8 月发布的数据：在 7 月份基于金额统计的全球支付货币排名中，人民币仍保持了全球第五大最活跃货币的位置，占比 2.2%，高于两年前同期的 1.86%。排名在人民币之前的四种货币分别是美元、欧元、英镑和日元，在全球支付中的占比分别为 41.19%、35.49%、6.45% 和 2.82%。

（二）人民币离岸债券市场发展瓶颈

1. 发债成本偏高

在全球负利率、信用评级缺失的环境下，美元等币种的发债成本远低于人民币，导致离岸人民币债券吸引力不足，这造成“自贸债”发行规模逐渐递减并有从本币转向美元的倾向。上海自贸试验区仅进行三只自贸试验区债券发行创新，非居民在中国债券市场发行（在岸人民币 CNY）的债券（熊猫债券）规模和只数很少。居民发行的人民币债券是 SDR 币种里面最低的，且未到期的非居民（匈牙利、菲律宾和葡萄牙）持有的人民币国债评级缺失，远不能与日元债券规模进行比较。本土居民发行的美元债和欧元债规模也大于“熊猫债”（丁剑平，2022）。

2. 缺乏离岸人民币债券市场基准利率影响力

目前，在自贸区和保税区进行跨境资金池、跨境转手买卖、跨境贸易融资资产转让等货币市场业务，虽然可获得“真实交易背景”事后监管的好处，但都不是真正意义上的“离岸”概念，“离岸”的基石是适用离岸人民币利率。“自贸债”除了包含“点心债”之外，还涉及“外币债”，其概念外延更宽。上海建设离岸人民币债券市场即所谓人民币“在岸的离岸”债券市场，必然包含了“点心债”的全部，还旨在将分散的人民币离岸债券的一级市场和二级市场集聚到上海，逐步形成既具有中国特色又对接国际的人民币债券离岸市场（周文斌等，2022）。然而，目前离岸人民币债券的发行频率和规模都不尽人意，其作为基准利率的功能尚未显现。只有以离岸债券利率及收益率为基准，才能“盘活”自贸区各类跨境人民币信贷及其他资产业务，让非居民不仅获得便利而且还获得收益（丁建平，2022）。

3. “多头监管”等制度性问题突出

目前，我国债券市场监管涉及央行、财政部、证监会及银保监会等多个部门，且债市后台设施主要包括“中债登”“上清所”及“中证登”。复杂的设施架构导致境外投资者须在三家机构开立账户后方能进行债券投资，增加了程序性交易成本，这无疑人为地增加了发债成本和交易难度，不利于境外主体对信用类债券的积极投资。此外，国际债券，特别是外国债券和离岸债券，还涉及跨境监管的协调，需要明确的机构代表“行权”，而目前各部门监管权限杂乱交织，监管边界不清晰，责任划分含混模糊，很难为债券纠纷的化解提供清晰的责任主体（冯果和张阳，2020）。除此之外，证券评级及会计审计的规范性和国际互认进展缓慢，增加了外资投资国内债券市场以及在上海发行离岸债券的发行成本。而美国、欧盟、英国等国家和地区的规则互认，且已经覆盖几十个国家和地区。

（三）离岸金融账户体系发展中面临的挑战

目前我国商业银行核心业务系统主要有三类：一是本外币业务系统，二是海外（离岸）业务系统，三是上海自贸区 FT 账户业务系统。三类账户及其监管相互独立，复杂的账户体系不利于资本可兑换和资本流动。当前争论的焦点主要是将 FT 账户拓展升级为离岸性质的账户还是通过人民币币种扩容与机构扩容，利用 OSA 账户开展人民币离岸交易。OSA、FT、NRA 账户均存在一定的劣势（表 1－3），但从人民币账户改革而言，建立一套独立（离岸）账户体系对于目前可能是更好的选择。从长远看，建立一个全国统一、规则清晰、本外币合一、账户内可自由兑换的账户体系，应是我国账户体系发展的最终目标（丁剑平，2022）。

表 1－3　OSA、FT、NRA 账户优劣势比较

账户名称	优点	缺点
OSA 账户	1. 税收优惠，豁免存款准备金 2. 属性为境外账户，利率与汇率都使用离岸价格 3. 资金调拨自由。可以从离岸账户上自由调投资金，不受国内外汇管制 4. 提高境内外资金综合运营效率，通过网银实现境内操控，境外运作	1. 业务单一，只能办理外币汇兑 2. 适用地域有限，只批准了上海和深圳 3. 只有四家银行具备离岸银行业务资格

续表

账户名称	优点	缺点
FT账户	1. 经营的币种本外币均可 2. 实行“分账核算”，与境内区外资金相对隔离，风险整体可控 3. 服务对象和范围更广，同时服务境内外机构和个人 4. 方便企业跨境调拨资金。基本可以实现资金自由流动 5. 降低企业结售汇成本，开立了FT账户的企业在结售汇时，可灵活适用离岸汇率，自主选择性进一步提升	1. 缺乏优惠措施，无税收优惠，激纳存款准备金 2. 适用地域有限，只批准了上海 3. 利率使用在岸价格，汇率使用离岸价格 4. 属性为境内账户，开户行主要为上海自由贸易试验区内商业银行，没有普及全国
NRA账户	1. 经营的币种本外币均可 2. NRA全国适用 3. 开户行并无明确限制	1. 缺乏优惠措施，无税收优惠，缴纳存款准备金 2. 本质上是非居民的在岸账户，利率和汇率均使用在岸价格，属性为境内账户

资料来源：课题组根据公开资料整理。

（四）人民币外汇期货市场发展瓶颈

1. 离岸和在岸市场相对割裂

我国尚未实现资本项目可自由兑换，导致境内人民币避险需求主体无法参与离岸人民币期货市场，从而降低了离岸人民币期货市场参与者的规模。此外，国际外汇期货市场中一般会利用离岸和在岸两个市场的价差进行套利获取利润，但人民币的境内境外市场传导机制不顺畅且割裂，离岸人民币期货市场无法帮助投资主体实现跨境套利，是离岸人民币期货市场受到冷落的原因之一（李良艳，2017）。

2. 离岸人民币期货市场汇率形成机制不完善

外汇期货是以汇率为基础标的物的衍生产品，要求汇率能够按照市场化进行配置，汇率的变动能够反映市场需求。目前我国施行的是以市场供求为基础、参考货币篮子制定汇率，每日人民币兑美元变化幅度不能超出每日中间价的向上 2% 和向下 2% 。我国虽然不断放开汇率的波动幅度，但与西方发达国家相比仍存在差距（丁剑平，2022）。

3. 外汇期货市场尚未完全开放

人民币外汇期货市场未能完全开放的原因如下：

第一，汇率不能完全浮动。目前我国的汇率制度是以市场供求为基础、参考一篮子货币进行调节、有管理的浮动汇率制。每日人民币兑美元变化幅度不能超出每日中间价的向上 2% 和向下 2% 。2017 年后，监管层又引入了逆周期调节因子。如果未来交易所推出人民币外汇期货，势必要求汇率变动排除监管层不必要干预，使汇率期货市场能够全部反映市场力量。

第二，严格的实需原则。强调实需审核会导致汇率期货交投不活跃，不利于汇率期货市场的发展。国际上看，澳大利亚、印度和南非等国推出外汇期货产品几年后，纷纷放弃了实需的要求。尽管目前我国对于经常项下收汇的实需背景审核逐渐放松，但对于售付汇方向、资本项下外汇业务实需要求仍然严格。

第三，市场利率市场化程度不足。外汇期货本质上是一种涉及包含人民币在内的两种货币的利差交易，要求人民币利率要实现市场化。虽然目前我国逐步建立了以公开市场操作利率为短期政策利率和以中期借贷便利利率为中期政策利率的央行政策利率体系，但是还存在政策利率和市场利率传导不顺畅、市场利率不够市场化的特点。这都将影响汇率期货的定价和交易。

4. 人民币外汇衍生品市场缺少场内交易的产品

我国外汇衍生品市场交易的合约品种都是场外市场合约，缺少能在交易所上市的合约品种。目前，场外市场主要服务的是大型机构，而对中小企业服务的动力不足，使中小企业无法参与到场外衍生品市场规避汇率风险。场内市场信息透明度高，交易成本低，与场外市场可以互补。因此建立场内衍生品市场可以丰富交易品种，提高市场流动性，增加衍生品市场交易的广泛性和公平性（丁剑平和郭冯娟，2021）。另外，由于做市商制度在我国银行间衍生品市场尚未被引入，市场参与者不得不耗费大量成本寻找交易对手，导致市场效率低下。目前我国外汇政策规定企业办理外汇衍生品业务需要满足“实需原则”，即必须是真是的套期保值需求。“实需原则”限制了衍生品交易，使市场主体无法投机和套利，导致外汇衍生品市场不活跃。

三、全球离岸金融市场交易体系比较

早期的离岸金融市场与当下我们所理解的略有不同。由于西欧各国的外汇管制措施和伦敦市场的“一体化”管理模式（即居民与非居民在同一账户下进行交易），离岸市场的界定并未严格区分居民与非居民的角色，而是注重是否交易离岸货币。20 世纪 70 年代，亚洲、加勒比地区等离岸金融中心的建立，非居民性质的重要性逐渐进入人们的视野，由此形成了如今离岸金融市场的基本特征：强调由非居民参与资金融通的市场。经过近六十年的发展，离岸金融市场从当初仅仅活跃在欧洲一些主要发达国家，逐步形成了在全球多个国家具有不同鲜明特征的多层次市场体系，成为国际金融市场体系的重要组成部分。

随着离岸金融市场的产生与扩大，世界范围的离岸货币交易体系也经历了由浅至深、由局部至全面的发展历程。所谓离岸货币交易体系，根据连平（2002）的论述，是对有关国家管理当局和相关国际性机构对离岸市场业务进行管理和调节所形成的模式、政策、法规、协议的总称。20 世纪 50 年代前后，离岸金融市场自伦敦初步形成后，逐渐向欧洲、亚洲、美洲等主要发达国家扩张，这些发达国家根据自身国情与金融市场特点形成了各自不同的管理办法，其中以美国、日本、新加坡三国为代表，其离岸金融体系建设既借鉴了欧洲市场的运作经验，又经过国内多方管理部门的慎重考虑，在全球范围具有一定普适性与权威性。

（一）发达经济国家离岸金融业务的比较

本篇主要分析三国离岸金融账户（美国国际银行业务便利 IBF、日本离岸金融市场 JOM、新加坡亚洲货币单位 ACU）的异同（表 1－4），重点关注离岸—在岸业务关系、市场准入、税收制度三个方面。从处理离岸—在岸业务关系的角度来看，三类离岸金融市场账户均属于“内外分离”的管理模式，其中美国与日本对离岸账户与在岸账户实施严格的隔离措施，即禁止资金在两类账户间流动；IBF 与 JOM 账户仅针对外国居民与其他离岸账户开展业务，而新加坡在隔离措施上则略有放松。ACU 成立初期，离岸账户允许非居民存款向在岸账户发放贷款，但禁止资金从在岸账户流入离岸账户，随后新加坡不断放宽居民参与离岸金融市场的限制，如今 ACU 已允许离岸账户与在岸账户之间的资金双向流通。

表 1－4　全球典型离岸金融中心和地区政策与特征比较

类别	成立时间	交易币种	形成方式	主要目的
美国 IBF	1981 年	不限币种（美元为主）	人为设置	应对欧洲美元市场的快速发展
日本 JOM	1986 年	不限币种（日元为主）	政府推动	吸引欧洲日元回流国内，推动日元国际化
新加坡 ACU	1968 年	美元为主	政府推动	吸引东南亚美元支持金融业发展
迪拜 DIFC	2004 年	美元为主	政府推动	吸引外部资本，弥补西方与东方之间的时区差距，支持金融业发展
海南 FT	2019 年	不限币种	政府推动	便利自贸区内与境外资金自由流动

续表

类别	准入许可
美国 IBF	可以建立 IBF 的存款机构包括美国商业银行、Edge Act 公司、在美国设有机构的外国商业银行、储蓄和贷款协会以及共同储蓄银行
日本 JOM	只限于大藏省批准的银行及其他金融机构，以及在日本注册银行的外国银行
新加坡 ACU	作为外汇指定银行的商业银行和证券机构均被允许进入离岸金融市场
迪拜 DIFC	持有迪拜金融服务管理局（DFSA）颁发许可证与运营牌照的机构
海南 FT	中行、浦发、工行、光大、兴业、建行、农行、交行、中信和招商等 10 家银行可以办理 FT 账户业务
类别	业务范围
美国 IBF	限制 IBF 账户只能吸收两天以上的存款，并且不允许发行大额可转让存单（CDs）等可交换金融工具
日本 JOM	只限于从境外非居民、其他离岸账户吸收的存款，不允许发行大额存单等
新加坡 ACU	ACU 完全以外币计价交易，用于吸纳新元以外的外汇存款，后期有所放松
迪拜 DIFC	根据不同经营许可要求，可以从事包括资产管理、银行和信贷服务、证券、集体投资基金、托管和信托服务等各类业务
海南 FT	采用境外价格结售汇，根据自身经营需要，进行相应币种转换。在存款及融资方面，企业可以通过 FT 账户办理存款和融资
类别	金融管制
美国 IBF	不受国内银行的相关法规的限制，免除存款准备金限制、利率限制以及存款保险限制和审查制度
日本 JOM	利率自由浮动、不适用法定准备金，不参加存款保险等
新加坡 ACU	利率自由浮动、不适用法定准备金，不参加存款保险等
迪拜 DIFC	利率自由浮动、不适用法定准备金，不参加存款保险等
类别	内外隔离措施
美国 IBF	IBF 的存贷款客户仅限于非居民、其他 IBF。禁止 IBF 向美国居民提供存贷款业务
日本 JOM	从离岸金融市场筹集的资金不能随意流入国内市场，限制离岸资金的筹集和使用
新加坡 ACU	早期严格内外分离，1981 年之后逐渐允许单向渗透，离岸资金可以通过特定渠道进入在岸
迪拜 DIFC	从离岸金融市场筹集的资金不能随意流入国内市场，限制离岸资金的筹集和使用
海南 FT	同一企业 FT 账户与同名常规账户之间可以因经常项下业务、偿还自身名下贷款、实业投资以及其他符合规定的实际跨境交易需要办理资金划转。而 FT 账户与非同名境内区外企业账户之间产生的资金流动，视同跨境业务管理

续表

类别	税收优惠
美国 IBF	IBF 免征利息预提税，联邦所得税不能豁免，各州在地方税方面也给予 IBF 不同程度的税收优惠
日本 JOM	免除 20% 的资本利得税，免除利息和股息预提所得税
新加坡 ACU	免征 ACU 账户中非居民存款人的利息收入所得税，部分收入和活动享有优惠利率
迪拜 DIFC	零所得税与利润税
海南 FT	封关前：通过“一负三正”的清单管理的货物实施“零关税”，15% 个人所得税，企业所得税减按 15% 征收 封关后：实行简化税制，进口环节免征相关税种，个税按 3%、10%、15% 征收
类别	**监管措施**
美国 IBF	IBF 账户与其设立机构相关联账户隔离，定期提交相关报告
日本 JOM	对市场交易主体范围、在离岸资金流动条件，以及离岸市场的资金筹集和使用等方面设置了一系列限制性条件
新加坡 ACU	对每家银行的 ACU 业务总资产设定上限，银行若要调高上限，需要监管当局批准

资料来源：课题组根据公开资料整理。

在离岸金融市场的准入制度上，日本 JOM 的要求最为严格，管理当局规定获准参与离岸市场业务的机构仅包括大藏省批准的银行、外国银行在日本的分支机构以及在日本注册的外国银行。美国采用相对宽松的准入标准，可以建立 IBF 的金融机构包括美国商业银行、“埃奇法案”（Edge Act）类公司、在美国设有分支机构的外国银行、储蓄和贷款协会以及共同储蓄银行（中国人民银行海口中心支行课题组，2021）。新加坡金管局则规定外汇指定银行的商业银行与证券机构均可进入离岸市场。

税收制度也是管理当局规范本国离岸金融体系的重要环节之一，由于离岸金融市场极大促进了本国的经济发展，管理当局通常对促进离岸市场发展持积极态度，因此，相比于在岸市场，税收方面往往存在不同程度的优惠待遇。其中，新加坡离岸市场对于资本所得税、利息、股息预扣税的征收基本为零，仅征收个人与公司所得税；日本的税收优惠则相对较低，管理当局仅免除 20% 的资本利得税和免除利息和股息预提所得税；美国的离岸金融税收制度和多数国家不同，由于联邦税法也没有对离岸账户的收入制定专门的税收条例，因此开展离岸业务的金融机构在申报联邦所得税时并不区分离岸与在岸账户，税收优惠主要体现在各个州提供的不同程度的州所得税豁免。

（二）新兴市场经济地区离岸金融业务比较

21 世纪以来，一些新兴市场国家与发展中国家也在离岸金融中心建设发面进行了各自的实践（见前文表 1 - 2），其中，迪拜国际金融中心 DIFC 正是其中的佼佼者。DIFC 成立于 2004 年，主要涵盖银行服务（投资银行、合作银行业、私人银行业）、资本市场（证券化、债务工具）资产管理、基金管理、保险和再保险、伊斯兰金融等各类专业金融服务。相比于发达国家成熟的离岸金融制度，DIFC 在效仿的同时也发展出自己的独特优势，主要体现在税收与外汇管制方面，中心内部企业为 100% 外资企业，实施零所得税与利润税的税收政策并取消外汇管制，对企业资本及利润采取 100% 可自由汇回的举措，由此吸引了大量外资前来。而在离岸—在岸关系、市场准入、金融监管方面，DIFC 则与国际准则保持一致。具体表现为对于经营不同业务的金融公司，由迪拜金融服务管理局（DFSA）作为独立监管机构，在颁发不同营业牌照后，进行不同等级的监管。同时对离岸—在岸账户实施严格的隔离措施，从离岸金融市场筹集的资金与在岸市场严格区别，二者不能自由流通。

我国也在离岸金融市场建设上不断“摸着石头过河”。2010 年 1 月，国务院颁布的《国务院关于推进海南国际旅游岛建设发展的若干意见》中首次明确提出了“海南省可探索开展离岸金融业务试点”。2020 年 6 月，推出了《海南自由贸易港建设总体方案》，一步一步向着离岸金融中心建设的方向前进。目前，海南自贸区依然通过区内自由贸易账户（FT 账户）的形式进行离岸市场业务操作，自贸区账户主要服务区内企业。相较于一般外币账户，FT 账户为多币种一体化账户，不同币种在 FT 账户下均可按离岸汇率自由兑换。对于境内企业而言，海南 FT 账户基本类似于一个可以与境外资金自由兑换的账户，对于境外企业，则意味其可以享受在中国开办企业的各项便利。目前，海南自贸区共有中行、浦发、工行、光大、兴业、建行、农行、交行、中信和招商 10 家银行可以办理 FT 账户业务。

（三）离岸财富管理的模式比较

成本低和监管松的离岸财富管理市场是跨国银行竞争之地。有效的离岸财富管理包括建立全面的财富结构，以满足客户所有不同的需求。从事离岸业务的银行可以让富有的个人从财富管理账户的各种服务中获益。其中许多服务虽然可能在其母国提供，但为了最大限度地提高客户的利益并获得最佳的财富管理服务，值得考虑使用离岸财富管理战略。每个国家都有自己独特的金融环境，这为综合财富管理战略提供了关键利益。有少数几个外国司法管辖区专门为富有的海外投资者提供一流的金融规划工具。它们提供灵活友好的监管环境、优惠的税收、增强的资产保护和隐私、更高的回报和更好的服务。这些国家和地区是：塞浦路斯、新加坡、卢森堡、直布罗陀、阿联酋等。

塞浦路斯为离岸财富管理提供了一个很好的进入欧盟的机会。对于信托和基金会的成立，塞浦路斯是一个非常受欢迎的司法管辖区。塞浦路斯提供优惠税收，对支付给非居民的利息不会预扣税。虽然英语不是塞浦路斯的官方语言，但仍然被广泛使用。开立塞浦路斯财富管理账户需要 3 ~ 4 周，所需最低存款约为 70000 欧元（略高于 80000 美元），低于其他国家。开设账户的总成本低于 1000 美元，这使塞浦路斯成为那些想在欧盟管理财富的人的高性价比和高质量选择。

新加坡是世界上最大和最受欢迎的离岸金融中心之一。新加坡作为高净值个人的首要离岸银行管辖区享有盛誉，拥有高度先进和稳定的银行系统、卓越的客户服务，并提供零资本利得税的税收友好环境。新加坡还提供高质量、全面的财富管理服务。新加坡的多家银行提供不同类型的财富管理账户，最低存款要求通常在150000美元至200000美元之间，账户的总开设成本低于1000美元，开立一个账户大约需要1～2周的时间。新加坡广泛使用多种货币账户，使财富管理账户能够实现良好的多元化。新加坡的电信和移动银行业务非常复杂，虽然马来语是官方语言，但事实上英语是使用最广泛的语言，也是新加坡居民的通用语言。

卢森堡拥有极稳定的经济和银行体系，并提供多样的金融服务。多年来，银行业一直是卢森堡经济的主要推动力。与其他发达欧洲国家相比，卢森堡的优势在于其对非居民银行账户没有限制，这使其成为欧洲最容易进入的离岸银行管辖区之一。卢森堡以其高质量的投资银行服务而闻名，其立法为投资者提供了极好的保护。卢森堡离岸账户可以在大约两周内远程开立，投资者可以选择多种货币账户，但是和其他国家相比其账户的开立成本较高约为2000美元。

直布罗陀是一个著名的私人离岸银行中心，其可以提供多元化的资产管理服务，如离岸基金会和信托。直布罗陀的官方语言是英语，官方货币直布罗陀镑与英镑挂钩。直布罗陀离岸财富管理账户的最低存款要求较高，为500000欧元，但账户开立费用约1150美元，并支持美元、欧元、英镑和瑞士法郎等多种货币。

阿联酋是世界上最稳定、最富有的经济体之一，同时它是中东的金融中心，是一个成熟的离岸金融中心。阿联酋提供多种财富管理服务，财富管理账户功能通常包括使用多货币卡、共同基金、结构化存款以及购买和储存贵金属。账户可以远程开立，但需要一个星期的时间来处理，账户的开立成本为1150美元，最低存款要求为100000美元，并要持续保持该存款份额。

四、上海发展人民币离岸交易的主要举措

（一）加强离岸债券市场建设

1. 扩大上海人民币离岸债券市场的规模

2011 年起，在香港发行人民币国债已成为一项长期的制度安排。具体做法包括：首先，在目前境内超 20 万亿元的国债市场中，拨出部分存量国债（1 万亿左右，约为中资企业对外发债的 1/6，也接近“债券通”三年累积成交量）进行试点，由工、农、中、建、交等境内主要大型银行在自贸试验区面向全球投资者报价（丁剑平，2022）。其次，在盘活存量国债的同时，通过灵活的离岸市场双边报价机制吸引全球投资者注意力至上海离岸人民币市场。同时执行“本币优先”原则，便利回流到“在岸的离岸”（上海）离岸人民币投资于债券市场。再次，扩大 FT 账户存量（人民币资金池），支持离岸人民币债券发行，并通过完善担保和背书环节，降低“自贸债”发行门槛。最后，将减少发行美元债提升到国家安全的高度，因为亚洲金融危机和拉美金融危机都是起源于对发行美元债的无监管控制。

2. 打造统一监管平台，与国际市场接轨

坚持“主场原则”，将人民币离岸债券的资产和资金托管账户、登记结算等核心业务环节和相关服务留在上海。根据场外市场为主的规律，坚持由中央证券存管机构实行“中央登记、穿透监管”等符合国际推荐标准的基础制度安排，并按照“交易前台多元化、托管后台一体化”的国际经验构建人民币债券离岸市场（高洪民，2022）。允许债券在多元化的前台进行交易，并由统一的登记结算托管机构进行托管和结算。具体执行是由“中债登”利用全信息风险管理系统直接与央行、财政部、发改委、证监会和银保监会保持沟通，既保留原有平台专业化，又保留监管“会诊”优势。

在法律和机构完善方面，对接国际债券市场法律前沿，提供国际水准的法律和政策供给，引导和鼓励发行人采用国际通行的 144A、RegS 等规则，并将司法或仲裁机构约定为上海金融法院、上海国际仲裁中心。同时，培育未来能与惠誉、穆迪和标普竞争的本土债券信用评级机构（丁剑平，2022）。

3. 支持境内外主体发行“自贸债”

香港是全球最大的离岸人民币债券市场，其发展除政府推动外，市场机制发挥着重要作用。受人民币升值预期的影响，众多国内企业纷纷赴港发债，且利率相对较低。疫情之后，中国经济恢复较快，足以支撑人民币币值的稳定，浦东可以人民币升值为契机吸引企业发行低利率债券。具体措施包括：首先，取消对回流到上海自贸试验区债券市场的离岸人民币限制，放大 FT 账户人民币资金池存量额度，离岸人民币流入境内由外管登记改为事中事后监管。其次，鼓励债券发行券种多样化，鼓励政策性金融债、企业债券、金融机构债券等各主要券种的发行；鼓励上海、长三角乃至全国的优质发行主体在上海自贸试验区发行“自贸债”。最后，将减少发行美元债的认识提升到国家安全的高度。

（二）发展人民币离岸信贷业务

1. 处理好坚持巴塞尔协议与开拓离岸人民币业务的对立统一关系

由于离岸金融市场具有显著的国际性，任何单一监管主体均无法对其实施完全监控，离岸金融市场的运作是对在岸市场监管体制的“套利”（丁剑平，2022）。因此，离岸金融中心会受到来自在岸国家和国际组织的监管压力。为了使离岸交易保持通畅，离岸金融中心需要在透明度和信息有效性方面与在岸国家监管部门保持沟通。此外，一些国际团体还将离岸金融中心视为“环形篱笆”帽子加以抵制。“环形篱笆”政策是指税收优惠政策排除国内居民或国内经济活动，仅允许非居民享受，由此形成“超国民待遇”，而该政策容易造成相关国家从事有害税收竞争（丁剑平和管珺，2021）。为了避免上述情况发生，离岸金融中心要事先做好离岸活动税收信息交换，包括金融账户涉税信息的自动交换，《双边税收协定》《税收情报交换协议》的专项税收情报交换，《多边税收征管互助公约》的多边税收情报交换等。离岸金融中心有义务履行在国际条约中所做出的承诺，及时发布和交换离岸金融活动的税收信息，避免国际投机资本试图利用税收信息交换不对称逃避监管和洗钱犯罪（李娜，2019）。

2. 人民币离岸市场与商业银行的盈利机会

离岸市场的贷款利率可以设置在规定的最低贷款利率之下，这将提高外资银行的信贷市场占有率，同时离岸金融业务的无（低）准备金优势提升了商业银行货币创造能力。目前离岸人民币信贷市场发展存在的问题包括：第一，非居民获取人民币贷款成本高于四大国资银行，因此非居民金融机构没有动力发放离岸人民币贷款。第二，即便能平价获得人民币，却找不到需求方（境外的下游企业没有产业链上的对人民币的需求），除非是在中资企业境外供给和需求产业链的链条上（丁剑平，2022）。

3. 完善商业银行离岸人民币业务账户

目前 OSA（四家银行：交行、浦发、招行、平安）、NRA（国际资金主账户）或 HNRA 的离岸人民币存款免交存款保证金，离岸系统已上线（建行、交行、兴业）；上海打通 FT 账户与其资金划转作为创新，将自贸区内居民主体与境外非居民主体等同看待。海南更向前走了一步，将 FT 账户定位为离岸账户。海南在一些地区开展本外币合一的银行结算账户体系的试点，外汇局批复同意在海南自由贸易港开展合格境内有限合伙人（QDLP）对外投资试点，并给予 50 亿美元试点投资额度（丁剑平，2022）。目前，外汇局海南省分局已经制定了 QDLP 试点的管理办法，正在组织推进具体的试点工作。允许海南自由贸易港内 QFLP 按余额管理模式自由汇入汇出、将海南自贸港纳入 QDLP 试点并给予基础额度且每年可向其增发额度。

4. 探索他国离岸银行业务部的做法

离岸银行业务部（OBU）是位于另一个国际金融中心的银行空壳分行。离岸银行会将外国银行和其他 OBU 的存款在欧洲货币市场发放贷款，但根据货币当局和监管部门的规定，离岸银行不能接受国内存款或向国内居民提供贷款。总的来说，OBU 在国家法规方面享有更大的灵活性，但由于税务原因必须向持有人的母国申报离岸银行账户。一些投资者会考虑将资金转移到 OBU 以避免征税，在某些情况下还可以获得更优惠的利率。离岸银行可能是居民银行和/或非居民银行的分行，OBU 也可以是一个独立的机构。在第一种情况下，OBU 由母公司直接控制；在第二种情况下，尽管 OBU 可能采用母公司的名称，但实体的管理和账户是分开的（丁剑平，2022）。离岸银行通常没有货币限制，能够以多种货币发放贷款和支付款项，并提供更灵活的国际贸易选择。

（三）启动人民币外汇期货产品对冲离岸汇率风险和外债敞口

2021 年 7 月 15 日，《中共中央国务院关于支持浦东新区高水平改革开放打造社会主义现代化建设引领区的意见》（下称《意见》）发布。《意见》提出，创新面向国际的人民币金融产品，扩大境外人民币境内投资金融产品范围，促进人民币资金跨境双向流动。推动金融期货市场与股票、债券、外汇、保险等市场合作，共同开发适应投资者需求的金融市场产品和工具。构建与上海国际金融中心相匹配的离岸金融体系，支持浦东在风险可控前提下，发展人民币离岸交易。上海浦东启动人民币期货需要进行以下几个方面的准备：

1. 进行大量的前期模拟研究

设立货币期货市场前应进行大量的前期模拟研究。主要措施包括：下载典型经济体外汇期货交易的数据进行模拟研究；对这些经济体的外汇期货交易成交量与其进出口、资本流动量进行比较，用双重差分法（DID）探索放开真实交易背景前后的政策效应；研究这些经济体外汇期货波动对即期外汇市场的冲击效应和其通胀影响，央行货币政策效应是否受到影响（丁剑平和郭凤娟，2021）。

2. 逐渐放宽外汇管制

目前，我国外汇政策规定办理外汇衍生品业务需要满足“实需原则”，但以实需原则管理期货市场的效果并不好。实需原则不允许非实需投资者进入外汇衍生品市场，因而很可能导致市场上缺乏反向对手方，从而造成交易方向同质化，使单边波动的压力增大。此外，实需交易的原则难以满足实体部门主动规避汇率风险的需要，大量非实需交易需求无法在市场价格中得以体现。即使企业对未来人民币汇率有准确的预期也会因为无法提供证明未来即将发生贸易和投资的有关材料而难以和银行签订衍生品协议，而难以完成利率风险的规避。由此也可以推断，实需原则制约着境内外汇市场的流动性和深度，影响在岸市场价格发现功能。同时，远期和期货交易的风险并非源于非实需或投机交易，而是源自投资不确定性和杠杆的过度使用。况且，投机行为是发现了市场的不完美导致的套利机会，对其进行合理监管可以优化资源配置、降低避险成本（丁剑平，2022）。随着人民币国际化的不断推进，非实需市场规模将不断提高，继续遵循实需原则会进一步拉开在岸市场和离岸市场的差距，反过来对人民币国际化进程形成制约。印度为投资者设置了相对宽松的非实需额度：投资者在每家交易所持有的头寸只要不超过 1000 万美元就无须提供实需证明材料。此后，外汇现货和期货市场的买卖价差稳步下降，表明外汇期货市场建立后，现货市场的效率也不断提高。

3. 设计高效的外汇期货市场产品

依托交易所设立外汇期货市场在非银行客户对接和管理经验的掌控上均具有可观的优势，但由此成立的外汇期货市场难以迅速发展。由于我国商业银行是外汇市场交易的最主要主体，依托银行间市场建立外汇交易平台能够充分调动银行参与的积极性（丁剑平，2022）。设计高效的外汇期货市场产品也至关重要，主要措施包括：第一，设计合约前应对市场需求进行详尽调查，使合约与市场上交易主体的货币实际需求相匹配。第二，丰富场内衍生品市场产品种类。目前，场外市场主要服务大型机构，而对中小企业服务的动力不足，使其无法利用场外衍生品市场规避风险。与场外市场相比，场内市场的优势明显，如信息透明度高、交易成本低。因此，建立场内市场具有重要的现实意义。

4. 鼓励企业参与外汇期货市场

完善和落实支撑外汇市场正常运营的会计制度，加强企业风险中性意识。企业对套期会计使用不足是我国企业使用衍生品程度低于国际水平的原因之一（丁剑平，2022）。套期保值交易可能产生现货端盈利、期货端亏损，但两者相抵后仍然盈利的情况，而对衍生品套期会计使用不足会导致期货端亏损的结果被放大，降低了部分企业使用衍生品的意愿。因此，要鼓励企业形成风险中性意识、避险保值意识。当现货交易盈利期货交易亏损时，企业应该具备一定的定力，相信衍生品对冲有助于企业获得长期稳健收益（丁剑平和郭凤娟，2021）。为进一步提高企业使用套期会计的积极性，应引导投资者更关注企业核心业务盈亏。

5. 促进金融行业有效发展

外汇期货作为规避汇率风险工具可以代替中央银行的常态化干预起到化解汇率风险的作用，降低系统性风险。从各国外汇期货市场发展历程来看，绝大多数国家选择在施行浮动汇率制度的条件下推出外汇期货，因此浮动汇率制度可能是外汇期货诞生的重要条件之一。同时国际经验表明，外汇期货的发展与一国对外开放程度以及金融市场的发展水平直接相关。一国金融开放度低、金融市场水平低，容易导致国外投资者对该国外汇期货市场缺乏信任，继而引发外汇期货市场需求匮乏、流动性低等一系列问题。因此应该持续深化金融市场改革，发展金融产业（丁剑平，2022）。

6. 建立有效的现代风险监管方式

绝大多数国家发现实需原则对期货市场的管理效果并不理想，选择开放实需原则并允许投机者进入外汇期货市场。同时，监管者不再通过限制交易目的的方式管理期货市场风险，具体管理方式如下：

（1）最低保证金。保证金可以调节期货交易的杠杆倍数，合适的保证金比例不宜过低也不宜过高。保证金比例过低会使风险过大，保证金比例过高会增加投资成本、降低投资积极性。国际货币基金组织货币与资本市场部专家建议，新兴市场经济体的最低保证金比例应设为5%～10%，即将外汇期货交易的杠杆率控制在10～20倍之间，对保证金来源予以限定和头寸比例限制并予以动态调整。

（2）限定保证金来源和头寸比例。限制个人和机构投资者保证金占其净金融资产的比例，可以避免投资者过于依赖借贷缴纳保证金的情况产生，降低金融风险。限制投资者的头寸比例可以有效防范潜在的市场操纵行为，避免持仓过于集中的状况。

（3）结算币种和交割方式。现行的交割方式有实物交割和现金交割两种，二者各有优劣。实物交割有助于实现风险的完全对冲，现金交割则适用于没有货币兑换需求的套利者或投机者。现金交割的程序简单，一般采用净额交割的方式，降低了交易成本。国际经验表明，资本账户实现自由兑换的国家，实物交割的方式是更为合适的外汇期货交易交割方式；对于资本账户未实现自由兑换的国家，外汇期货的交易则多采用现金交割的方式。就我国目前的外汇管理规定来看，现金交割和本币结算是更为可行的交割方式。

（4）阶段性放开每日价格最大波动限制。一些人认为涨停板制度会限制期货市场交易的价格发现功能，另一部分人则认为最大波动限制有助于抑制投资者在突发事件与极端市场环境下的非理性行为。在我国对现汇市场不进行常态化干预的情况下，对人民币外汇期货市场每日价格最大波动设限是没有必要的，甚至可能反而会诱导投机和攻击，造成离岸市场和在岸市场的价差。

（5）发挥中央银行和证券监管部门的作用。外汇期货市场的性质和运营特点决定了其应受中央银行和证券监管部门共同监管。汇率是外汇期货市场的标的物，中央银行作为汇率政策的制定者，有责任对外汇及外汇衍生品市场发展进行监督和规范。对照国际经验可以看出，应由中央银行负责制定并及时调整市场准入资格，获得真实交易者及其融资来源等信息。证券监管部门的责任是规范和监管市场参与者的交易行为。此外，银行、证券公司、期货公司、基金公司等外汇期货市场主体也应受到相应监管机构的监管。因此，可考虑采取金融稳定发展委员会承担总体监管责任、中央银行牵头、银保监会和证监会共同监管的模式（丁剑平和郭凤娟，2021）。

（四）聚焦离岸人民币财富管理和数据控制

第一，中国的离岸金融及自贸区账户尽可能推进人民币的使用。从根源上来看，离岸货币运动记录一般都是在岸的“主账户”下衍生的“子账户”，因为离岸货币的产生都是该货币发行国的对外贸易和投资收益滞留在境外。从主账户上的信息应该可以追溯到各个子账户的。如果将其兑换成美元，信息数据可以在美联储的离岸美元子账户上跟踪到。问题是全球离岸账户的货币基本都是美元，美联储由此可以“撒下全球离岸资产财富信息数据大网”。那些离岸美元财富管理也记录着企业高管的“足迹”。通过大数据处理完全可以精准定位中国经济和政治的核心命脉。

第二，降低离岸人民币私人银行体验门槛到新加坡的门槛水平。否则不仅会导致在华高管财富管理在离岸市场上“美元化”趋势，而且会直接影响上海自贸区离岸人民币财富管理的规模（账户搬迁到其他离岸市场）。离岸人民币规模的缩小还会引发恶性循环：规模小、衍生品开发成本高、最后规模萎缩到人民币离岸财富管理业务的消亡。这与上海建立全球人民币资产管理中心的初衷相悖。

第三，离岸财富管理业务信息数据实际上处于交叉共享状态，事前的数据筛选规则尚未明确的情况下，亟需设定规则。2017 年 8 月 25 日，中国信息安全标准化技术委员会发布的《数据出境安全评估指南（征求意见稿）》对数据出境（cross - border data transmission）的规定有具体条款，但对离岸人民币财富管理平台信息数据尚未具体化。其中跨境信息传送保护义务缺位，例如隐私政策和用户协议通常来说是企业对外宣示其数据安全保护工作最重要的法律文件。虽然很多企业在网站和 APP 上均允许个人客户访问隐私政策和用户协议，但是对于跨境传输部分企业和用户个人的权利义务，在企业的隐私政策和用户协议中鲜有规定（娄鹤和陈国彧，2019）。

第四，离岸市场上的数字经济和未来的数字货币下的人工智能时代，手指点击的瞬间“时间 + 定位 + 多维度联动”效应直接引发金融安全问题。例如，中国政府已开始限制军方人员和重点国企员工使用特斯拉，部分机构要求员工不得驾驶特斯拉上班，以及禁止驶入敏感企业的住宅小区一样，同理，对特定企业高管的离岸财富管理也要经过脱敏期。

第二篇

临港新片区加快打造跨境电商生态链研究

一、研究背景及意义

上海跨境电子商务虽有一定发展，但始终处于全国第二梯队，不论从交易规模、海关注册企业数量、跨境电子商务品牌等方面已经落后于深圳、广州、杭州、义乌、宁波等城市。“十四五”时期，上海提出聚焦跨境电商等重点领域，打造新型国际贸易发展高地的目标。与此同时，上海市人民政府关于印发《中国（上海）自由贸易试验区临港新片区发展“十四五”规划》的通知中明确提出临港新片区新型国际贸易发展规划：大力发展离岸贸易、跨境金融、国际大宗商品交易、数字贸易、跨境电商、高端消费品保税展示交易等产业，打造离岸贸易创新发展实践区的目标。新形势下，研究临港新片区如何快速打造跨境电商生态链、做大做强跨境电商产业，符合临港的产业规划，可以发挥临港“区位优势、制度创新优势、土地成本优势和人才优势”，把临港新片区打造为上海新型国际贸易发展高地核心承载区，助力上海深化“五个中心”建设、发展“五型经济”和“五大新城”建设，研究具有重要理论和实践意义。

临港新片区跨境电商发展起步相对较晚，已经较难依靠“人口红利”“土地红利”等廉价资源投入取得优势。只有尽快创新跨境电商产业发展思路，有所为有所不为，发挥和凸显自身特色和优势，才能抓住最后一波跨境电子商务发展机会。在此背景下，本篇在完善针对临港新片区发展跨境电商产业的理论研究方面做了基础性工作。具体说来，从临港新片区发展跨境电商产业的现状和优势，剖析临港新片区跨境电商产业发展所面临的主要瓶颈，并通过总结跨境电商产业发展较好的典型城市的经验做法，梳理出培育上海临港新片区快速发展跨境电商生态链的方向。在此基础上明确临港新片区发展跨境电商产业的新思路和新举措，提出促进临港新片区跨境电商产业发展的可操作化建议。

二、临港发展跨境电商产业的现状

（一）临港发展跨境电子商务的环境分析

1. 疫情蔓延重塑全球贸易格局、跨境电子商务存在难得的第二个机会窗口

全球范围来看，2020 年疫情全球蔓延影响下，国家或城市封锁导致生产生活正在向线上转移，疫情重塑消费模式，全球电子商务销量急剧增加。根据 eMarketer 估计，2021 年全年电子商务销售额将达 4.9 万亿美元，比 2020 年的 4.1 万亿增加 0.8 万亿美元。全球疫情形势的反复，使跨境电子商务发展形态更加明确。“德尔塔”“奥密克戎”等变异株，导致全球疫情反复，且短期内难以出现灭绝态势，加快了海外仓的发展。疫情期间国际物流运力下降，涨价、爆仓、缺箱等现象频频出现导致国内货物直发受限，而海外仓的仓发模式优势在疫情中得以凸显，促进了海外仓的普及度和阶段性增长。同时，随着跨境电商 B2C 模式的发展，航空运输凭借高时效在进出口贸易中的重要性与日俱增，航空货物从重量上占比不到 1%，但在外贸进、出口中货物价值的占比分别在 35%、10% 以上（张大卫等，2020）。

2. “一带一路”沿线国家带来的巨大市场和产业链重构机会

近年来，“一带一路”参与国家不断加强在电子商务领域的政策沟通和协调。作为上海市跨境电商进出口双向业务的试点区域，临港新片区依托对外开放口岸等开放平台，为跨境电商企业构筑了完善的产业发展基础和物流贸易链条。目前累计注册跨境电商企业超过 300 家，搭建起了一条“网上丝绸之路”（张毅，2019）。另外，据京东物流的反馈，临港新片区内海外仓与中欧班列相结合，运输成本只有空运的五分之一，时间比海运缩短一半以上（宋杰，2018），不仅发挥了“一带一路”基础设施互通互联、资源共享作用，还为电商企业节省了两头仓储的成本，使国内电商成为国

际化社会供应链。

3. 上海跨境电子商务发展亟需代表性跨境电子商务产业集聚区给予突破

从区域环境来看，在国内电子商务市场取得不错成绩的同时，近几年上海跨境电子商务发展情况不容乐观。《2018 年度中国城市跨境电商发展报告》显示，全国 13 个跨境电商综合试验区城市评估结果中，上海 77.49 分比起深圳 95.99 分相差 18.5 分，综合排名为第 6。从评价指标来看，上海在交易规模、成长空间、产业渗透、支撑环境、平台焦距五个方面优势较弱（陈志成，2020）。从最新的跨境电子商务发展情况来看，中国 70% 的跨境电商聚集在华南，华南 80% 的跨境电商聚集在深圳。深圳的跨境电商中小卖家已经超过 15 万家，亚马逊 top 卖家中，卖家占比 59% 以上，37.7% 来自深圳。

2017 年深圳跨境电子商务交易额达 491.66 亿美元，我国出口电商活跃卖家有 40% 集中在深圳及其周边地区，约 10 万 ~20 万家，在海关备案企业 500 多家，进口电商品种 10 万类（陈志成，2020）。相比而言，2017 年，上海拥有跨境电商企业约 1000 家，海关备案企业仅 100 来家，全市跨境电商进出口交易额 41.8 亿元，不论是跨境出口额、还是跨境进口额、海关备案企数等与深圳都有非常大的差距，甚至位于郑州之后（周坚男等，2018）。此后几年，深圳全市跨境电子商务交易额年均增幅达 30% 左右，到 2020 年突破 1000 亿美元；而上海全市跨境电子商务交易额 71 多亿元。

总之，上海跨境电商发展还存在产业渗透率较低、平台集聚程度不高、高影响力企业不多、电商企业创业与发展环境不突出等发展瓶颈，亟需以点带面，以区域带动全市跨境电子商务快速发展。

4. 上海扶持跨境电商产业发展目标明确

从政策环境来看，上海市发改委公布的《促进本市跨境电子商务发展的若干意见》（下称《意见》）明确，到 2020 年上海跨境电商交易额占全市进出口总量的比重稳步提高，跨境电商水平要居全国前列。为实现上述目标，该《意见》列出了12项主要任务，包括：集聚跨境电商经营主体、完善跨境电商公共服务平台、发展跨境电商物流体系、设立跨境电商示范园区、鼓励跨境电商业态创新、优化配套的海关监管措施、完善检验检疫监管政策措施、提升跨境支付与收结汇服务、创新支持跨境电商税收机制、加大财税金融支持力度、加强创新研究和人才建设、优化市场环境和统计监测。

值得一提的是，该《意见》提出“财税金融支持”，将利用上海市战略性新兴产业、外贸发展、对外投资合作、服务业引导等专项资金，对上述任务予以支持。其中包括支持跨境公共服务平台建设、跨境电商专业人才培训、开拓国际市场、建设国际营销网络、建设海外仓等项目；重点支持跨境电商示范企业发展和跨境电商示范园区建设。2021年7月，上海市商务委员会发布《上海市推进商业数字化转型实施方案（2021－2023年）》，提出进一步提升辐射长三角、服务全国的跨境电商运营中心、物流中心、结算中心能级。打响“出海优品”品牌，鼓励跨境电商平台提供优惠扶持措施，支持打造外贸自主品牌。

（二）临港发展跨境电商产业的机遇

2019年7月，国务院决定在临港建立自由贸易试验区临港新片区（以下简称“临港新片区”），在上海、金汇港以东的区域，及小洋山岛和浦东机场南侧区域设置，总面积119.5平方公里。

临港新片区对标国际上公认的竞争力最强的自由贸易园区，在适用自由贸易试验区各项开放创新措施的基础上，实施具有较强国际市场竞争力的开放政策和制度，加大开放型经济的风险压力测试，实现新片区与境外之间的投资经营便利、货物自由进出、资金流动便利、运输高度开放、人员自由执业、信息快捷联通（闫燕和叶金龙，2020）。根据2021年上海市人民政府关于印发的《中国（上海）自由贸易试验区临港新片区发展“十四五”规划》的通知，临港新片区率先试点在若干领域放宽外商投资准入、市场准入等限制。先行先试扩大金融、增值电信、数据跨境流动、教育、医疗、文化等领域对外开放，加快发展文化服务、技术产品、信息通讯、医疗健康、跨境数据交易等服务贸易。探索放宽或取消跨境交付、境外消费、自然人移动等跨境服务贸易市场准入限制。进一步推动高水平资本项目可兑换，强化国际金融资产交易、人民币离岸交易、跨境支付结算、离岸金融等功能。大力发展离岸贸易、跨境金融、国际大宗商品交易、数字贸易、跨境电商、高端消费品保税展示交易等产业，打造离岸贸易创新发展实践区。同时，加快探索实施具有国际竞争力的税收政策，积极探索支持总部经济、跨境金融服务、离岸业务、再保险业务、自由贸易账户、境外投资等方面的特殊税制安排，在风险可控的前提下，探索支持跨境电商企业服务出口的增值税政策（宋薇萍，2021）。

临港新片区具有政策优势、法律制度优势、产业辐射优势和金融优势。

一是政策优势。《中国（上海）自由贸易试验区临港新片区总体方案》支持临港新片区在更深层次、更宽领域、以更大力度推进改革开放。明确提出，实施高标准的贸易自由化，推进服务贸易自由化，加快文化服务、技术产品、信息通讯、医疗健康等资本技术密集型服务贸易发展，创新跨境电商服务模式，鼓励跨境电商企业在新片区内建立国际配送平台（朱贤强等，2020）。

二是法律制度优势。全国人大常委会授权上海市人大制定浦东新区法规，后续需要制定立法计划，制定相应立法需求清单等，临港新片区跨境电子商务制度创新具备法律优势。而且临港新片区实施高度开放的国际运输管理和自由便利的人员管理，放宽现代服务业高端人才从业限制，有利于以跨境电子商务形成链接节点。

三是产业辐射优势。临港新片区本身具有海洋高科技、能源发展、大数据、新能源汽车等产业特色；通过长三角一体化，可以辐射到长三角区域乃至更为广阔的物理空间，有利于形成国内中心节点。

四是金融优势。临港新片区可以充分发挥浦东新区金融市场体系健全、金融机构集聚优势，发展离岸贸易交易平台，创新海关监管方式，探索更加灵活的跨境电子商务政策体系、监管模式和管理体制。把新片区打造成部分重点产业产品跨境电子商务交易国内国际双向循环的战略链接节点，对建设新型贸易下的上海国际贸易中心、长三角一体化大市场等具有重要战略意义。

（三）临港发展跨境电商产业的优势

1. 跨境电商产业发展的配套基础设施日趋完善

对于跨境电商而言，长期以来，清关障碍、物流成本、支付途径以及仓储等配套服务成为制约行业扩张的重要掣肘（谢宏武和刘欣，2017）。为此上海市政府、临港新片区管委会、海关等相关部门陆续出台一系列利好措施，实施更高水平的贸易自由化便利化政策和制度；加强对跨境电商产业配套服务的部署，通关、税收、支付、会展、物流等配套利好不断释放：①通关。海关对临港新片区跨境电商监管实行全年365天无休息日，同时规定货到海关监管场所24小时内办结海关手续，确保跨境电商充分享受通关便利（温韧，2020）。②税收。临港新片区为跨境电商业务发展提供了一系列低关税税率等优惠政策；尽管原先进口行邮税的做法遭到摒弃，导致跨境电商税收优惠大幅缩水，但相比传统贸易，依然享受一定比例的减免优惠。③支付。临港新片区跨境支付牌照数量快速增长。例如上海跨境通国际贸易有限公司为跨境电商企业统一办理通关服务平台，该平台已吸引上百家大型的跨境电商企业。④行业协会。上海跨境电子商务行业协会是全市最大的跨境电商组织，在促进行业交流、组织跨境进口电商联盟等方面发挥了重要作用。为了企业能抓住临港新片区的机遇，行业协会通过参与制定行业标准、举办各类培训讲座、组织开展走访调研等，为政府和企业提供最新的行业资讯、实现资源精准对接。⑤物流。洋山保税港区拥有上海最大跨境电商产业专属园区，一期已于2015年12月正式投入使用。另外，在高规格电商仓库方面，临港新片区拥有高规格仓库，10 米层高库区、立体多层货架，大幅提高空间使用率，结合单通道 200kVA 超高电量负荷，为自动作业与分拣作业提供坚实的软硬件基础。

2. 与国际通行规则相衔接的知识产权制度体系加快形成

临港新片区已启动实施面向 2035 年知识产权强市战略纲要，继续完善知识产权政策体系：①强化对跨境电商专利、版权、企业商业秘密等权利及数据的保护力度，鼓励知识产权交易和流转，打造跨境电商集聚区。鼓励企业开展高质量知识产权申请、海外知识产权布局和运营。②临港新片区还实施技术转移服务机构培育计划，2021 年上海市人民政府印发《中国（上海）自由贸易试验区临港新片区发展“十四五”规划》，指出鼓励技术转移服务机构在技术评估、技术概念验证、技术投融资、国际技术转移等方面形成临港服务模式、创新临港服务产品、构建临港服务生态。③建设临港新片区跨境技术转移交易平台，构建互联互通的技术交易网络，服务临港新片区跨境电商产业发展，促进提升技术转移服务水平。

三、国内典型城市发展跨境电商产业的经验借鉴

（一）深圳发展跨境电商产业的做法和成效

深圳是中国首个电子商务示范城市，其电子商务产业集群以“政府引导、市场驱动、创新发展、试点示范、协同推进”为原则，大力推进电子商务的发展（深圳科工贸信委，2012）。2017 年，深圳跨境电商交易额达 491.66 亿美元，同比增长 21.84%。在深圳海关备案的跨境电商企业近 500 家，其中包括小红书、京东、菜鸟、大疆科技、大象通讯等一批知名企业。深圳市跨境电商产业发展的支持政策及配套服务，主要包括财税政策、金融、配套服务等几个方面：

1. 金融政策方面，主要采用项目制方式进行补贴

2018 年深圳市重点对跨境电商企业和供应链管理企业予以补贴，对以 B2B 方式为跨境电子商务业务提供“海外仓”综合配套服务，支持重点包括：加强并升级跨境电商供应链综合管理及配套海外仓运营管理系统建设；完善海外仓经营网络、运营管理和服务项目建设；加强海外仓自动化、智能化仓储设施建设。资助方式主要是对申报单位与境内外银行签订贷款合同实际产生的贷款利息给予贴息。

2. 财税政策方面，优化企业税收税率政策

主要是对符合条件的总部贸易、转口贸易企业进行所得税优惠税率政策。进一步地，在符合土地利用总体规划和城乡总体规划中，优先给予用地保障，对企业购买自用办公用房的，给予贷款贴息资助。

3. 知识产权与企业竞争力建设扶持方面，深圳市出台了一系列法律法规

深圳市先后颁布了《深圳市知识产权专项资金管理办法》（深财规〔2014〕18 号）、《中共深圳市委深圳市人民政府印发〈关于支持企业提升竞争力的若干措施〉的通知》（深发〔2016〕8 号）、《中共深圳市委深圳市人民政府印发〈关于促进科技创新的若干措施〉的通知》（深发〔2016〕7 号）以及《深圳市市场和质量监督管理委员会关于印发〈深圳市小微企业创业创新基地城市示范专项资金知识产权项目操作规程（暂行）〉的通知》等一系列办法。

例如《深圳市知识产权专项资金管理办法》对资助事项、资助方式及支出结构等有明确规定。将国内外发明专利、PCT 国际专利申请和计算机软件著作权登记、市重大专利项目、知识产权的宣传培训、知识产权应急及预警公共平台（以下简称公共平台）建设等纳入资助范围（孙喜涛，2010）。既对国内外发明专利等进行资助，还对知识产品的保护、宣传教育、风险控制等进行资助。知识产权分析预警、重大专项及版权备案公共服务项目，是为更好地发挥知识产权专项资金知识产权事业的促进和引领

作用，积极推进创新型城市建设的重要举措。2018 年，深圳市就资助了 14 个知识产权应急与预警服务平台建设。

4. 积极探索创新跨境贸易人民币结算方式

深圳市出台了前海 22 条优惠政策、《前海跨境人民币贷款管理暂行办法》《前海深港现代服务业合作区 2014 年改革创新工作要点》等一系列关于人民币结算的政策。以香港为境外第三方支付机构贸易款给付地，在跨境电商综合服务信息平台提供全套交易数据的前提下，允许在前海注册的跨境电子商务出口企业通过香港参加银行和境内代理银行，收取境外第三方支付机构转付的人民币贸易款。

（二）广州发展跨境电商产业的做法和成效

广州执行政策先行，优势凸显乘政策东风，释放已有优势是广州发展跨境电商的有力抓手。广州利用海关和“21 世纪海上丝绸之路”的优势，为跨境电商的发展提供了更好的政策支持（汪文姣，2018）。主要做法包括：创新跨境电商监管服务模式、培育跨境电商龙头企业、建设跨境电子商务园区、打造跨境电商公共服务平台、加快跨境电商物流发展、创新跨境电商金融和人才服务体系等（康彬彬等，2017）。

1. 创新跨境电商监管服务模式

2018 年，广州市出台《关于修订加快广州跨境电子商务发展若干措施（试行）的通知》，提出以“一带一路”建设为契机，依托中国（广州）跨境电子商务综合试验区建设，在巩固传统优势的基础上，积极培育竞争新优势，发展外贸新业态；通过综合改革、集成创新，推动跨境电子商务公共服务平台和各类特色试点园区融合发展；推进“关、检、汇、税、商、物、融”一体化，形成适应跨境电子商务发展的新型监管服务模式和制度体系，为全国跨境电子商务发展提供更多可复制推广经验。迄今为止，广州市打造了以南沙保税港区、白云机场综保区为核心区域的跨境电商产业集聚区，简化零售进口申报清单修撤单流程，完成商品入区单自动化审核，完善物流辅助系统对接跨境系统，促进商品24小时自动出区放行等专为跨境电商海关通关流程制定的“去繁就简”措施，有效提升了关区跨境电商的竞争力（卢友东和袁君，2019）。

2. 培育跨境电商龙头企业

2018年，广州市人民政府办公厅《关于修订加快广州跨境电子商务发展若干措施（试行）》的通知指出，强调引进一批国内外知名跨境电子商务龙头企业，重点引进跨境电子商务交易平台、物流供应链、支付结汇、“海外仓”等服务企业，培育一批跨境电子商务龙头企业。结合市开展的电子商务示范企业认定工作，认定一批跨境电子商务示范企业。对经认定的示范企业，由商务部门给予奖励，海关、检验检疫和国税部门按规定优先办理货物申报、查验、放行、加急通关报检、出口退（免）税等手续。鼓励各类经营主体开展跨境电子商务业务。支持传统外贸企业、生产企业、专业市场等通过跨境电子商务融入境外销售渠道，通过海关特殊监管区域或“海外仓”开展B2B2C（供应商对企业、企业对消费者）、B2B（企业对企业）、B2C（企业对消费者）等跨境电子商务业务，拓展国际市场。

3. 打造跨境电商公共服务平台

建设跨境电子商务园区方面，广州市提出建设一批特色综合园区，并陆续出台市级跨境电子商务产业园认定办法，并由市财政给予一次性财政资金奖励扶持。鼓励各区结合实际建设各具特色、错位发展的跨境电子商务产业园区或产业带。同时，打造跨境电子商务公共服务平台方面，不断完善跨境电子商务公共服务平台、实现信息共享和协同管理。扶持发展能够提供交易、物流、仓储、通关、支付、结汇、退税等综合服务的跨境电子商务服务平台，鼓励跨境电子商务经营主体申报高新技术企业和技术先进型服务企业。

4. 加快跨境电商物流发展

2017 年，广州市人民政府办公厅关于印发《加快广州跨境电子商务发展若干措施（试行）》的通知，指出在符合土地利用总体规划和城乡规划前提下，优先保障安排跨境电子商务物流仓储项目用地、降低仓储物流经营成本。支持电商、物流企业参与旧厂房、旧仓库改造，建设用于跨境电子商务的保税仓库、分拨中心等物流设施。鼓励企业建设“海外仓”设施。引导跨境电子商务企业规划建设“海外仓”，支持电商企业通过“海外仓”等规范模式健全供应链管理体系，提高进出口货物配送效率，加快融入境外零售体系。支持建立全球物流供应链和境外物流服务体系。鼓励跨境电子商务企业与国际电商平台、物流企业结盟合作，支持跨境电子商务企业运用大数据、云计算、物联网等互联网技术与物流业、快递业联动，实现跨境电子商务境内外物流无缝对接。

5. 创新跨境电商金融和人才服务体系

在金融服务方面，广州市创新跨境电子商务金融服务体系、运用股权投资方式支持跨境电子商务企业发展。在人才建设方面，加快跨境电子商务人才引进培养，将电子商务领域产业人才列入《广州市人才引进紧缺工种（职业）目录》。并且实施跨境电子商务产业人才培育计划，培育和扶持有潜力的电商产业创新人才，鼓励跨境电子商务专业人才来穗创业发展。建立起一整套有效的人才培养、引进和奖励机制（杨璘璘，2016）。

（三）义乌发展跨境电商产业的做法和成效

义乌是全世界拥有商品种类和数量最多的城市，被联合国、世界银行等国际权威机构认定为世界第一大市场。2013 年，义乌市政府把电子商务作为“战略性、先导性产业”进行培育，提出通过“电商换市”破解义乌发展瓶颈和困境（李金龙，2015）。义乌“十三五”规划提出世界“小商品之都”“创业创新活力之城”的定位，大力实施创新驱动发展战略，加快形成以创新为主要支撑的经济体系和发展方式（陈楠，2018）。近些年，义乌市实施了一系列鼓励扶持跨境电子商务产业发展政策，主要包括：

1. 外贸预警点制度

自2007年起，浙江开始建设“浙江省对外贸易预警示范点”，后更名为“浙江省对外贸易预警点”，形成了基本覆盖浙江省块状产业和行业的对外贸易预警网络，并已经形成了完善的工作运行和监管机制。浙江建立外贸预警点的工作在全国属于首创，对其他地方很有借鉴意义，是应对贸易壁垒的很好补充。2019年，专门针对跨境电商产业，开展2019年省级电子商务创新发展（产业集群跨境电商）试点项目建设。

2. 跨境电子商务扶持制度

2018年，义乌市出台了省级电子商务创新发展（产业集群跨境电商）试点扶持资金管理办法，支持企业建设各类跨境电商监管平台、产业集聚平台和线上交易平台，推动建设供应链综合服务等商业模式新、市场前景好、技术含量高的跨境电商产业化项目，进一步完善跨境电商服务体系，拓展小商品产业集群在跨境电商领域的应用范围。

3. 跨境电子商务组织和政府服务保障

义乌市委市政府加快推进全面深化改革，对标自贸区，组建市场发展委员会，根据《义乌市机构改革方案》，市旅游与会展管理委员会更名为市市场发展委员会，为市政府派出机构。划入原市陆港事务与口岸管理局的全部职责；市商务局的市场发展战略研究、专业市场（专业街）布局规划、国内外市场拓展、与市场转型提升相关的电子商务产业发展等有关职责。为义乌市场新一轮发展提供坚强的组织保障（朱林，2019）。

实施“最多跑一次”改革，提供高效优质的政府服务。义乌市依托浙江政务服务网，全面梳理和强化事项清单，加快政务数据资源有效整合共享和部门核查，并向68家银行和保险公司延伸，共享数据信息包括营业执照、人口、婚姻、不动产等数据，实现政府办事“义网通办”，为群众提供无差别、多渠道、全业务、全过程服务。

4. 义乌市知识产权鼓励扶持力度较大

义乌市政府高度重视和大力推动知识产权保护工作，先后出台《关于实施科技创新五大工程，全面提高转型发展质效的若干意见》《关于进一步深化品牌发展战略的实施意见》《关于推动实体经济高质量发展的若干意见(试行)》等多项政策，加大对发明专利、实用新型专利、外观设计专利、驰名商标、商标国际注册以及各级专利示范企业、专利导航项目、省商标品牌示范企业等的财政政策支持（刘磊和南平，2018）。2017 年，义乌市出台了《义乌市专利奖励资金管理办法》，对义乌市内的发明专利、《企业知识产权管理规范》贯标企业、专利（知识产权）示范企业、专利代理公司、市场经营户的实用新型和外观设计专利等进行奖励（曾雪根等，2014）。例如对国内发明专利每件奖励 2 万元，国外发明专利每件奖励 5 万元，对首次通过贯彻国标《企业知识产权管理规范》体系认证的企业，给予 10 万元奖励。这些奖励对义乌市企业增加知识产权的保护意识具有激励作用，2015 年至今，全市专利申请量 19240 件，专利授权量 13236 件。从 2018 年全年知识产权授权量来看，发明专利申请稳步增长，全年实用新型和外观设计专利处于相对平稳发展状态。

四、临港发展跨境电商产业面临的主要挑战

（一）新冠肺炎疫情对全球跨境电商产业冲击

突如其来的新冠肺炎疫情对以外向型经济为发展模式的上海，特别是出口型跨境电商发展更加不利。我国当前已处于疫情后期，贸易和投资逐渐重启、经济士气提振，但疫情前计划向临港新片区集中赋能的核心资源和要素，可能会面临部分被搁置和分流的风险。2020 年临港新片区重大项

目计划有130多推进项目，其中新开项目84个。由于疫情后期劳动力紧缺、航运船期调整、国际市场需求转变等因素的影响，现有和潜在的贸易投资项目可能会难以正常复工（夏悦和张宝明，2021）。以洋山港航运为例，上海自贸区保税区管理局数据显示，2020年1月新冠肺炎疫情暴发前夕，洋山保税港区共完成集装箱吞吐量141.1万标准箱，同比下降6.9%；完成货物吞吐量1503.6万吨，同比下降3.9%。2020年2月新冠肺炎疫情全面扩散，全国陷入封闭僵局，洋山港区共完成集装箱吞吐量109.6万标准箱，同比下降17.3%，完成货物吞吐量916.0万吨，同比下降17.8%（夏悦和张宝明，2021）。由此可见，临港新片区内跨境电商等新型国际贸易业务的发展进程严重受阻。

（二）跨境电商企业创新性不足

自2019年国务院正式批准设立上海自贸区临港新片区以来，为推动临港新片区的建设和发展，上海市政府陆续出台了一系列支持政策。例如2020年出台的《中国（上海）自由贸易试验区临港新片区总体方案》（下称《方案》）除直接提到跨境电商字眼之外，《方案》的具体举措几乎都直接或间接涉及跨境电商，临港新片区无论在税收、资金扶持、人才引进、土地租售优惠等方面都得到更大力度的扶持（其格，2019）。但目前进驻自贸园区的部分企业是为了得到更多的优惠政策。从短期而言，临港新片区可能得到资源聚集规模优势，但立足长远，企业会对优惠政策形成依赖而失去发展创新的活力。如果考虑到政策优惠成为推广性的普惠，临港新片区中的跨境电商企业面临的便是平庸化和趋同化的风险。因此，如何利用临港新片区各项优惠政策的同时不断挖掘自身的发展潜力，开拓创新，在激烈的国际市场竞争中保持优势是必须考虑的重大问题（赖洁瑜，2018）。

（三）跨境电商产业发展面临的知识产权纠纷风险加大

近些年，随着全球跨境电子商务业务量的不断增加，我国电子商务产业所面临的知识产权纠纷风险不断加大。中国 Wish 卖家、亚马逊卖家等被封号、资金冻结、款项截留等事件不断爆发，导致卖家维权事件不断，跨境电子商务企业和行业的风险不断加大。“品牌侵权”事件导致一大批跨境电商卖家因为涉嫌侵权应声倒地。

（四）跨境电商产业链各主体间的信息共享水平有待提升

疫情期间，为了引导金融机构为自贸区内的企业提供跨境金融服务，助力企业更高效地进行离岸贸易业务，临港新片区适时启用了离岸转手买卖产业服务中心。目前，服务中心服务在运营过程中仍存在一系列问题，如针对离岸转手买卖贸易真实性的审查程序没有规范统一的标准，各查验平台和部门之间连通性不强，内外部关系缺乏协调性等（夏悦和张宝明，2021）。不仅如此，当前海关、商检等政府部门与跨境电商企业之间由于协同性差、配合度低、信息共享程度不够，使跨境电商通关成本高和效率低。

（五）跨境电商产业高端人才增量不足

临港新片区通过实行极具竞争力的人才引进政策和税收政策，吸引海内外高水平人才入驻，以期望打造国际人才高地。然而疫情时期国内外人员流动逐渐放缓，海外专家可能会重新评估在沪工作和居留对自身带来的影响，临港新片区的人才增量已明显不如预期（夏悦和张宝明，2021）。另外近几年上海房地产价格不断上涨，导致高端人才的外流，也直接推动了跨境电商产业的经验成本上升，将在一定程度上影响跨境电商产业的快速发展。

五、临港培育跨境电商产业链的理论依据与路径

（一）产业竞争与产业升级的理论

在全球价值链分工日益加深的时代，知识产权对产业竞争力的重要性愈加突出。“微笑曲线”比较指出了全球产业链竞争的核心，并为产业升级提供了方向（陈连颐，2019）。“微笑曲线”是一条微笑嘴型曲线（如图2－1所示），在产业链中附加值更多体现在两端，生产和销售处于中间环节的制造附加值最低。微笑曲线中间是制造，左边是研发，右边是营销。当前制造业产生的利润低，全球制造也已供过于求，但是研发与营销的附加价值高，因此产业未来应朝微笑曲线的两端发展，也就是在左边加强研发和创造知识产权，在右边加强客户导向的营销与服务（于海云，2010）。

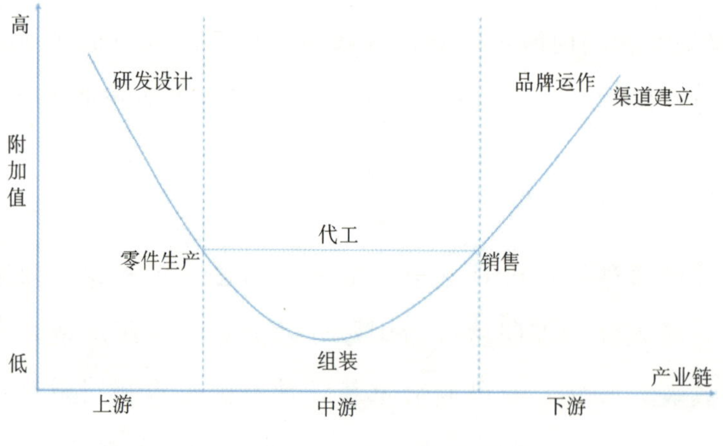

图2－1　微笑曲线图

（二）产业竞争理论下的全球产业竞争加剧

随着全球贸易的不断深入，全球贸易一体化和贸易竞争的不断激烈，发达国家必然对发展中国家或后发国家进行以知识产权为抓手的本国贸易

保护举措。由于仅靠国内制度规则无法将知识产权充分地转化成全球价值链分工下的国际贸易收入，各国一般采取各种措施要求贸易伙伴提高知识产权保护力度以达到维护本国企业海外利益的目的。比如美国曾对日本、韩国、中国台湾地区等发起过“301 调查”，并在后续的谈判中要求对方修改当地规则，本质是中间品国际贸易使通过影响产品进出口环节平衡贸易利益的政策难以奏效，必须有更直接的措施对附加在知识产权上的利益进行重新分配（张昊，2018）。

近年来中美贸易顺差持续扩大。以临港主要出口之一的机电产品为例，据中国海关统计，2015 年中美机电顺差额达到 5008.2 亿美元的峰值，2016 年贸易顺差达 4377.6 亿美元。由于在高端机械制造业缺乏核心技术，中国自美国进口的机电产品仍以技术含量高、附加值高的机械产品及高端零配件为主（董明等，2018），主要包括航空航天器及其零件，汽车及其关键件、零附件和电子元器件。2005 年以来，中国出口到美国的大部分机电产品规模虽不断扩大，市场份额稳步攀升，但出口产品仍以附加值较低产品为主，进口资本密集型或高端机械设备占比较少。随着中国机电产品出口结构随“中国制造”升级不断优化，对美国的传统出口优势产品将造成潜在冲击与影响，因此，也是未来贸易摩擦和贸易争端的焦点（张昊，2018）。

（三）临港跨境电子商务产业链培育路径

全球化已经深入到研发环节，产业标准和技术专利、市场营销及品牌运营能力成为决定国际竞争话语权和价值链利益分配格局的主要方面。在全球技术竞争日益激烈的趋势下，一个技术标准的产业化还在推进，新标准的研发就已经开始。技术更新换代速度明显加快，在全球价值链分工时代，知识产权对于产业竞争力的重要性尤为突出。产业标准和技术专利成为决定国际竞争话语权和价值链利益分配格局的主要方面（张昊，2018）。

中国 Wish 卖家、亚马逊卖家等被封号、资金冻结、款项截留等事件频发不断的根本原因也是本土产品的创新和设计能力不足，品牌意识和品牌建设的力度不大，全球知名度和全球影响力相对较小。

中国跨境电商产业在上游及市场品牌营销方面，明显落后于发达国家，受到比较严重的制约。临港新片区急需在微笑曲线的价值链两端方面有所突破，以长三角地区城市群和制造业集群为赋能对象，以落实长三角一体化战略为目标，促进长三角制造业实现“一体化”和“高质量”发展，带动我国产业链优化升级和创新发展。同时，与国内其他区域的跨境电子商务产业形成错位竞争。具体来说：

一是以临港新片区为创新赋能基地，为长三角区域培育更多的具备自主知识产权及创新设计能力、具备国际竞争力的企业和主打爆款产品。

二是以临港新片区为品牌传播基地，为长三角区域培育更多能够进入国际高端用户市场的产品和品牌，为打造世界级产业集群提供国际营销能力，提升产业链和产品的美誉度，走向价值链高端。

三是建立长三角电子商务产业园与产业集群协同发展机制。建立跨区域产业协同发展、重大创新基础设施共建共用、园区合作的成本分担和利益共享机制、税收征管协调机制、利益争端处理机制，以金融创新和知识产权赋能跨境电子商务产业链，提升我国产品整体创新能力、附加价值和全球竞争力。

四是在巩固提升美欧市场的基础上，以“一带一路”沿线国家为市场拓展重点，以提升长三角区域主导出口产业的整体研发能力、创新设计能力、国际化品牌建设运营能力、供应链运作能力为着力点，提升中国产品的美誉度和知名度，助力临港新片区打造成为长三角乃至中国创新驱动发展战略的自由贸港。

六、临港跨境电商产业升级的主要对策建议

（一）强化疫情监测与对接“一带一路”倡议

1. 加强疫情风险监测与溯源

即便我国当前已处于疫情小规模暴发且总体可控的后疫情时代，“一带一路”建设中的跨境电商贸易仍可能出现制度结构不良、人员行为不规范、疫区货品状态不安全等风险。临港新片区可借助大数据、云计算、人工智能等技术和工具，多源头、多维度地实时动态监测、检验和溯源。不同部门间应及时协调分享交易信息，提高危机应对速度并及时阻断接触感染病毒路径，为疫情时代的跨境电商贸易治理体系迅速赋能（夏悦和张宝明，2021）。

2. 深化与“一带一路”的对接

在当前严格防控新冠肺炎疫情、全力支持企业稳工复产的后疫情时代，中国作为全球供应链中的重要一环引发美国等西方国家的敌视和打压。为了继续加大力度促进跨境电商贸易稳定、便捷、高效发展，将新冠肺炎疫情的直接和间接干扰降到最低，临港新片区应将“一带一路”沿线国家和地区作为战略实施的重点并加强与这些国家和地区的经济联系和往来，促进利益进一步融合。一定程度上提高与“一带一路”沿线国家和地区的投资贸易便利化水平，完善相关制度和设施建设，消除中国与“一带一路”沿线国家和地区的贸易和投资壁垒，促进临港新片区跨境电商发展。

（二）立足长三角提升全球竞争力

1. 赋能长三角世界级产业集群、助力一体化国家战略

上海《“十四五”规划》提出构建“3＋6”的新型产业体系，提出协

同长三角建设世界级产业集群，发展电子信息、生命健康、汽车、高端装备、先进材料、时尚消费品六大重点产业，推动制造向服务延伸，加强产业细分领域布局，促进产业集群化、生态化发展（丁弋弋，2021；徐强，2021）。新冠肺炎疫情持续影响下，消费者大规模转向线上消费，极大刺激全球电商零售业快速增长，欧美、亚太地区主要国家电商整体零售出现超过15%的高速增长，跨境电子商务从以B2C为主要模式向B2C与B2B模式相融合，工业企业直接建站服务终端客户，正重塑传统贸易形态。

临港可充分发挥新片区所拥有的上海港航运和中欧班列的便利和成本优势，以及制度创新优势、长三角区域制造业的辐射优势等，增强临港中心节点和战略链接作用，在要素链接、产能链接、市场链接和规则链接方面形成临港优势，巩固上海对内对外开放的枢纽地位，使临港新片区成为企业走出去的最好跳板、引进来的前沿阵地，赋能长三角工业企业，提升产业链能级，助力长三角一体化国家战略。

2. 以打造爆款为抓手，打造临港美誉度

打造自有品牌是提升临港产品竞争力的必由之路，能够有效避免低质量的价值竞争。最近几年，临港商品申请及注册数量已有大幅提升，但针对临港现有经营16个大类、4202个种类、33217个细类的商品来说，商标保护量还远远不够。在现有商标的基础上，临港还应重点培育全国知名商标、全球知名商标。长期来看，自有品牌能为中国企业赢得最大收益，而越来越多的企业也意识到这一点并积极打造自有品牌，这有助于提升中国跨境电商卖家在海外的知名度。

从国外的电子商务快速成长的众多案例研究中，不难发现单一爆款是沉淀跨境电商品牌最快的途径。国内的小米、乐视，都是做单一爆款非常成功的一个典型。爆款是一个企业的主要订单来源，爆款一般占企业50%～60%的订单来源。行业有句话，衡量一个跨境电商企业的核心竞争力，是看你能不能不断打造一个又一个的爆款。爆款往往聚集整个行业往

精细化运营资源，投入大量的人力、精力、资金在某一个事情的时候，最大化扩大电子商务营销的天然优势，可以把一个产品、一个品牌等各个方面做到极致，从而才有可能产生最大的收益。通过爆款可以产生更多的爆品，从而提升这个产业的整体竞争力。

然而，一个成功的爆款后面，需要强大的产品设计创新能力、知识产权运营与保护体系、大量的资金投入、人力投入，渠道与运营等，而且面临较大的不确定性和较高的收益性，需要的是整个产业的创新生态能力。临港需要为打造爆款发展提供便利与支持，从创新设计、国际化品牌运营、资金支持等方面，如成立跨境电子商务重点产业运营基金，扶持爆款品牌建设，鼓励龙头企业带动产业相关企业进行爆款的运作，从而提升跨境电子商务的整体竞争力。

（三）赋能跨境电子商务产业链

1. 以金融创新推进跨境电子商务园高质量发展

加强跨境金融服务，搭建金融服务平台，不断提升国际贸易便利化。积极推进跨境电商的人民币交易结算便利化，商业银行和其他金融机构可依据“展业三原则”，根据优质企业提交的收付款指令或电子凭证直接为其办理货物贸易和服务贸易项下跨境人民币结算业务。简化人民币结算程序，鼓励商业银行拓宽与其他机构的合作渠道，为跨境电商的市场采购和外贸综合服务等业务提供多方位跨境服务。

提升跨境电商外汇收支服务质量和跨境支付便捷性。加大跨境电商资金支持力度，鼓励银行开展跨境电商供应链金融服务，加强金融工具创新和推广，对跨境平台核心企业票据提供便利的贴现、质押等金融服务，增加自建海外仓跨境电商的中长期贷款支持。鼓励市场主体运用创业担保贷款、人才贷款等创新产品参与 RCEP 国家跨境电商市场创新（沈杭，2021）。鼓励金融机构利用区块链、大数据、物联网等新技术，运用在线信息分析与线下抽查相结合的方式开展贸易真实性审核工作，积极建立跨境电商业务激励约束及容错纠错机制。

2. 加大贯标企业主要产品的技术领域知识产权预警

实施知识产权强企行动计划，推动企业贯彻知识产权管理规范，进一步推进知识产权国家优势企业、市级专利示范企业建设。加快实现高新技术企业、规模以上工业企业、各类上市企业“贯标”全覆盖（程敏，2017）。除对首次通过贯彻国标《企业知识产权管理规范》体系认证企业的奖励扶持外，跟进配套相关政策，使知识产权国家优势企业、市级专利示范企业数量明显增加。

实施专利预警工作，防患于未然，提前发现危机，以降低化解专利危机的成本，避免企业陷入专利被动状态。2020 年上海市国民经济和社会发展统计公报显示，2020 年新片区新增专利申请 8318 件，专利授权 4644 件；pct 专利申请 197 件；每万人发明专利拥有量 26 件；新增注册商标 9706 件，平均每新增 1.96 户市场主体新增 1 件注册商标，每万户市场主体的平均有效注册商标拥有量为 3976 件。现有的知识产权企业和专利保护数量反映知识产权发展明显滞后。

临港应在机电产品之外，针对长三角主要出口产业和产品，有针对性实施专利预警制度。定期研究发布技术领域的专利分布状况，分析相关的专利布局，为依托临港为出口进口中转的本市和长三角相关企业，提供专利布局参考资料，帮助相关企业及时准确地调整本企业的专利布局战略，指导相关企业进行外围专利申请和布局。

（四）推进产业链数字化转型和信息共享

1. 借助进博会加快数字化转型

进博会是上海发展和形象的重要窗口之一。作为我国全方位对外开放的重要标志，临港新片区在 2020 年进博会中备受中外企业与媒体的关注。

为了更好地满足进博会海外展品密集入境需求，洋山港口岸部门采取多样化的优惠便利措施，通过“无纸化”政务审批快速完成口岸查验通关手续。与此同时，结合自动化码头创新技术助力月度集装箱吞吐量创下新高，确保了船舶及展品安全进港和快速靠港（夏悦和张宝明，2021）。

2. 运用新兴数字技术提升跨境电商市场运营和管理水平

跨境平台种类繁多，涵盖 B2C、B2B 等模式，且交易数据具有分散性和随机性等特点。云计算技术可全面、实时、系统地收集不同跨境电商平台交易情况、评价反馈、纠纷投诉、运营风险等信息，并对数据进行归类和分析，帮助企业和个人建立信用和评价体系。同时，结合云计算得到的信息并通过跨境云平台进行前期市场调研，运用商务数据系统精准分析和定位目标客户的消费行为和偏好，有助于企业做出有效的市场预测，并以此为依据有针对性地制订营销计划。此外，数据分析系统还可运用在选品上架、品牌建立、营销推广、产品升级和售后服务等方面，以提高跨境电商企业的可持续发展能力（许璐，2021）。

（五）吸引跨境电商高端人才

除机电产品外，当前跨境出口电子商务产业都属于时尚行业或服装行业。整个行业的关键是能否进行持续的创新，而设计师、工业设计人员、专利代理师、国际律师、金融人才等高端人才都是产业创新发展的关键。以“猫爪杯”为例，2019 年 2 月 26 日，星巴克咖啡在其中国门店发售了樱花主题系列的杯子。在这些新款杯子中，最受欢迎的是名为“猫爪杯”的杯子。因杯子造型独特、数量有限，各地不少青年消费者排队抢购。“猫爪杯”甚至成为黄牛倒卖的商品之一，杯子的价格也从原价的 199 元被抬至 1800 元，其受消费者青睐的程度可见一斑。必须鼓励探索高端人才的收入分配机制，并为高端人才引进和留住提供必要保障。

1. 加大高端跨境电商人才引进政策力度

临港虽出台了相关的人才引进鼓励政策，但是政策力度和吸引力与深圳等地还有差距。例如，深圳市海外高层次人才可享受的优惠奖励政策力度非常大，高端人才奖励补贴 100 万 ~300 万元。提供居留和出入境便利条件；落户、子女入学、配偶就业、个人税收、医疗、保险等方面都提供便利。临港人才引进需加大政策力度，在教育资源配套、医疗资源配套等方面突出临港特色。

2. 明确重点引进跨境电商行业人才目录

临港应进行产业人才发展状况调查分析，重点梳理高端人才状况，围绕产业升级发展需要，明确重点引进人才目录和目标，针对不同行业高端人才，制定具备吸引力的人才政策。比如专利代理行业，虽然该行业的从业人数和机构数量发展迅速，但能够提供涉外服务、专利预警、分析、许可、质押融资专利诉讼、调解等服务的代理机构数量不多。如何引进能够进行国际专利代理及诉讼的人才政策是关键。

（六）打造长三角跨境电子商务生态链中心节点

1. 将临港打造成长三角跨境电子商务生态链中心

以特色产业数字园区建设为抓手，加快推进上海临港形成在长三角区域的世界级产业群集的创新赋能能力、品牌塑造和全球一体化传播能力，促进长三角世界级产业集群跨越式发展，从而占据价值链高端，形成自己的核心竞争力，将临港打造成长三角跨境电子商务生态链中心，形成强大的区域内影响力。

无论从培育跨境电子商务独角兽企业，还是站在产业链协同和产业竞争力视角，产业园区是产业发展的重要载体和关键。临港新片区，依托后发优势，做好特色产业所需的跨境电子商务各类服务环境建设。如产品与创意设计中心、代运营企业、供应链仓储服务企业、金融服务企业、数据服务企业等电商服务企业，出台相关引导和扶持政策，充分发挥园区在产业创新培育和孵化、品牌全球传播等方面的功能，从而吸引各类垂直电商企业（含进、出口电商），平台电商企业（含进、出口电商），乃至制造业企业入驻园区。

2. 加大海外仓支持力度

“跨境电商平台 + 海外仓”优势突出，包括：整合物流仓储形成价格竞争优势、平台自建或合作的海外仓应对资金与货物滞销风险优势，可链接多个海外仓服务商为卖家提供多元化分销渠道优势等。截至 2020 年年末，我国海外仓数量已超 2000 个，面积超 1600 万平方米，航空运输与海外仓将成为跨境电子商务发展的主要模式。

3. 抓住跨境电子商务发展新趋势，加强跨境电商直播扶持力度

直播电商、社交电商等成为跨境电子商务发展新趋势，且国内直播电商快速崛起并领先于海外，全球跨境电子商务发展出现新趋势带来新机遇。2019 年至今，直播电商进入爆发期，并形成完整的产业链，品牌、商家、直播、MCN 机构、平台、服务商等参与者基于已有的电子商务基础设施，快速成长。在抖音、快手、微信等社交平台的推动下，国内外社交电商出现了爆发式增长。与此同时，海外直播电商仍然处于起步阶段，Shope、Lazada、亚马逊、Facebook、YouTube 等均已经启动直播电商服务，但总体上还处于起步阶段，多数在模仿中国跨境电子商务玩法，暂未出现海外版顶级 KOL。

根据 eMarketer 调查数据，美国社交电子购买者呈现爆发式增长。2020 年增长 25% 多，用户数量已达 8010 万人，且呈现持续增长态势。英国也有超过 79% 的网络购物用户，通过社交媒体购物。Facebook、YouTube、Instagram 等网络平台看好社交电商。伴随 5G、VR 等技术推广应用，直播电子商务业务将更加接近线下购物体验，必将成为全球跨境电子商务的重要组成部分。上海临港可以依托本市人才集聚、资金和区位优势，抓住本轮跨境电子商务发展机遇，大力发展跨境高端产业链直播，带动上海乃至长三角产业出海，形成直播跨境电商的后发优势。

第三篇

临港新片区金融聚集提升路径研究

一、研究背景及意义

自贸区临港新片区是习近平总书记于首届国际进口博览会期间提出的重要改革设想，是上海浦东开发三十年后，上海开放型经济建设的新经济地理空间。作为我国开放型经济建设空间布局的重要改革试验田，临港新片区和以往的自贸试验区相比，绝不仅仅是简单的面积扩大，而是有着更明确、更高的定位和更丰富的战略任务。在功能定位上，要打造更具国际市场影响力和竞争力的特殊经济功能区；在发展方向上，要建设具有国际竞争力的开放型产业体系；在区域建设上，要打造开放创新、智慧生态、产城融合的现代化新城。

伴随着近年来我国金融改革的不断深化和金融开放的不断推进，金融业经营效率逐渐改善，社会经济发展对金融服务业的需求也在与日俱增，金融业在经济中所处的地位也在不断强化。改革开放以来，金融业在社会经济中所占的比重逐年增加，2020 年，金融业增加值占全国 GDP 的 8.3%，占第三产业增加值的 15.2%，可以说，金融服务业已经成为现代经济的核心之一。

集聚是经济的空间特征，金融亦不例外。随着全球经济一体化趋势的日益加快以及信息技术的共同作用，国际金融市场上的资本要素正在不断地流动中寻找如何取得获利与发展平衡，更多的社会财富、国际资本以及金融服务在进一步向大城市和城市密集地区（城市群）集聚。金融集聚一旦形成，会持续带来集聚地及周边地区金融交易的增加、投资的繁荣和产业的扩张，创造大量的就业机会和财政收入，并通过资金融通和资本运作来促进资源在全国甚至全球范围的配置。因此，一个城市或区域的金融业集聚水平与发育程度影响着其中心城市在全球、全国和区域城镇体系中的功能和定位，随着金融机构和金融人才更多地聚集于同一区域，这一效应使城市的综合服务功能进一步增强，进而推动城市的经济增长与社会发展。

作为一个新兴的自由贸易试验区，重视和加强临港新片区金融聚集区建设，提升临港新片区的金融业聚集程度，不仅可以为临港新片区的经济发展提供支撑，还有助于为其他地区的金融聚集发展的理论和实践形成借鉴。

二、临港金融业政策与集聚现状分析

设立上海自贸区临港新片区是2018年中央总揽全局的科学部署，彰显了我国对外开放的鲜明态度，是引领经济全球化发展的重要布局。临港新片区建设三年来，已有20多家金融机构和企业落地，包括工农中建交五大行、浦发银行、上海银行、上海农商银行、太平洋保险等各类金融机构。

（一）临港金融业政策分析

当前，临港新片区的金融业政策主要包括吸引各类金融机构入驻，加快支持专业服务业发展；设立落户奖励、租金补贴；给予人才落户、子女教育等优惠政策。

临港新片区金融业政策的优势体现在以下几个方面：

（1）临港新片区的区位优势明显。它位于上海东南角的临港地区，地处长江口和杭州湾交汇处，北临浦东国际机场，南接洋山国际枢纽港，是上海沿海大通道的重要节点，同时又背靠长三角广阔腹地。上海作为我国金融中心和对外开放最前沿城市，已经建立了较为完备的金融市场体系。同时，新片区作为上海自贸区的新扩充，将容纳更大的产业集群，进而通过产业链向外形成更大的辐射。

（2）临港新片区可以充分借鉴我国其他自贸区金融业发展的成功经验。2013年9月以来，全国自贸试验区形成“1+3+7+1+6+3”（全国共有上海、广东、天津、福建、辽宁、浙江、河南、湖北、重庆、四川、陕西、海南、山东、江苏、河北、云南、广西、黑龙江、北京、安徽、湖南共计21个自贸试验区）的改革开放创新格局。其中，上海自贸试验区在推进核心金融改革上取得突破性进展，在推动有限度的资本项目开放上积累了很多成功经验。正是基于这些经验，此次明确提出推动自由贸易账户本外币一体化功能试点，探索新片区内资本自由流入流出的自由兑换。因为只有实现真正的货币自由兑换，自贸区的贸易自由化和投资自由化才能发挥更大的作用，助推上海成为全球资本的聚集地。

（3）与上海自贸区的五个老片区（保税区片区、陆家嘴金融片区、张江高科技片区、金桥片区、世博片区）相比，临港新片区金融业政策支持力度加大，金融业朝着更加自由化的方向发展。在金融业发展支持政策方面，《关于促进中国（上海）自由贸易试验区临港新片区高质量发展实施特殊支持政策的若干意见》（以下简称《若干意见》）中的50条特殊政策中有6条是针对金融业的，包括加大对新片区政府债券发行的支持力度、开展跨境金融业务、加强跨境资金灵活使用、推进建设资金管理中心、对重点产业长期低息贷款并吸引保险资本支持政策、提高重点产业直接融资规模。临港新片区对于金融机构与金融业务的大力支持，将吸引更多金融机构落户临港新片区，从而有利于形成更加开放的金融市场体系。值得一提的是，与以往针对其他自贸区的方案不同，在《中国（上海）自由贸易试验区临港新片区总体方案》（下称《总体方案》）中，临港新片区被赋予了最大限度的自主创新权，拥有自主改革、自主创新、自我管理等权利。在金融开放方面，新片区放宽了金融机构的外资持股比例、拓宽了外资金融机构的业务经营范围，同时提供便捷高效的跨境金融服务和更简化的人民币跨境业务服务。

（4）《总体方案》还明确提出了产业主导的方向，将大量的前沿产业集群引入新片区，从而实现金融业与实体经济相结合。根据《临港新片区创新型产业规划》，新片区旨在构建世界级、开放型、现代化产业体系，以“7+5+4”产业为重点。其中，“7”指先进制造业前沿产业集群，包括集成电路、人工智能、生物医药、民用航空、智能新能源汽车、高端装备制造、绿色再制造等前沿产业，力求促进产业链高级化和产业基础现代化；

“5”指现代服务业，其中重点发展以新型国际贸易、跨境金融服务、现代航运服务、信息服务、专业服务为代表的高能级服务业，从而提升上海在全球贸易、金融、航运、创新网络中的节点功能和辐射能力；“4”指创新开放经济业态，探索发展以离岸经济、智能经济、蓝色经济、总部经济为特色的开放创新经济业态，从而拓展经济发展空间。此外，《若干意见》中明确指出提高重点产业直接融资规模，优先支持先进制造业前沿产业等领域重点项目在新片区布局并优先支持这些关键重点领域的企业上市。这一政策有利于切实提高新片区科技创新能力和产业融合能力，从而为金融业长期发展注入动力。

（5）随着临港新片区乃至上海不断深化金融开放，长三角地区将会享有金融开放带来的溢出效应。金融开放和金融创新水平的进一步提高将会加快建成更为完善的金融体系，从而能够吸引更多的企业向临港新片区乃至长三角地区集聚，同时，也有助于离岸贸易和跨境电商等新兴业态的发展。金融企业集群产生的外部规模经济不仅会使金融及其附属产业受益，而且有利于促进该地区经济的发展。同时，完善的金融体系也可以为技术和产业创新发展提供强有力的支持和保障。临港新片区可以与长三角其他地区在金融服务、科技成果转化等方面加强合作，比如临港新片区提供金融机构名单，长三角其他地区提供需要金融服务的企业名单，从而实现共同发展。片区内的江苏银行就在积极与长三角地区进行对接，为长三角企业提供跨境投融资和资本市场运作等系列金融服务。按照临港新片区目前的发展态势，可以预见到未来新片区在投资管理、贸易监管、金融开放、人才流动等方面形成的制度经验都会逐步辐射到长三角地区，带动长三角区域新一轮改革开放。

（6）新片区通过各项保障政策为海内外人才提供更具吸引力的发展环境。根据《若干意见》，在技能型人才引入方面，对拟长期在新片区工作的高科技领域外籍人才、外国技能型人才和符合新片区产业发展方向的单位聘雇的外籍人才，放宽年龄、学历和工作经历的限制，一次性给予 2 年以上的工作许可。另外，在新片区工作的入外籍留学人员可直接办理长期（最长有效期 10 年）海外人才居住证 B 证，免办工作许可。在人才落户方面，缩短新片区“居转户”年限。对符合一定工作年限并承诺落户后继续在新片区工作 2 年以上的人才，“居转户”年限由 7 年缩短为 5 年。其中，对符合新片区重点产业布局的用人单位的核心人才，“居转户”年限由 7 年缩短为 3 年。在住房保障方面，实施限价商品房政策。控制限价商品房供应量，加大人才公寓供给力度，将部分限价商品房在房源性质不变的情况下转为人才公寓使用。这些政策有利于在片区内建立起多样化的人才体系，建立起富有活力的人才基地。

临港新片区的很多政策还处于“先行先试”的时期，仍有一些有待完善和补充的地方：

第一，与美国、新加坡、中国香港等国际知名自贸区相比，临港新片区在金融政策自由化程度上还有一定的差距。全美 260 个对外贸易区中最大的纽约港自贸区在区内放松金融管制，减少对银行贷款规模、存款利率等方面的管制。新加坡自由贸易区全面取消外汇管制，外资企业可以自由开立银行账户。除此之外，新加坡企业发展局、经济发展局等机构还针对外国企业提供优惠的融资条件，如新企业发展计划、企业家奖励计划等。

第二，临港新片区还有待健全和完善与高水平开放相匹配的风险防控体系，切实防范金融风险。我国金融业在对外开放的过程中，会受到复杂国际金融形势的挑战。比如美国、日本和欧洲的量化宽松政策就会对国家间资本流动产生影响，从而影响我国金融市场的稳定。新片区内的金融机构和企业虽然可以享受跨境业务开放度提高所带来的便利，但是跨境业务本身交易进程相对复杂，加之大数据、云计算等金融科技的普及给金融监管带来了新的挑战，因此跨境金融交易容易受到汇率风险、市场风险、政策风险、信用风险、操作风险等的影响。此外，临港新片区开展离岸贸易还处在探索阶段，管理水平有待提高，再加上新片区对异常数据进行监测的机制等还不成熟，这在一定程度上加大了防范离岸金融风险的难度。基于上述分析，我国需要建立统一高效的金融管理体制机制，并充分利用金融科技方法提高金融服务水平和监管能力，保障新片区内金融活动的正常进行。

（二）临港金融集聚现状

（1）从横向上来看，新片区内的金融集聚区名为现代服务业开放区，其中尤以滴水湖金融湾为代表。现代服务业开放区根据功能结构不同，分为文化艺术岛、滴水湖金融湾核心区、中央商务区、跨境国际贸易与国际社区、国际信息产业集聚区、配套产业服务区。滴水湖金融湾以跨境金融总部集聚、金融业务创新为核心，依托新片区金融先行先试政策，把金融和贸易作为核心方向，重点推进跨境金融、产业金融、科创金融、金融科技及财富管理等功能形态建设。

（2）从类型上来看，新片区的金融集聚是政府主导模式的金融集聚。金融集聚的产生主要存在两种途径：一种是自然集聚模式。在这种模式下，先是在区域经济范围内形成专业化的市场，市场可以为金融企业提供较为完善的交易条件，从而使得金融机构能够在区域内稳定下来。比如伦敦和纽约的金融集聚区就是通过市场的自发力量而形成的。另一种是政府主导模式，主要依赖政府制定的相关扶持性产业政策。在这种模式下，首先由政府根据本国的经济发展情况进行战略规划，选出有发展成为金融中心的区域，然后针对这些地区制定产业发展政策，引导企业和金融机构等入驻。新加坡和东京的金融产业集聚是这一模式下最有代表性的案例（袁晓霞，2008）。综合来看，在临港新片区建设金融集聚区的过程中，我国政府在政策制定和战略布局中起到了决定性作用。

（3）从程度上来看，临港新片区自2019年8月20日挂牌到现在已经有两年多的时间。根据临港新片区管委会金融贸易处数据，目前已落地各类金融机构110多家，累计注册与签约基金的总资金规模超2650亿元，其中包括汇丰金科、交银金科、汇华理财、诚通国企混改基金、招商局融资租赁等一批标志性金融项目。这些金融机构为新片区的前沿产业注入了源源不断的市场动力，通过产融结合的方式，为建成和完善新片区世界级前沿产业集群贡献力量。与此同时，各类专业化、功能性平台纷纷入驻，包括全国唯一跨区域、跨市场的证券期货纠纷专业调解组织——中证资本市场法律服务中心、总规模2000亿元的国有企业混合所有制改革基金、交通银行离岸金融业务中心、智能投研技术联盟等。滴水湖金融湾、中银西岛金融大厦（暂定名）等金融集聚区也在加快推进建设。为增强全球资源配置能力，新片区还推动国际金融资产交易平台、保税大宗商品仓单登记交易中心等重大平台建设。

根据《临港新片区两周年成绩单》，截至2021年8月，新片区已完成《总体方案》任务中的90%，累计签约项目765个，涉及投资额4478.31亿元，集成电路、生物医药、人工智能、民用航空、新能源汽车等产业蓬勃发展。预计累计完成工业总产值3569.1亿元，全社会固定资产投资1223.9亿元，“东方芯港”“生命蓝湾”“大飞机园”“信息飞鱼”和“海洋创新园”5个市级特色产业园区完成申报。其中“东方芯港”已落地亿元以上规模企业60余家，投资额超100亿的重点项目有4个。仅2021年以来，签约项目就有27个，总投资222亿元，在谈重点项目总投资超过1000亿元。

（4）从时间上来看，目前新片区金融集聚的发展还处于初期阶段。由于政府对新片区金融业发展的大力支持和金融企业集群产生的规模经济效应，该地区的金融及其附属产业都有望得到飞速发展。2021年6月8日发布的《中国（上海）自由贸易试验区临港新片区金融业发展“十四五”规划》（以下简称《“十四五”规划》）中提出，要加快滴水湖金融湾品牌建设，与陆家嘴金融城、外滩金融集聚带等错位互补、协同发展，构建“一城一带一湾”新发展格局（如表3-1所示）。到2025年，建立比较成熟的投资贸易自由化便利化制度体系，打造一批更高开放度的功能型平台，集聚一批世界一流企业，区域创造力和竞争力显著增强，经济实力和经济总量大幅提升；到2035年，建成具有较强国际市场影响力和竞争力的特殊经济功能区，打造全球高端资源要素配置的核心功能，成为我国深度融入经济全球化的重要载体①。

表 3－1　　“十四五”时期临港新片区金融业发展主要指标

<table>
<tr><td rowspan="2">总体水平</td><td colspan="2">金融业增加值增速</td><td colspan="2">金融增加值占 GDP 比重</td></tr>
<tr><td colspan="2">年均目标值
>25%</td><td colspan="2">2025 年目标值为 10%
达到国内主要金融中心城市平均水平</td></tr>
<tr><td rowspan="2">集聚程度</td><td>各类金融机构和投资类企业</td><td>私募基金管理规模</td><td>融资租赁规模增长率</td><td>新增金融和总部企业办公建筑面积</td></tr>
<tr><td>累计目标值
300 家</td><td>2025 年目标值
3000 亿元</td><td>年均目标值
15%</td><td>累计目标值
100 万平方米</td></tr>
<tr><td rowspan="2">融资支持</td><td>信贷支持规模</td><td colspan="2">直接融资规模</td><td>新增上市公司数量</td></tr>
<tr><td>2025 年目标值
1600 亿元</td><td colspan="2">累计目标值
500 亿元</td><td>累计目标值
30 家</td></tr>
<tr><td rowspan="2">跨境功能</td><td>跨境结算量</td><td colspan="2">跨境融资额增长率</td><td>新增跨境资金池数量</td></tr>
<tr><td>2025 年目标值
4000 亿元</td><td colspan="2">年均目标值
30%</td><td>累计目标值
60 个</td></tr>
</table>

数据来源：中国（上海）自由贸易试验区临港新片区管委会。

三、临港金融业集聚度提升的影响因素分析

金融业集聚程度是一个地区金融产业集群在规模聚集、专业化、集聚环境和经济依赖等方面的综合体现。关于金融业集聚的影响因素，已有不少学者对此进行了研究。张清正（2015）运用新经济地理学等相关理论，以空间计量经济学等为研究方法，归纳出包括对外开放、工业支撑、经济水平、人力资本、知识溢出、城乡居民储蓄、规模经济、城市环境、政府支撑共计九个影响中国金融业集聚发展的主要因素。丁艺等（2009）选取能代表金融总体规模、银行业、证券业、保险业发展情况的 23 个指标，采

① 2019 年 7 月 27 日，国务院印发《中国（上海）自由贸易试验区临港新片区总体方案》。

用主成分分析法对我国 31 个省及直辖市的金融集聚程度进行了分析。由此可以得出区域金融集聚度的提升需要政府加大对金融机构的扶持力度，推进金融业开放进程的结论。

基于对以往文献的比较分析，本篇认为金融业总体规模、产业集聚水平、金融机构特征和开放程度、离岸业务比重是影响临港新片区金融业集聚程度的主要因素。因此本篇将从这五个因素出发，采用比较分析法，结合临港新片区的特点进行研究，从而进一步探讨影响新片区金融业聚集程度、聚集速度等的主要因素。另外，由于证券业和保险业金融机构的相关数据不易获得，在对金融机构特征进行研究时，将主要研究银行业金融机构的情况。

（一）金融业总体规模

金融业总体规模能够影响一个地区金融业的集聚程度，主要是通过规模经济效应来表现的。通过梳理以往文献可以发现，金融业总体规模主要由金融业增加值、金融业增加值占服务业比例、金融机构现金收入、金融机构现金支出、非金融机构部门融资、金融业就业人数、金融业固定投资这几方面的数据反映。从理论层面看，金融市场规模越大、参与者越多，金融资源的流通性就越好，金融风险也会相应减小。在这种环境下，金融业各要素集聚形成的外部规模经济效应就能够发挥出来，从而吸引更多其他产业的参与者参与其中，各金融机构也可以实现更多业务方面的合作，这样就强化了金融业的集聚效应，进一步能够实现区域经济的快速增长。截至 2020 年 10 月，临港新片区生产总值约 1000 亿元，与上海其他区域相比还有一定差距，可以大致推测片区内金融业发展也处于一个起步和培育阶段，需要经过一定的时间积累才能聚集足够多的信息和资源。另外，金融集聚与城市规模有着极强的相关性（茹乐峰等，2014），因此临港新片区人口密度、人才储备、基础设施和配套民生等的建设情况都会间接影响片区内金融业的发展。

《全面推进中国（上海）自由贸易试验区临港新片区金融开放与创新发展的若干措施》中提出了积极吸引外资设立各类机构、实施资金便利收付的跨境金融管理制度、加快建设金融科技生态圈、依托产业优势促进跨境业务和离岸业务发展等支持政策，这将有助于临港新片区金融业集聚速度的提高，从而尽快达到金融业增加值年均增速大于25%、到2025年金融业增加值占GDP比重达到10%的“十四五”目标。

（二）产业集聚水平

产业集聚水平对金融业集聚程度的影响主要是通过经济决定理论反映的。根据这一理论，金融集聚现象的产生是由于人们对货币结算需求的增加导致的。经济水平越发达地区的人们对货币结算的需求就越高，从而对金融产品的需求也就更多，因此会更容易产生金融集聚现象。与此相反，经济水平不发达地区的人们不会有太多的货币结算需求，从而导致金融资源的集聚缺乏动力。概括来说，经济发展水平是决定金融资源积累和金融产业集聚的决定性因素。我国著名的金融中心北京金融街和上海陆家嘴金融城正是凭借着经济基础发展起来的。我国政府在对临港新片区进行战略规划时就强调注重先进制造业的发展，以集成电路、民用航空、高端装备制造等为代表的前沿产业集群的建设将对新片区经济增长产生极大的促进作用。从这个角度来看，产业集聚水平的进一步提高有助于新片区金融产业加速集聚。

表3-2是根据临港新片区揭牌一周年和两周年成绩单所做的对比。可以看出，新片区很多产业仍处于签约和建设阶段，尚未正式投入运营，在集聚程度上有待提高。由于我国政府颁布了诸多支持重点产业建设的政策，片区内产业集聚速度保持在较高水平。

表 3-2　　临港新片区揭牌一周年与两周年情况对比

	一周年	两周年
企业发展	• 新增注册企业 15115 户，同比增长 70%； • 注册资金超过 2000 亿元，同比增长 313%。	• 新增企业 4 万余户，同比增长 60%； • 注册资金增长 6700 多亿元，同比增长 3.1 倍。
	➢ 12 家企业申报战略性新兴产业专项，8 个项目已立项，拟扶持专项资金 35 亿元，企业已获得扶持资金 10.75 亿元，撬动社会投资 176.4 亿元；237 个项目申报“1+4”政策扶持，133 个项目已获支持，扶持资金总计 8119.21 万元；201 家企业申报高新产业和科技创新专项，88 个项目进入立项评审	
各类产业投资	• 2020 年 1~7 月预计全社会固定资产投资同比增长 32.8%； • 产业投资同比增长 69.8%； • 工业总产值同比增长 26%。	• 2021 年 1~7 月预计完成全社会固定资产投资 407.9 亿元，两年平均增长 38.2%； • 预计完成工业总产值 1290 亿元，两年平均增长 53.9%。
		➢ 截至 2021 年 8 月，临港新片区共有外商投资企业（包括分支机构）2200 多家，2021 年 1~7 月临港新片区实到外资 4.37 亿美元，同比增长 55%，远远高于本市平均水平。
	• 累计签约项目 358 个，涉及投资额 2713.63 亿元。其中，签约前沿产业项目约 120 个，涉及投资额超过 1700 亿元。	• 累计签约项目 765 个，涉及投资额 4478.31 亿元； ➢ 与一周年时期相比，累计签约项目增长率为 53.20%，涉及投资额的增长率为 39.41%。

资料来源：中国（上海）自由贸易试验区临港新片区管委会和课题组整理。

通过分析可以发现，实体经济作为金融发展的基础，对金融资源的配置具有引领作用。各类企业的入驻和产业投资项目的支持能够为新片区金融业进一步集聚注入动力。从这个角度来看，新片区先进制造业、现代服务业以及创新开放经济业态的建设都会有助于金融业的进一步集聚，这也可以解释国家非常重视片区内先导产业发展的原因。同时，临港新片区金融又以服务实体经济为初心，通过金融创新支持产业创新，形成金融业+实体经济协调发展的格局。

（三）金融机构特征

金融产业集聚的主体是证券、保险、银行等各类金融机构，而金融机构特征对新片区金融集聚程度的影响则可以通过金融地理学的理论来解释。各类金融机构聚集在新片区内的特定地段——滴水湖金融湾，形成以金融建筑为主体的金融地理布局。根据金融地理学理论，金融机构之间的地理距离是影响它们之间进行信息交流的主要因素。距离越近，则交易成本越低，金融风险也越小，这样越有利于金融机构提高金融产品和服务的质量；距离越远，则容易造成信息难以理解的问题，影响一个地区金融业的进一步集聚。2019 年 9 月 20 日，临港新片区管委会就与国家开发银行、工商银行、农业银行、中国银行、建设银行、交通银行、邮政储蓄银行、招商银行、浦发银行、民生银行、平安银行、上海银行、上海农商银行、上海证券交易所、兴业证券、太平洋保险 16 家金融机构开展集中签约仪式，由此拉开了金融机构集聚临港的序幕。

多家银行的入驻为新片区金融开放和创新发展提供了有力支撑。上海银保监局数据显示，截至 2021 年 8 月末，新片区内贷款余额较新片区成立时增加逾 100 亿元，较 2020 年年末增加 30 亿元。值得一提的是，银行业虽然在集聚程度方面还有很长一段路要走，但在集聚速度方面表现优秀。以浦发银行上海分行为例，它在与上海特斯拉签署了总额等值 112. 5 亿元的超级工厂项目银团贷款合同后，在短短十几天内便完成了贷款审批、银团谈判、合同签约以及提款发放的全部流程。除此之外，上海银保监局也在积极指导新片区内银行业金融机构从多方面入手推进新片区建设步伐。比如持续不断为重点产业发展提供长期信贷支持、为新片区重点企业提供最高 200 个基点的贷款贴息等。

根据临港新片区管委会发布的信息，截至2021年4月底，片区内已落地各类金融机构110多家，累计注册与签约基金的总资金规模超2614亿元，其中包括汇华理财、汇丰金科、交银金科、诚通国企混改基金、招商局融资租赁等一批标志性金融项目。2021年9月的滴水湖产业投资者大会吸引了近60家知名股权投资基金管理机构参加，包括4家外资基金在内的18家基金现场签约，总资金规模超过587亿元。滴水湖金融湾也有望成为上海这个国际金融中心的新经济增长极。综合而言，临港新片区在金融机构集聚方面发挥了金融开放的创新优势，不断吸引越来越多的金融机构入驻园区，有利于增强新片区金融创新能力和资源配置能力。

整体来看，新片区金融机构数量还不够多，而且目前签约新片区的外资金融机构也比较少，需要保持目前的集聚速度才能最终达到2025年聚集300家金融机构的目标。横向来看，银行业规模要明显大于证券业和保险业，这说明新片区金融业在建设前期主要依赖政府的扶持作用，金融市场还需经过更多时间的发展才能发挥资源的集聚和辐射作用。

（四）开放程度

开放程度反映了资金、业务、机构和人才的跨境流动性。地区的开放程度可以从两个维度来衡量，第一个维度是资金跨境的自由流通，也就是资本账户的开放程度。一般来说，金融集聚度高地区的货币是可以自由兑换的，比如世界上最大的两个金融集聚区伦敦金融城和纽约华尔街所在国均没有外汇管制，美元和英镑是活跃度最高的自由兑换货币。2015年，在资本账户开放方面，上海自贸区的自由贸易账户体系，开始探索资本账户开放和资金跨境自由流通。但整体来说，当前上海的金融市场开放度还不够，与国际市场联动有限，阻碍了金融集聚度的提升。

第二个维度是人才流动。金融创新的核心在于金融人才。金融人才的储备和供给，决定了一个地区的综合竞争能力和可持续发展水平。伦敦、纽约这样的世界级金融中心都拥有国际顶尖的金融学术机构，为各类机构不断培养各类人才。此外，金融科技是未来金融业的发展趋势，国际一流的金融中心的建设也离不开金融科技的推动，对人才的需求也呈现专业化、复杂化、素质化趋势，对上海地区高校的学科建设、核心能力培养等方面提出了较高要求。总之，为了提高金融集聚水平，吸引一批熟悉现代金融运营机理，有较强市场影响力的战略人才是必不可少的。

（五）离岸业务比重

离岸业务指服务于境外交易者的纯中介业务。中国香港、新加坡和苏黎世的金融集聚区都是凭借其离岸业务而发展起来。如果具有发达的在岸业务为本地的经济发展提供充分的金融服务的同时，还可以发展起来具有相当规模的离岸业务，这将显著提高该地区的金融集聚水平。处于国际金融中心顶端的伦敦和纽约，都是在岸业务和离岸业务同时发展的代表。

当前，上海在金融市场发展和体系完善等方面已经有了多年的积累，逐渐形成了多层次、多样化和多元化的金融市场体系，包括上海证券交易所、上海期货交易所、中国金融期货交易所、外汇交易中心、黄金交易所、钻石交易所和上海清算所等全国性的金融市场体系，并且具备一定的国际竞争力。从表 3－3 可以看出，2020 年上海证券交易所的总市值达到 40260 亿美元，在全球位列第四。上海自贸试验区临港新片区进一步发展离岸金融业务，争取实现离岸金融业务和离岸贸易业务共同发展，并且与陆家嘴金融集聚区相互配合，为上海成为国际金融中心提供有力支撑。

表 3－3　　2020 年全球总市值前五大证券交易所

排名	证券交易所	总市值（亿美元）
1	纽约证券交易所	309230
2	纳斯达克	108570
3	东京证券交易所	56790
4	上海证券交易所	40260
5	香港证券交易所	39360

数据来源：各交易所网站。

四、临港金融集聚区建设的国内竞争和存在问题

2019年底财经杂志《新财富》发布的“新财富中国内地城市金融力Top30排行榜”从宏观经济实力、金融业发展程度、金融机构实力、地区资本化程度、民间资本活跃度五个维度对内地城市进行了金融实力评价，北京、上海、深圳金融实力总得分排名前三。图3-1从上述五个维度对北京、上海、深圳进行了金融实力对比。

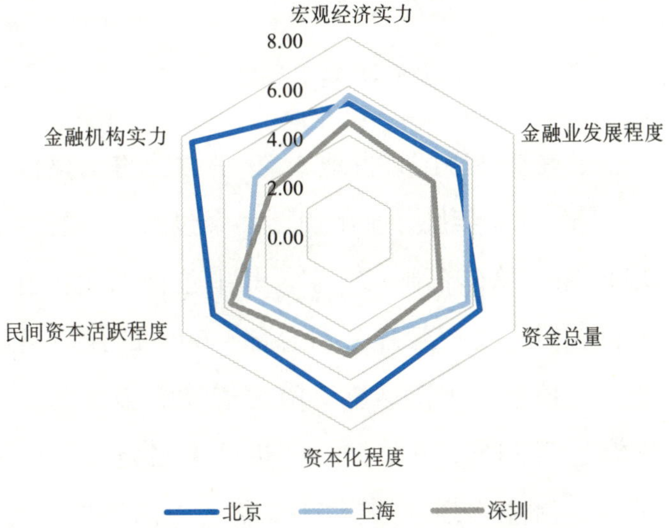

图3-1　北京、上海、深圳金融实力对比

数据来源：新财富中国内地城市金融力Top30排行榜。

综合来看，北京具有明显的总部优势，吸引了大批金融机构入驻，从而在金融机构实力方面位居第一。这里聚集了工商银行、农业银行、建设银行和中国银行这四大国有商业银行的总部，聚集了以“一行三会”为代表的金融监管机构的总部，另外还有以央企为代表的大部分大型企业的总部。深圳作为活力新城，在民间资本活跃程度方面有突出的表现。同时，深圳依赖优越的地理位置和丰富的人才资源，在未来仍有强劲的发展动力。上海凭借金融中心的定位，把金融业作为主导产业，落实更加开放的金融

政策，集聚了大批类似浦发银行、交通银行、汇添富基金、嘉实基金、海通证券、国泰君安、申万宏源等具有很强影响力、能够引导全国资金流向的金融机构。因此，一方面，由于资本、劳动等要素禀赋是在区域之间流动的，北京和深圳金融中心已经发展得较为成熟，同时有完善的配套体系支撑，所以临港新片区金融集聚区的建设需要面临北京和深圳金融集聚区的竞争。另一方面，纵观我国区域金融业集聚情况，无论是京津冀协同发展、长三角一体化，还是粤港澳大湾区建设，都呈现出了明显的区域协同发展趋势。以此推之，临港新片区想要进一步加强金融集聚程度，还需要处理好和陆家嘴金融中心的协调问题。

（一）北京金融街：总部优势明显

北京金融街位于首都核心区，占地 2.59 平方公里。根据《金融街发展报告（2021）》，截至 2020 年底，金融街已集聚包括“一行两会”在内的各类金融机构近 1900 家、总部企业 175 家，其中包括四大国有商业银行、三大政策性商业银行、四大资产管理公司总部、60% 的保险集团总部和中国现代化支付系统、中债登、中国结算、网联清算等金融基础设施。区域内金融机构资产规模达到 116.2 万亿元，已超过中国金融资产规模的三分之一。2020 年，北京金融业实现增加值 7188 亿元，同比增长 5.4%，占地区生产总值比重 19.8%。

金融街作为我国“一带一路”建设的重要参与者，自 2015 年以来，聚集了亚投行、亚金协等由我国倡议设立的金融机构，以及丝路基金、中拉产能合作投资基金等多个由我国主导的投资项目，为“一带一路”的发展注入源源不断的动力。自从 2018 年我国金融业新一轮对外开放政策实施以来，北京金融业集聚程度进一步提高。穆迪、标普、惠誉等国际信用评级机构，SWIFT 等国际金融组织以及瑞银、高盛等外资控股合资证券公司等 30 余家外资金融机构纷纷落地北京。此外，为支持中小企业创新发展，深化新三板改革，2021 年 9 月于金融街成立北京证券交易所。目前，北京金融街已经发展成为国家金融决策和监管中心、资产管理中心、金融支付结算中心、金融信息中心。

（二）深圳福田金融中心：民间资本活跃程度有突出表现

深圳是中国华南地区的金融中心，背靠粤港澳大湾区，创新的金融发展模式、活跃的创业氛围形成了对投融资的巨大需求，也为金融集聚区的发展提供了土壤。根据深圳市政府发布的数据，2020 年，深圳金融业实现增加值 4189.6 亿元，同比增长 9.1%，占同期全市生产总值的 15.1%；实现税收（不含海关代征和证券交易印花税）1472.7 亿元，占全市总税收的 24.2%，居各行业首位[①]。福田区作为深圳金融核心区，金融业增加值全市占比长期保持 40% 以上，在 2020 年更是首次超过 2000 亿元，占全市金融业增加值比重 48.3%。辖区金融业完成税收近千亿元，占全区税收比重 60.5%，占全市金融业税收比重 64.7%[②]。

深圳福田金融中心集聚了深圳证券交易所、银保监局、证监局、市地方金融监督管理局等监管机构，国家开发银行、中国进出口银行和农业发展银行三大政策性银行的深圳分行，以及其他金融重要基础设施。拥有 267 家持牌金融机构（含市级分支机构），占全市比重近 70%。另外，在福田金融中心，银行、证券、保险、基金、期货、信托等金融业态齐全。整体来看，福田区金融业实力雄厚，是支撑全市经济发展的重要支柱，发挥了强劲的辐射和带动作用。

（三）上海陆家嘴：更加开放的制度优势助推金融中心建设

上海陆家嘴金融城位于上海自贸区和浦东改革开放的核心区，是目前我国内地规模最大、资本最密集的金融集聚区。浦东新区开发开放 30 年来，

---

① 《深圳商报》：深圳金融业秀出靓丽成绩单，记者：谢惠茜。
② 《深圳商报》：福田金融业增加值首超两千亿元，记者：徐丽。

第一家外资独资保险控股公司——安联（中国）保险控股有限公司、第一家外资控股证券公司——摩根大通证券、第一家外资独资公募基金——贝莱德基金管理有限公司等接连诞生。融资租赁企业达 216 家，融资租赁资产总额超过 1.15 万亿元，占全国 1/6。根据人民网发布的数据，截至 2020 年年底，陆家嘴集聚了 12 家国家级要素市场和金融基础设施；集聚了 6000 多家中外金融机构，其中持牌类金融机构 901 家，占全市 60%；集聚了全国 40% 的外资法人银行、36% 的中外合资公募基金管理公司、87% 的期货公司、76% 的证券公司以及 23% 的保险资管机构。全球资管机构纷纷布局陆家嘴，目前已有 74 家国际资管机构在陆家嘴设立 102 家资管公司。

陆家嘴金融城目前已经形成了较为完备的专业服务体系，集聚了 3000 多家专业服务机构，其中包括普华永道、安永、德勤等会计师事务所，锦天城、大成、中伦、贝克·麦坚时等律师事务所，贝恩、科尔尼等咨询公司，世邦魏理仕、戴德梁行等地产经纪服务机构，标准普尔、惠誉、穆迪等评级机构，以及上海海事仲裁院、香港国际仲裁中心上海代表处等仲裁机构。完善的产业生态链结构和配套的产业服务功能成为推动企业集聚于此的重要因素，吸引 4.3 万多家企业入驻。另外，自上海证券交易所推出科创板以来，有 190 多家企业挂牌上市，总市值超过 3 万亿元人民币，为互联网科技、集成电路、生物医药等产业融资提供了强有力的支持。

（四）临港金融集聚区建设存在的问题研究

临港新片区毕竟从揭牌到现在也只有两年多的时间，很多基础设施和配套建设还不完善，政策方面也处于探索阶段。因此，新片区与有着多年发展历史的北京、深圳和上海金融集聚区相比，还存在以下三个方面的发展问题：

首先，临港新片区经济的基础支撑不够，经济体量不够大。首先表现在区内工商业发展基础相对薄弱，工商企业集中程度也相对较低。从新片区商业的发展情况来看，存在商业主体能级不高、商业网点分布散乱、特色商业亮点缺失等短板。这无疑会影响片区内消费的辐射能力，不利于经济体量的进一步扩大。根据临港新片区管委会商文体旅处提供的数据，2021年新片区商业总体量约为45万平方米，这与2025年目标（实现商业设施建筑面积100万平方米）相比还有较大差距。目前商业业态的70%为商业街、社区、园区配套，30%为中小型商业综合体，拥有综合性商业体8个，缺乏大型的商业中心和购物园区。拥有菜市场15个，总体量约2.6万平方米，基本满足市民需求，保守估计要到2025年才能实现"15分钟社区生活圈"覆盖率达到90%的目标。酒店现有27个，房间数2912个，以经济型酒店为主，中、高端酒店数量很少，只有3家，与陆家嘴金融城的情况相比还有较大差距。

其次，地理位置较为偏远，与中心市区联系不便捷的短板非常突出，交通出行圈建设还有待完善。临港片区偏隅上海东南，与中心市区之间间隔了很大一片农业区，距离上海市中心的直线距离就有75公里。受地理位置影响，临港新片区在基础设施、产业布局、配套民生等方面与金融集聚区的传统要求仍然有较大差距。

（1）在基础设施方面，目前只有一条地铁16号线可以与市区连通，从滴水湖站出发，沿途需要经过惠南、鹤沙航城和周浦东三个限流情况非常严重的站点，需要花费很大的时间成本。高速道路目前只有S2和G1503两条通道，路网密度还未达到浦东新区的指标，同时能够与长三角、浦东和奉贤地区联系的高快速路也尚未建成。另外，由于S2还同时作为洋山港疏港货运通道运行，存在着客货混行严重的问题，极大地影响了整条道路的运输效率。整体来看，新片区高速路网、公交线网均密度低于上海市平均水平，存在交通不够便捷的问题。

（2）在产业布局方面，新片区目前仍处于签约和培育阶段，正式投入运营的产业还相对较少。目前新片区只有智能新能源汽车一个千亿元产业群，而根据《"十四五"规划》，未来需要形成3～5个千亿元产业集群。以生物医药行业为例，新片区生物医药产业起步较晚，缺乏具有引领和带动作用的龙头企业，产业链上下游的互动和联通能力也还不够强。另外由于产业本身规模不大，再加上高校相关科研平台和研究机构的配置不足，尚未与长三角地区的产业集群形成有效联动。综合来看，新片区生物医药产业处于快速增长期，但和该产业先发城市相比还有较大差距。因此新片区亟需加快基础设施建设、提供更多资源配套服务，从而提升产业竞争力和辐射力。

（3）在配套民生方面，根据上海浦东门户网站，截至2020年11月底，总共开始建设18个社会民生项目，总投资约43.07亿元，其中包括14个教育项目、2个社区卫生中心项目、1个养老院项目和1个文体中心项目。这些项目预计2021～2023年才能陆续竣工并交付使用。临港新片区配套民生建设的最终目标是实现产城融合发展，是建成集生产功能、生活功能和生态功能高度协调的空间融合体系。因此，新片区在发展前沿产业的过程中，也不能忽视了对优质公共服务资源的供给，做到在产业要素和生活功能方面进行合理配置，只有这样才能最终建成产城融合的活力新城。

最后，人口集中程度不足，人才资源的储备不够丰富。未来经济发展离不开人口增长的支撑，因为人口结构的改变可以加快生产方式的转变从而提高生产力。从这个角度来看，新片区人口增速缓慢，会制约实体经济的转型升级，影响金融业进一步集聚。截至2020年10月，临港新片区建成面积为63平方公里，人口约83万。“十四五”规划中提出，到2035年新片区生产总值要在2018年的基础上翻两番，也就是达到1万亿美元，规划常住人口规模250万左右。以新片区目前的土地和人口情况来看，可以说是压力并不小。

陆家嘴金融城、北京金融街、深圳福田金融中心等经过较长时间的发展，各类金融人才汇聚，而临港新片区的历史还比较短，尚未形成对国际性金融人才的强烈吸引。两年来，临港新片区累计实现人才落户4007人（含随调迁），还有很大的发展空间。从内部因素来看，位于新片区内的高校整体学科实力较弱，难以支撑前沿产业的创新发展。加之人力资源配套产品和服务缺乏，在为区内居民提供工作和生活保障方面还有待加强，因此难以有效吸引更多毕业于国内顶尖大学的学生来临港就业；从外部因素来看，新片区对海外国际化人才缺乏足够的吸引力，这也对新片区在国际竞争中提出了更多挑战。最后，入驻企业对专业技能人才的需求度普遍较高，而这类人才的短缺将会给产业经济发展带来不小的阻碍。通过分析具有不同专业技能等级的人才分布情况，可以发现片区内级别越高的专业人才所占的比重越小，这充分说明新片区的人才结构体系还有待完善。

五、世界主要金融业集聚区发展经验比较

目前，世界范围内形成了以纽约、伦敦、东京、中国香港以及新加坡为代表的国际金融集聚区。对这些金融集聚区进行研究可以发现，临近强劲金融增长极的次区域发展主要依赖临近的资源外溢。关于资源外溢，林江鹏和黄永明（2008）研究发现，由于具有不同竞争能力和发展程度的金融机构在同一地理区域上的聚集会带来知识、技术等要素的外溢，金融产业的集聚具有典型的信息外溢和知识学习效应。正如 Bossone 等（2003）指出，地理距离的缩短有利于获取更多的金融信息。金融机构作为信息提供者参与到各项交易中，一方面可以使银行和借贷经营的企业家之间更好地实现信息互通，从而提高整个价值链的利润水平；另一方面，金融机构可以针对集聚区内企业的需求，提供多样化的金融产品，从而拓展自己的盈利空间。至于知识学习效应，指的是在信息外溢的同时，处于同一金融集聚区的金融机构之间会互相学习彼此的优势，这种知识溢出有利于实现金融集聚区内经验共享、取长补短，提高整体的科技创新能力（Feldman，1998）。

值得注意的是，传统的国际金融中心都背靠强大的工业中心，反观世界上那些只有自由贸易制度而缺乏实体经济支撑的自贸区，自 2008 年金融危机以来它们正日渐衰落。由此可以得出，金融是为实体经济服务的，金

融集聚区的发展很大程度上取决于区内经济活动的活跃程度。

纽约、伦敦、东京等国际金融集聚区的发展经验有其共性和相通之处，也有各自不同的特点。通过对它们进行横向比较分析，可以为临港新片区进一步提升区域内金融业集聚程度提供路径借鉴。

（一）纽约：五大城市错位发展下产业链深度融合

纽约的整体结构是犹如金字塔般的空间布局，纽约是“塔尖”城市，第二层是波士顿、费城、华盛顿、巴尔的摩四大城市，底层是围绕在五个核心城市周围的中小城镇及卫星城（贾儒楠，2014）。纽约作为整个区域的核心，是辐射的源头，也是强劲的金融增长极，资源溢出效应明显。一方面，纽约作为国际金融中心，经济体量巨大，资金流不断向外辐射，为周边地区提供了强大的融资支持，带动了相关行业的发展。纽约的金融流主要流向科研、教育、医疗、工业等行业，位于都市圈第二层的四大城市内就有很多世界500强公司的总部。美国生物技术产业前10名中，生物基因公司、转基因公司和查尔斯河实验室的总部都在波士顿，医学免疫公司总部在华盛顿。这些公司正是通过在纽约公开发行股票上市来接收来自纽约的资金流支持（肖奎喜和杨岩，2013）。另一方面，纽约以金融、贸易和生产性服务业为支柱产业，通过交通网和互联网，向周边城市辐射经济能量，为其他城市的发展提供了生产、信息和服务方面的要素支持。

在两次世界大战后，美国成为了最大的受益者。在金融领域，随着布雷顿森林体系的建立，美元代替黄金成为了世界流通货币，纽约自然成为美国乃至全球的金融中心。地理位置、人口规模的增加、经济辐射范围的扩大都为纽约金融集聚区的发展提供了助力。此外，位于金字塔第二层的四大城市在形成次一级规模的区域性金融集聚区的同时，又依托各自优势进行职能分工，大力发展实体经济，从而为纽约金融业进一步集聚打下良好的基础。波士顿以高科技和教育闻名世界，有着堪比硅谷的“高科技走廊”；世界银行、国际货币基金组织、美洲发展银行等全球性金融机构的总部就建设在华盛顿；费城凭借自身发达的交通运输业成为交通枢纽和重要的港口城市；巴尔的摩作为工业中心，尤其在国防和冶矿方面有着优秀的表现。最终，五大城市根据其不同的功能定位，错位发展、相互补充、合理分工，在产业链上深度融合，从而使整个大都市圈的金融业发展得到深度优化，其效用水平也远远大于单个城市效用的直接相加。

（二）伦敦：高度重视制造业的升级与发展

伦敦具有“四个同心圈”的空间结构，最核心圈层是内伦敦，由伦敦金融城和内城的 12 个区组成；第二圈层是大伦敦地区，由内伦敦和外伦敦的 20 个市辖区组成；第三圈层为伦敦大都市区，包括伦敦市及周边的 11 个郡；第四圈层即为伦敦都市圈，是涵盖了伯明翰、谢菲尔德、利物浦、曼彻斯特等次级中心城市的大都市圈。

一方面，伦敦作为整个都市圈的龙头，对周边城市的经济发展起到了引领和辐射作用。金融城作为伦敦金融的核心区，在不断集聚金融服务活动的同时，也聚集了越来越多的要素资源，然后通过资源的外溢效应向外辐射，有效带动了周边次级中心城市的产业升级和现代化进程。根据中华人民共和国商务部欧洲司 2019 年发布的报告，伦敦金融城是世界最大外汇交易市场、最大保险市场、最大黄金现货交易市场、最大衍生品交易市场、全球第三大保险市场、重要船贷市场和非贵重金属交易中心①。从业者近 40 万人，共有 550 多家跨国银行、170 多家国际证券公司在伦敦设立了分支机构或办事处。英国的第二大城市伯明翰就是因为接收了伦敦金融集聚区外溢的金融和信息资源，迅速实现了由工业经济向现代服务业的成功转型，目前其服务业占经济总量比重已经达到 79%。

另一方面，伦敦都市圈在长期以来的产业结构调整中，高度重视制造业的升级与发展。伦敦政府在《伦敦制造业发展战略与行动纲要（2005 -

① 摘自英国 - 中文百科在线。

2008)》中，提出了制造业的发展目标：把伦敦建成世界上最具吸引力的制造业地区之一，开展高附加值、知识主导型、具有创新性和高效生产率的制造业活动。比如英国的伯明翰仍然保持着英国最重要的工业城市的地位，工业产值占全英国工业产值的1/5。由此可见，制造业回流已经成为了国际大都市圈新一轮经济发展的普遍趋势。

英国得益于第一次工业革命开始的原始资本积累，其拥有世界顶尖的工业体系。还有一点容易被人们忽略的是，伦敦具有独特的时区优势。伦敦与纽约和亚洲的香港、东京之间都大致相隔8个时区，因此在全球的金融市场交易中，其可以为亚洲和美国在同一时期提供最大的资金池业务，而全球的金融交易可以通过伦敦的市场，在24小时内完成相关的各项工作的接替。此外，英国作为现代金融的发源地，其金融行业已经有300多年的历史。1979年，英国取消外汇管制，使伦敦的金融行业在外汇、债券、基金等多个市场上都实现了繁荣发展，也使英国成为了世界上最大的净出口金融服务国家。当前英国的金融服务业占其GDP的7%左右，金融服务业的繁荣和金融集聚区的发展相辅相成、相互促进。

（三）东京：遵循集约化、多核心的发展模式

东京作为日本的政治、经济和文化中心，经济集聚度高且辐射能力强，以其为中心形成的都市圈包括东京、横滨、静冈、名古屋、京都、大阪、神户等几座城市。2020年东京GDP为16617.71亿美元，占日本总量的33.8%。东京集聚了占比超过50%的全国年销售额在100亿日元以上的大公司和100多家银行总部。值得一提的是，东京都市圈的繁荣离不开与东京实现错位发展和不同职能分工的次级中心城市。名古屋就是传统的工业城市，培育了一批像丰田汽车城一样的专业化产业新城。大阪位于著名的阪神工业区，有日本最具有代表性的家电、化学、纤维、钢铁等产业，很多大企业如松下、三洋等世界知名公司都是从这里发展起来的。目前，大阪主要致力于发展半导体、信息产业、生物工程等新兴产业，是日本最知名

的高科技制造业城市（张强，2009）。

东京的辐射能力是伴随着日本经济的服务化和国际化逐步增强的，而在其中起着重要推动作用的，是不断向东京集聚的大企业总部。大企业总部作为战略和管理中心，可以为城市提供丰富的就业岗位和商业机会，带动服务业发展，进一步促进区域内金融产业的聚集。图 3－2 显示，2020 年全球 500 强企业中共有 53 家日本公司，其中超过 70% 的大企业总部都设在东京。此外，东京有 2964 家资产在 10 亿日元以上的大公司，占整个日本的 50% 。东京对外资企业也有很强的吸引力，集聚了近 80% 的外资企业。

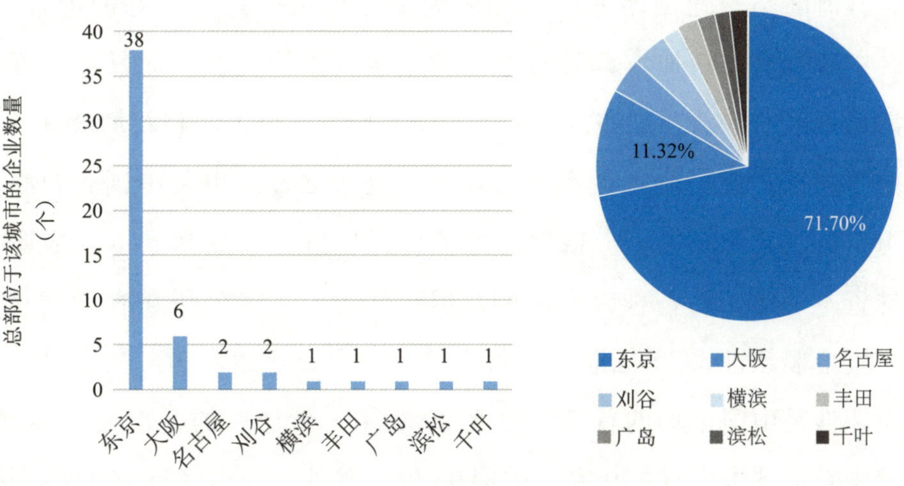

图 3－2 日本大企业的总部区位

数据来源：Wind 资讯、国家统计局。

随着日本金融行业对外开放程度的提高，其金融中心的建设也在进一步发展。大致可以分为五个阶段。第一个阶段为 1945～1955 年，日本战败后其政府重点扶持了国家重点产业中一般金融机构无力经营以及不愿涉足的金融业务，使日本经济恢复到战前水平。第二个阶段为 1955～1970 年，在布雷顿森林体系的影响下，日本采取固定汇率，使其出口占据相对优势，实现了经济的高速发展。第三个阶段为 1970～1990 年，日美贸易摩擦剧烈，美国启动了超级 301 条款，日本则于 1984 年发布《日元美元委员会报告书》，这标志着日本金融，尤其是外汇的全面对外开放，实现了转型发展。

第四个阶段是1990～2000年，日本由于经济过热，产生“泡沫经济”，虽然GDP为负，却仍然在不断加大金融对外开放程度。第五个阶段为2000年至今，日本在银行、外汇、债券等市场都实施了全面的开放政策，建立起了健全的金融体系，帮助东京成为与纽约、伦敦齐名的金融集聚区。

（四）中国香港、新加坡：多维度发展

中国香港和新加坡作为亚洲四小龙代表城市，其在金融集聚区的建设和发展方面有着很多相似的地方。第一，中国香港和新加坡都是国际交通枢纽，其海陆空交通网络非常发达，为金融集聚提供了良好的前提条件。第二，中国香港和新加坡都具有悠久的金融发展历史，从而具有较好的发展金融集聚区的基础。比如，香港证券交易所（HKEX）和新加坡证券交易所（SGX）都是亚洲地区最重要的证券交易所之一，也是中国企业在海外进行IPO的主要选择之一。根据香港证券交易所官方数据显示，尽管2020年全球资本市场受到各种因素影响，但仍然有154家公司在香港交易所上市，集资金额超过3975亿港元，其不仅是中国企业迈向国际的首选，也是国际企业涉足中国市场的首选。截至2020年，新加坡的上市公司共有723家，其中新加坡本地有470家，中国93家，其他海外地区有160家。第三，两地都具有英语的语言优势。与亚洲其他城市相比，欧美地区的金融机构更倾向于在英语水平更好的中国香港和新加坡设立亚洲地区的总部与分机构。据统计，中国香港和新加坡均有超过100家国外银行设立亚洲地区分机构，而东京则仅有60余家。第四，中国香港和新加坡的高等教育水平均位于世界前列，为金融集聚区的发展提供了庞大的智力团队和人才储备库。尤其是两地都拥有成熟的法律、会计等行业，为金融企业输送了大量人才。据英国高等教育调查公司（QS）公布的2020年世界大学排行榜显示（如表3－4所示），世界排名前100的高校中，有7所来自中国香港和新加坡。

表 3－4　　　2020 年中国香港、新加坡在 QS 排名前 100 的高校

排名	地区	大学
11	新加坡	南洋理工大学
11（并列）	新加坡	新加坡国立大学
25	中国香港	香港大学
32	中国香港	香港科技大学
25	中国香港	香港中文大学
52	中国香港	香港城市大学
91	中国香港	香港理工大学

资料来源：英国高等教育调查公司。

通过对比纽约、伦敦、东京以及中国香港和新加坡的金融集聚区的资源外溢效应以及实体经济发展情况可以发现，大城市群的形成需要有全球金融中心作为核心城市发挥资源、信息的辐射作用，同时也离不开次级中心城市根据自身优势发展实体经济，为核心城市提供实业支撑。在这个过程中，各城市加强了相互联系与合作分工，在区域内形成了更长的产业链和更加完备的产业协作体系，最终形成一体化的空间格局。

图 3－3 和图 3－4 是对国外金融业集聚程度较高的城市和我国金融业发展领先的城市中证券交易所的上市公司数量和股票交易额月度数据的比较。从图中可以看出，纽约拥有全球最大的股票市场，在纽约和伦敦证券交易所上市的外国公司比例较高，说明金融业整体开放程度高，这也是新片区未来金融改革方面需要改进的地方。可喜的地方在于，我国上市公司数量和变化率均处于较高水平，这表明近年来我国金融业支持政策还是发挥了很大作用的。从股票交易额方面来看，上海仅达到了纽约的一半，未来新片区如果能与陆家嘴金融区形成协同效应，将有助于改善这一局面。

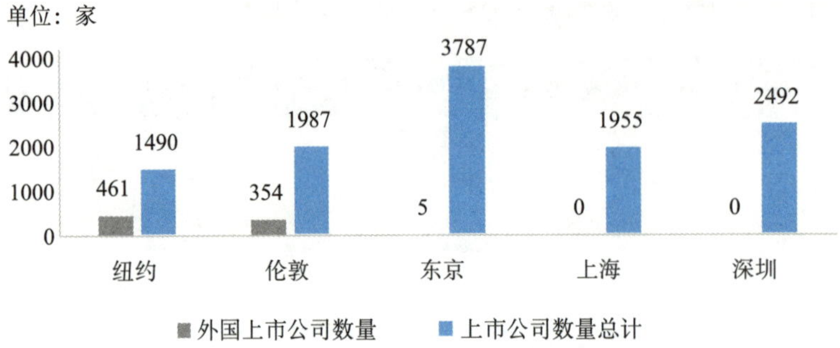

城市	变化率
纽约	-2.90%
伦敦	-15.20%
东京	1.90%
上海	14.30%
深圳	9.30%

图 3－3　2021 年 8 月各证券交易所上市公司数量比较及与上年同期相比变化率

数据来源：World Federation of Exchanges。

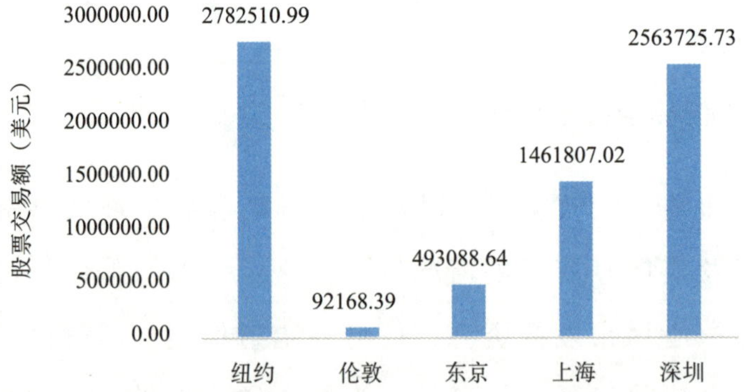

图 3－4　2021 年 8 月各证券交易所股票交易额比较

数据来源：World Federation of Exchanges。

（五）世界主要金融集聚区发展经验借鉴

通过前面的对比分析可以看出，伦敦作为英国乃至欧洲地区重要的国际金融中心，最显著的特点就是开放的外汇市场带动金融业的全面繁荣，从而吸引了全球的央行、金融机构到伦敦开展外汇交易。与英国伦敦着重发展外汇以及衍生品市场不同，美国纽约的优势则体现在金融要素市场上，其是全球重要的股票交易中心，比如证券交易品种最全面也最专业的纽交所（NYSE）和专门服务于科技类型和互联网企业的非传统交易所纳斯达克（Nasdaq）都位于纽约市曼哈顿的华尔街。在每年上市 IPO 申请数量以及所有上市公司的总市值方面，这两个交易所长期处于全球领先位置。对于东京来说，其遵循多核心、集约化的发展模式，不断加大金融开放程度，通过健全的金融体系来发展其竞争优势。而中国香港和新加坡则通过其优越的地理位置、文化基础以及卓越的高等教育水平来提高其金融集聚发展水平。

通过分析国际金融中心的发展经验，我们发现，金融集聚区的辐射效应可以使周边城市获得丰富的外溢资源，而周边次级中心实体经济的发展，又可以为核心城市金融产业进一步集聚提供强有力的支持。因此，以政府规划及政策扶持为出发点，临港新片区进一步提升金融集聚度可以从两个方向着手：

其一，由于临港新片区紧邻中国最大的国际性金融集聚区陆家嘴，因此，新片区亟需加强与陆家嘴金融集聚区的联动与资源置换，发挥临港新片区在空间、土地、交通、财政等方面的优势，积极承接陆家嘴金融中心的外溢资源。根据临港新片区管委会金融贸易处处长张晓阳在“行走自贸区”网络主题活动上海“云座谈”上的讲话，临港新片区可从两个方面与陆家嘴金融集聚区实现联动：

（1）加大对跨境金融发展的扶持力度，使新片区离岸金融与陆家嘴在岸金融建设形成联动，实现错位互补、协同发展。离岸金融的发展离不开离岸贸易的建设。上海集聚了大量的跨国公司总部，这些跨国公司有着遍布全球的供应链系统，因此它们有着结算和运营服务的需求。另外，我国不少本土企业在“走出去”的过程中，也会产生跨境交易和结算需求，离岸贸易的进一步发展可以助力区内企业向价值链中的高端节点迈进，进一步提升新片区金融集聚区的辐射力和资源外溢能力。因此，新片区要借鉴伦敦的先进经验，提供跨境发债、跨境投资并购和跨境资金集中运营等更多高效便利的跨境金融服务。还要通过与金融管理部门的深度合作，稳健推进人民币国际化和资本的可兑换进程。另外，政府需要针对离岸业务制定更加合理的税收政策，对跨国公司开展离岸业务给予更多支持。新片区还要加快推进对市场主体的集聚进程，不仅要注重引进交易场所、金融要素交易平台、清算结算机构、国内外金融组织等功能性机构，同时也要加大对投资类机构的扶持力度。最后，要认识到在发展离岸金融的过程中，进行风险防范也是很重要的一环。因此政府需要推进金融科技在金融领域的应用和拓展，加快大数据、云计算等信息化平台的建设，对离岸资金流进行监控，及时排查风险隐患。

（2）积极推进临港新片区金融先行先试精神，全面落实全方位、深层次、高水平的金融业对外开放。在对外开放方面，临港新片区已经取得了初步进展：根据《上海临港新片区两周年成绩单》，截至 2021 年 8 月新片区共有外商投资企业（包括分支机构）2200 多家，2021 年前 7 个月临港新片区实到外资 4.37 亿美元，同比增长 55%，远远高于全市平均水平①。因此，新片区应充分发挥好试验田的作用，推进投资、市场准入等方面的改革开放。进一步提升境外金融人才出入境、停居留便利水平，完善电子口岸签证制度，放宽境外专业人士从业限制。积极探索支持总部经济、跨境金融服务、离岸业务、再保险业务、自由贸易账户、境外投资等方面的特殊税制安排，在风险可控的前提下，探索支持企业服务出口的增值税政策。

其二，《总体方案》明确提出了产业主导方向，将实业与自贸区的功能相结合。由于临港新片区背靠全国工业门类最齐全、工业发展基础最好的长三角，因此应该主动发挥地缘优势，积极配合工业企业生产经营的融资、投资需求，吸引装备制造业、化工、运输等长三角优势工业门类企业到临港新片区设立常驻金融业务办公点，发挥金融服务实体经济的价值。在产业集群的建设上，临港新片区两年来已经取得了不错的成绩：目前已构建成以集成电路、生物医药、民用航空、人工智能为核心产业，以新能源汽车、高端装备制造为优势产业，以及以绿色制造、氢能产业为未来产业的世界级、开放型、现代化的前沿产业集群。自揭牌成立两年来，新片区累计签约项目 765 个，涉及投资额 4478 亿元，其中重大前沿科技产业项目

① 《国际商报》上海临港新片区交出亮眼成绩单。

272 个，涉及投资额 3316 亿元。未来，临港新片区可以从以下几个方面实现与长三角一体化发展示范区的高效联动：

（1）加强产业链的区域联动，实现区内区外的水平和垂直分工。针对国内企业产业链布局的薄弱环节，加快关键核心技术协同攻关，通过引进龙头产业和配套产业来增强原材料的本地化配套能力，使产业链上下游形成联动。积极引进国外先进技术，同时加强区内产业布局和自主创新能力。深化与其他国家的合作，同时借鉴京津冀、长三角和粤港澳大湾区产业集聚经验，努力提升国际竞争力。

（2）加大对新片区内重点产业的扶持力度，支持新片区优势产业向长三角地区拓展。对于人工智能产业，需要加大对智能芯片、智能传感器等关键技术研发的资金投入，实现本土化硬件安全自主可控。对于高端装备制造业，则需要依托周边院校的平台资源，加快培育具备国际竞争力的智能制造装备供应商、系统解决方案供应商的进程，从而全面提升生产的自动化水平。对于生物医药产业，则要聚焦精准医学、精准药物、精准医疗器械、精准诊断等领域，引进拥有核心技术的高端特色医药，创新发展互联网医院。

（3）借鉴国际都市圈的经验，发挥新片区金融业发展对长三角地区的辐射作用。支持长三角地区优质企业进入科创板或发行债券，引导形成“PE + 上市公司 + 政府产业引导基金”的产融发展新模式。另外，推动上海自贸区期货交易平台和浙江自贸区大宗商品交易平台的共建与信息共享，依托浙江大宗商品交易中心，扩大现货交易规模（民建上海市委，2021）。在航运方面，推进“中国洋山港”保税船舶登记，大力发展航运融资、航运保险、航运结算、航材租赁、船舶交易和航运指数衍生品等业务，提高新片区的物流运输能力。

六、提升临港新片区金融业聚集水平的政策建议

2019 年 11 月，习近平总书记在上海考察时提出：“上海自贸试验区临港新片区要进行更深层次、更宽领域、更大力度的全方位高水平开放，努力成为集聚海内外人才开展国际创新协同的重要基地、统筹发展在岸业务和离岸业务的重要枢纽、企业走出去发展壮大的重要跳板、更好利用两个市场两种资源的重要通道、参与国际经济治理的重要试验田，有针对性地进行体制机制创新，强化制度建设，提高经济质量。”（熊健，2020）临港新片区要达成这“五个重要”的目标，首先需要明确两个定位：一是中国（上海）自由贸易试验区的新片区，二是特殊经济的功能区。之后应该紧紧围绕这两个定位，以制度创新为动力，不断探索新发展路径。总体来看，新片区在提升金融业集聚水平上需要把握好三大核心要素：一是制度要素，创新开放的制度是新片区的发展动力；二是产业要素，前沿产业集群是特殊经济功能区实现跨境贸易和投资便利化的基础支撑，因为金融归根结底还是要为实体经济服务的；三是管理要素，集约式的管理体系和较为完备的制度规范能够为特殊经济功能区实现可持续发展提供重要保障。

从自贸试验区角度，新片区作为建设自由贸易港区的新探索，其目的就是为了形成更多可复制推广的经验。新片区在建设过程中，注重加快存量企业转型升级，整体提升区域产业能级。这一点值得其他地区借鉴。新片区在建设过程中注重与长三角地区实现协同创新发展，通过定期总结评估新片区在投资、贸易、金融和人才等方面的管理经验，制定推广清单，最终在长三角地区推广实施。这一举措有助于推进新片区优势产业向长三角地区拓展，进而带动长三角地区新一轮的改革开放进程。

从特殊经济功能区角度，临港新片区需要在其他地区尚不具备条件的重点领域开展改革试点，进行风险压力测试，更好发挥试验田作用，为国内国际双循环发展战略提供支持。新片区应形成特殊的开放制度、特殊的

税制安排和特殊的法制支撑。要加快推进投资、贸易、资金、运输和数据自由流动的便利性；合理优化重点企业税负、离岸业务税负和特殊综合保税区税负安排；同时，建立能够保障开放政策平稳运行的法律体系（李锋和陆丽萍，2021）。因此，新片区可以从以下几个方面入手进行特殊经济功能区的建设：

（1）推出新片区新一轮制度创新举措，落实好“先行先试”的功能区定位。贯彻特殊综合保税区主分区制度，探索设立以重点企业为主体的特殊综合保税区分区，并与主区实行同等政策（李锋和陆丽萍，2021）；建设更加自由、创新、开放的金融港区，对离岸银行、保险、证券等给予大力支持；进一步提升区域内教育质量，吸引更多高校来新片区设立校区或分校，引导各高校以前沿产业需求为中心进行学科建设；推出更加优惠的财税政策，完善对外投资所得税的征收额度及方式；优化新片区法制环境，建议新片区对标国际最先进的自贸港区，在离岸市场建立较为独立的法律制度空间，赋予企业更多选择权。另外，为进一步拓展制度创新空间，落实更加自由化、便利化的市场运行政策，建议新片区根据不同产业的改革需求，在区域内开展试点已在我国其他地区实行的开放政策。

（2）完善金融开放政策，建议消减企业和金融机构在跨境资金流动方面的障碍。这是因为新片区内的企业对跨境金融服务的需求量很大。以高新技术企业为例，为了获取关键技术需要进行跨境并购。跨境并购需要大量的外币，在我国境内进行外币的兑换需要审批，而且对于企业的出资比例等有较高的要求。跨境资金流动的障碍会使我国企业在报价竞争中处于不利的地位，不利于并购的成功。

在平台搭建上，推动新片区离岸金融中心建设，与陆家嘴在岸金融实现优势互补和协同发展。在金融开放程度方面，建议进一步放宽金融机构的外资持股比例，拓宽外资金融机构的经营范围，允许金融机构在合规的情况下开展自由贸易业务。同时，注意建立完善的风险防控机制，以减少离岸金融对国内经济发展可能造成的冲击。打造数字货币先行示范区，在新片区内划定区域开展人民币跨境支付功能测试，并运用区块链、云计算等金融科技提高人民币跨境支付能力。

（3）布局产业链关键核心环节，加快形成前沿产业集群。临港新片区致力于建设金融交易平台，而这离不开实体经济的支撑。以前沿产业为重点，不断提高关键核心技术水平有助于打造更好的金融交易平台。在具体措施上，鼓励更多跨国公司和高新技术制造业企业在新片区设立工厂和研发中心。全方位布局产业链上下游，积极引进具有产业引领和带动作用的龙头企业以及上下游配套企业，扩大企业生产规模。同时，对国内卡脖子技术和关键领域的薄弱环节加大研发投入和资金支持力度。进一步推进与国际工业强国的合作，加强与国内其他自贸区和产业基地的交流与对接。

除紧紧围绕上述提到的两个定位进行制度创新外，临港新片区还应注意解决当前改革开放过程中存在的问题：

其一，针对新片区人才资源储备不足的问题，建议一方面通过制度优势积极引进创新人才，为各类紧缺人才提供更加丰厚的薪酬、社保、税收等方面的待遇。此外，还可以通过举办杰出科学家论坛等，引进顶尖的科研团队进行技术研发，并积极对接在国外的优秀华裔科学家回流。另一方面，在新片区建设顶尖大学，重点培育面向前沿产业的学科人才。新片区首先应吸引一批海内外名校入驻，在此基础上聚焦科技研发和创新设计，并基于自身产业发展方向进行学科建设。例如在生物医药、集成电路、人工智能等领域，可以与约翰霍普金斯大学、帝国理工学院、清华大学等建立合作；在航空航天领域，可以与加州理工学院、上海交通大学、北京航空航天大学等建立合作。新片区还需要建立产学研高度融合的研究和学习平台，促进各类人才的联通与合作，使人才链与产业链融合发展。

其二，针对工商业发展基础薄弱、工商企业集聚程度较低的问题，建议通过制度改革优化营商环境。缩短企业登记注册时间，简化各项审批流程，为企业营造更加便利的准入环境。运用融资担保、贷款贴息、风险补偿等政策，降低企业运营成本。贯彻落实缩短“居转户”年限、直接推荐人才引进重点机构的政策。在现有基础上引进更多知名法律服务机构，为企业提供专业化法律服务。另外，为拉动整个区域的消费需求增长，建议在新片区内增设免税店，聚集国际优质商品。这需要区域内的购物城区加强与更多品牌商家的合作，进一步增加商品品种。当然，新片区也需注意在政策实施的过程中加强风险防范，运用大数据技术对异常行为进行监测，保障各项交易活动有序进行。

其三，针对基础设施和配套民生尚不健全的问题，建议一方面建设快速通道连接上海中心城区与临港新片区，加强新片区金融集聚区和陆家嘴金融城的联系与合作。通过进一步完善轨道交通、中运量交通、地面公交、客运枢纽、共享交通和慢行交通的建设，切实提升公共交通服务水平，完善新片区交通网结构。同时，应顺应全球绿色出行、智慧出行的趋势，拓宽新能源车辆的应用场景，加快充电设施建设，切实优化人们的生活和出行体验。另一方面，加快民生配套设施如医院、学校、公园、商场等建设，通过人口和工商企业的集聚，促进临港新片区消费市场、房地产市场的发展，从而为金融集聚区的发展提供基础。

最后，针对临港新片区产业布局不够完善的问题，建议通过打造智慧物流平台，上下游产业链中不同企业之间的交流，进而推动产业的高效集聚。在具体做法上，建议新片区首先要积极引进智慧物流产业的头部企业和专业人才，为智慧物流产业的发展提供稳定的环境。同时，政府应通过制定相关政策，引导智慧物流信息平台的建立，从而为各企业之间实现信息的互通和共享提供便利。此外，要想进一步降低物流成本，还需要从基础设施建设方面下功夫。建议改进洋山港运输系统，提高港口现代化管理和运营能力。提倡智慧物流产业发展和新型基础设施建设相结合，以大数据、云计算、人工智能等技术推动整个新片区的数字化布局，构建智能化的运输和服务网络。

第四篇

中国跨境资本流动风险与对策研究

一、研究背景及意义

2019 年 11 月，习近平总书记在上海考察时提出“上海自贸试验区临港新片区要努力成为统筹发展在岸业务和离岸业务的重要枢纽”。2020 年 11 月，习近平总书记在浦东开发开放 30 周年庆祝大会上又进一步指出，浦东要努力成为国内大循环的中心节点和国内国际双循环的战略链接，并做出支持浦东发展人民币离岸交易的重要指示。2021 年 4 月，中共中央、国务院印发《关于支持浦东新区高水平改革开放打造社会主义现代化建设引领区的意见》，首次明确提出“构建与上海国际金融中心相匹配的离岸金融体系，支持浦东在风险可控前提下，发展人民币离岸交易”，并给出了具体措施：“创新面向国际的人民币金融产品，扩大境外人民币境内投资金融产品范围，促进人民币资金跨境双向流动”“支持在浦东设立国际金融资产交易平台，试点允许合格境外机构投资者使用人民币参与科创板股票发行交易”。

党的十八届三中全会提出“建立健全宏观审慎管理框架下的外债和资本流动管理体系”。2015 年 2 月，央行上海总部发布《中国（上海）自由贸易试验区分账核算业务境外融资与跨境资金流动宏观审慎管理实施细则》，上海率先在国内试点跨境资金宏观审慎管理。然而，人民币自由兑换等一系列改革与世界地缘政治在疫情之后变得错综复杂相互叠加的形势，促使国家外汇局于 2021 年 4 月再次表态：“坚持底线思维，继续关注外部环境发展变化，高频监测跨境资本流动”。继而 8 月 18 日，上海市政府也表达了“将新临港片区打造成为高水平金融改革开放的压力测试地”的决心。鉴于上述背景，本篇研究了后疫情时代全球经济环境变迁、国际货币体系变化、支付竞争态势变迁以及资本跨境流动的基础设施变化等对中国跨境资本流动监管体系，特别是压力测试和预警的冲击，并在宏观审慎管理视域下分析了新时期中国跨境资本流动风险的特征，最终从战略高度对于跨境资本流动监管的响应机制建设给出了政策建议。

二、后疫情时代跨境资本流动的全球经济环境变迁

（一）经济反弹与疫情再次暴发的可能性并存

全球经济在疫情冲击后迎来了V型反转，世界银行预测2021年GDP增长预期为5.6%，美国经济增长预期将达到6.8%；中国增长达到8.5%；欧元区预期增长4.2%；日本为2.9%。

第一，全球已经适应如何更好地与疫情共存。政府、企业和个人适应了疫情下的新常态，通过各种措施减少新一波疫情造成的经济损失。全球在疫情暴发时期提高储蓄率，加强了家庭财政抗风险能力，并为消费和经济增长打好基础。

第二，货币和财政政策继续为经济提供强有力的支持，极低利率和量化宽松还将延续。虽然通胀问题可能使得美联储暗示提前收紧政策的可能性，但是欧洲央行和英国央行似乎还是把保证经济复苏放在第一位。此外，拜登政府欲推出的大规模支出计划有助于维持美国经济增长。

第三，大型经济体的疫苗接种正在步入正轨。随着美国、欧洲以及以中国和印度为代表的发展中国家疫苗接种率上升，各国政府将更愿意推动经济活动正常化，居民的消费信心和企业的投资意愿得以增强，以及修复因疫情严重受损的供应链。

然而，疫情远未结束，最近新冠病毒在美国、欧洲和中国多地卷土重来，加剧了冬季再次全面暴发的可能性。即便可以有效降低重症和死亡率，疫苗也无法完全阻断病毒传播。除此之外，发展中国家的疫苗普及比之于发达国家依然相去甚远。在发达国家，大约58%的人口完全接种，而所谓的低收入发展中国家（人均国民总收入少于1035美元）接种率还不到5%。

（二）后疫情时期的经济困局

V 型反转之后，后疫情时期还是将更多的困局留给了世界各国政府。

第一，发达国家和发展中国家的差距进一步拉大。预计到 2022 年，约 90% 的发达国家将恢复到疫情大流行前的 GDP 水平，而近三分之二的新兴市场与发展中经济体的人均收入损失难以在 2022 年之前得到恢复。

从区域来看，中国疫情后的动能预计会拉动亚洲的复苏成为全球最快，撒哈拉以南非洲排名垫底，而接种率低下和基建缺乏投资让其在疫情反复的情况下仍然十分脆弱。在宏观环境的影响下，新兴市场发展中经济体、低收入国家以及小国相对于发达经济体的人均收入增长在疫情后发生了惊人的逆转。

第二，劳动市场遭受前所未有的冲击。疫情使制造业和服务业自动化发展加速，虽然这推动了生产效率进步，但是机器人和人工智能等科技带来的新机会能否弥补岗位流失还是个问号。根据麦肯锡的研究，全球最大 8 个经济体中逾 1000 万人可能需要在 2030 年前转职。即便是岗位没有流失的领域，工作模式也出现了改变，比如居家办公。

从供应端来看，劳动参与率会低于疫情前的水平，其中教育程度较低者、女性和年轻人尤甚。如果参与缺口维持下去，工作群体之间的不平等会在中期内明显加剧。如果企业无法及时找到机器替代解决方案，那么劳动市场紧缩会给薪资和物价带来上行压力。

第三，通胀呈现失控。疫情导致的供应链破坏，企业生产活动跟不上全球需求复苏速度，导致通胀居高不下。能源和原材料价格以及交通运输成本陡增，制造业盈利面临严峻压力。美国 2020 年 10 月 PPI 创下 11 年新高，9 月 PCE 创下 30 年新高，一旦经济增速因疫情复燃等原因放缓，那么如此高的通胀率很可能引发经济和金融危机。

更糟糕的是食品价格上涨，这很容易引发人道主义危机和政治动乱。2020 年 5 月食品价格上涨幅度达 37%，是 2011 年以来最快涨幅。2020 年全球饥饿人口数量已从2019年的1亿3500万增加到1亿6500万，一些地区的饥饿现象因受疫情影响而更加严重，今后粮食成本无疑是雪上加霜。

第四，债务危机风险空前加剧。根据国际金融协会数据，2020年全球增加了24万亿债务，使得总债务达到281万亿美元。即便不发生债务危机，债市收益率上升也会让政府和企业承受压力，而全球上涨多年的债市由于通胀高企已经有了一些反转迹象。美国商品期货交易委员会的数据显示，截至2020年10月19日当周，对冲基金抛售了156586份10年期美国国债期货合约，为2016年以来最大规模。

（三）疫情推动逆全球化动向

值得警惕的是，疫情还加剧了逆全球化趋势：

一是供应链的逆全球化。本次疫情凸显的全球供应链风险较为显著，在疫情重点地区生产受到影响导致供应链上游生产停滞时，未发生疫情的下游产业链国家的生产也受到较大影响。这种牵一发而动全身的全球供应链之间的关联关系引发了部分国家的忧虑，使得疫情可能成为供应链逆全球化的催化剂。

二是物流和货物贸易壁垒长期化。新冠肺炎疫情对全球物流运输产生了一定的负面影响，从而影响了货物贸易，这种影响是短期的。然而值得警惕的是，是否存在某些国家借助疫情的发展，针对疫情重点国家和地区设置贸易壁垒，甚至将这种贸易壁垒长期化。如果发生这样情况，将对全球双边贸易带来较大的负面影响。

三是更多经济领域合作面临破裂。疫情可能带来从供应链的逆全球化到物流、贸易的壁垒，直至更多经济领域合作的破裂，例如在技术授权、货币和财政政策的衔接上等。一旦出现这种情况，全球经济秩序和稳定性将受到冲击，或将面临更大的经济波动。要指出的是，国际疫情扩散对全球产业链调整形成冲击，在短期也缓解了产业链逆全球化的压力。同时，资本的逐利性作为主要力量一如既往地推动着全球化进程，然而政治因素会时不时地跳出来阻碍该进程，成为逆全球化的“主力”。特别是疫情蔓延全球之际，更是有民粹主义思维不顾及抗疫与经济恢复需求，逆势而动。

（四）去“中国化”导致区域化反思

2020 年疫情最高峰时期，中国复工复产在有序进行，同时很多发达国家却出现了口罩和呼吸机等物资短缺的局面，因此还出现过炒卖千元口罩的现象。这促使国际社会开始反思过度依赖中国制造所带来的后果，经济效益可能不再是国家和企业考量配置产业资源的唯一目标，产业链会向国内或一定区域收缩，尤其是医疗等涉及社会公共安全的行业。现有的国际供应链格局的弊病在疫情下暴露无遗，因此在可预见的一段时期内，全球供应链必然会发生深刻变革，未来全球价值链有望分解为区域价值链。

早在 2019 年，麦肯锡的报告《转型中的全球化：贸易和价值链的未来》就指出贸易迈向区域化的特点（如图 4 -1 所示）：从 2000 年至 2012 年，同一地区国家之间的货物流动从 51% 下降到 45%，但是 2013 年之后区域内贸易增长了 2.7 个百分点，这个趋势在亚洲和欧盟 28 国最为注目。

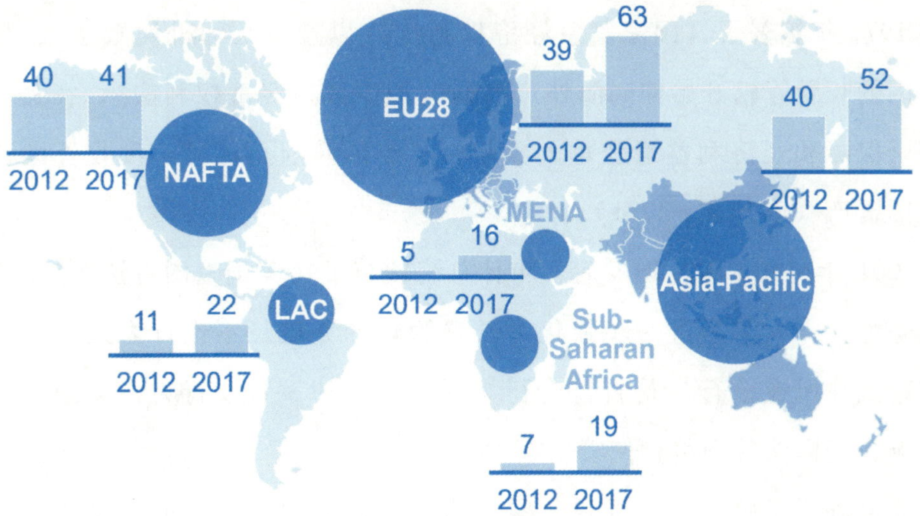

资料来源：麦肯锡。

图 4 -1　区域内贸易比例图

Thomas 在 2020 月 5 月对北美制造业的调查显示，64% 的受访企业表示可能将制造和采购迁回北美。美国供应链管理协会在 7 月的调查，20% 的受访企业表示正在计划或者已经开始把一些制造活动转移至国内或者近岸。

特朗普在 2018 年用美墨加协议代替了此前的北美自由贸易协定，不过两者本质上没有多少不同，在大西洋彼岸，英国脱欧对于欧洲自由贸易区的影响随着脱欧谈判的推进慢慢减少。在 2020 年年底 RECP 正式敲定后，北美、欧洲和亚洲贸易区三足鼎立的格局更加清晰，为后疫情时期的供应链收缩提供了充分便利性。

三、跨境资本流动的国际货币环境变化趋势

（一）美元一元与多元国际货币需求矛盾

1. 为维护美元岌岌可危的主导地位，美国实施长臂管辖及单边制裁

美国在 1955 年的国际鞋业一案中开创了跨州管辖的先例，此后卡特总统在 1977 年签署了《国家紧急经济权利法》以及《反海外腐败法》，标志着美国的长臂管辖开始伸向海外。根据《国家紧急经济权利法》，在美国国家安全保障和经济利益遭受重大威胁时，美国政府可冻结、没收外国持有的美国资产（安连成，2021）。

2001 年在 911 事件爆发后，布什总统颁布了《美国爱国者法案》，名为打击恐怖主义，实为进一步强化了长臂管辖的基础。不论行为人是否有美国国籍或住所或该行为是否符合行为发生地法律，只要行为在美国境内产生影响，美国法院即可行使管辖权。

通过利用在政治、经济和金融上的国际影响力，美国可以肆意打击与自身利益具有冲突的国家、企业或者个体。由表 4－1 可见，截至 2021 年 5 月，美国财政部海外资产控制办公室的制裁名单上已经有 20 个国家。虽然

中国不在其中，但是美国近年对于国内科技和军工等关键领域进行了多轮制裁，从而遏制中国在全球不断提升的竞争力。

表 4－1　　　　　　　　美国制裁国家名单

Balkans	Restrictions on activities with specific parties
Belarus	Restrictions on activities with specific parties
Burma (Myanmar)	Restrictions on activities with specific parties
Burundi	Restrictions on activities with specific parties
Central African Republic	Restrictions on activities with specific parties
Congo, Dem. Rep. of	Restrictions on activities with specific parties
Crimea region of Ukraine	Restrictions on imports and exports, investment in region
Cuba	Restrictions on imports, exports, financial transactions and travel
Iran	Restrictions on imports, exports, and financial transactions
Lebanon	Restrictions on activities with specific parties
Libya	Restrictions on activities with specific parties
North Korea	Restrictions on imports, exports and travel
Russia/Ukraine	Restrictions on activities with finanical/energy sectors
Somalia	Restrictions on activities with specific parties
South Sudan	Restrictions on activities with specific parties
Syria	Restrictions on imports, exports, and financial transactions
Venezuela	Restrictions on activities with specific parties
Yemen	Restrictions on activities with specific parties
Zimbabwe	Restrictions on activities with specific parties

资料来源：普林斯顿研究。

为了达成政治目标，美国的制裁甚至连盟友也无法幸免，比如 2018 年美国总统特朗普宣布单方面退出伊朗核协议，并惩罚与伊朗有商业往来的企业。此举导致大量欧洲企业受到牵连，包括大众、西门子、空客和英国石油等遭受了巨大经济损失。

回到 20 世纪 70 年代，日本政府积极推动半导体产业发展，实施“超大规模集成电路研究计划”（VLSI）。日本在半导体的突飞猛进很快令美国警觉，于是美国以国家安全为由出手打压东芝等企业，并最终迫使日本签订了《日美半导体协议》，要求日本减少对美国的半导体出口和增加对美国的半导体进口。从本质上看，与美国对华为的做法可谓如出一辙。

在单边主义和冷战思维的驱使下，滥用长臂管辖严重破坏正常国际体系，侵犯他国利益，因此长期被美元主导的世界金融体系遭受越来越强烈质疑。不仅如此，依赖单一货币对于金融体系的风险管理非常不利，而美国本身的沉重债务和超低利率政策加剧了潜在流动性风险，从亚洲金融危机、美国“次贷”危机到疫情暴发时的情况无一不得到印证。

2. 区域货币艰难前行，有利于构建多元货币体系

欧元是全球使用率第二的货币，仅次于美元。欧元区一共有 19 个成员国，未来还有其他欧洲国家有望加入。自从 1999 年 1 月 1 日推出以来，虽然欧元区经历了欧债危机和新冠肺炎疫情的严峻挑战，但是总体来说获得了毋庸置疑的成功，为区域化货币统一树立了典范，证明这是一条切实可行的道路。

在 2019 年，阿根廷、巴西、巴拉圭、乌拉圭四国成立特别小组，评估未来四国统一货币的可能性。据报道称①，这会是一个较为漫长的过程，但目前已经开始了第一步的研究。由四国组成的南方共同市场国家一直希望将该区域打造成类似欧盟的一体化区域，联合各国力量以推进区域和各国的经济发展。

区域经济合作划分为五个阶段②：自由贸易区、关税同盟、共同市场、经济联盟和货币同盟。最后一种最为复杂，实现难度最大，因此目前只有欧元区达到了这个阶段，即使北美自由贸易区也未统一使用美元。由于欧盟中还有不少国家未加入欧元区，欧元发展潜力和影响力应该不会止步于此。

考虑到日本、韩国和美国之间的特殊政治关系，亚元的建立显然还只能停留在构想阶段。尽管如此，随着区域经济不断融合，区域合作不断深

①② 张日，“南共市统一货币迈出第一步”，《国际商报》 - 2019 - 08 - 05。

化，地缘政治区域平稳，货币同盟有望在全球范围内逐渐普及，从多种缺乏外部影响力的货币转化为具有一定影响力的单一货币，有利于货币体系多元化。

3. 积极推进人民币国际化

作为全球第二大经济体和第一大贸易国，人民币国际地位远落后于中国经济实力的发展，意味着加快推进人民币国际化进程势在必行。从经济体量角度来看，人民币未来成为主要储备货币已成为业界共识。“人民币国际化的中长期目标是要让人民币成为除美元外的主要国际储备货币，其核心就是要从贸易和结算角度，让人民币在国际上使用更广泛”①。

2016 年 10 月 1 日人民币正式加入国际货币基金组织特别提款权（SDR）货币篮子，成为由美元、欧元、英镑和日元组成的储备货币“精英俱乐部”的一员（见表 4－2）。“入篮”象征着人民币在国际舞台上的崛起，反映出国际货币基金组织对于中国发展和人民币地位的认可。

表 4－2　　2020 年 SDR 篮子中各货币比重

Currency	Weights determined in the 2015 Review	Fixed Number of Units of Currency for a 5－year period Starting Oct 1, 2016
U. S. Dollar	41. 73	0. 58252
Euro	30. 93	0. 38671
Chinese Yuan	10. 92	1. 0174
Japanese Yen	8. 33	11. 900
Pound Sterling	8. 09	0. 085946

资料来源：国际货币基金组织。

货币壮大需要借助区域化的力量，“一带一路”宏伟蓝图在 2016 年孕育而生。中国和“一带一路”国家和地区贸易日益紧密，在中国贸易总额中占比超过 40%，其中一半以上来自亚太地区。截至 2020 年，中国与“一

① 中国金融研究院副院长・钱军：经济参考网 http：//www. jjckb. cn/。

带一路”沿线国家人民币跨境收付金额超过 4.53 万亿元，同比增长 65.9%。其中货物贸易收付金额 8700.97 亿元，同比增长 18.8%，直接投资收付金额 4341.16 亿元，同比增长 72.0%。中国与 22 个“一带一路”沿线国家签署了双边本币互换协议，在 8 个“一带一路”沿线国家建立了人民币清算机制安排。

2020 年年底签署的 RECP 则为人民币提供了另一个广阔的平台，协议共有包括中日韩、东盟、澳大利亚和新西兰在内的 15 个成员国参与，是世界上人口最多、经贸规模最大、最具发展潜力的自由贸易区。RECP 内国家在人民币跨境结算和离岸人民币业务上占据重要地位，在人民币金融工具发行上意愿较强。在协议敲定前，人民币实际上在东南亚一些国家已经有锚定效应，在马来西亚、泰国、新加坡、菲律宾四国建立了人民币清算安排，CIPS 及中资银行在东盟 10 国实现了全覆盖。

2020 年，人民币跨境收付金额合计为 28.39 万亿元，同比增长 44.3%。其中，实收 14.10 万亿元，同比增长 40.8%。人民币跨境收付占到同期本外币跨境收付总额的 46.2%，为历史新高，较 2019 年全年提高 8 个百分点。2021 年前 6 个月，人民币跨境收付金额为 17.57 万亿元，占同期本外币跨境收付总额的 48.2%，较上年同期增长 2.4 个百分点（如图 4-2 所示）。

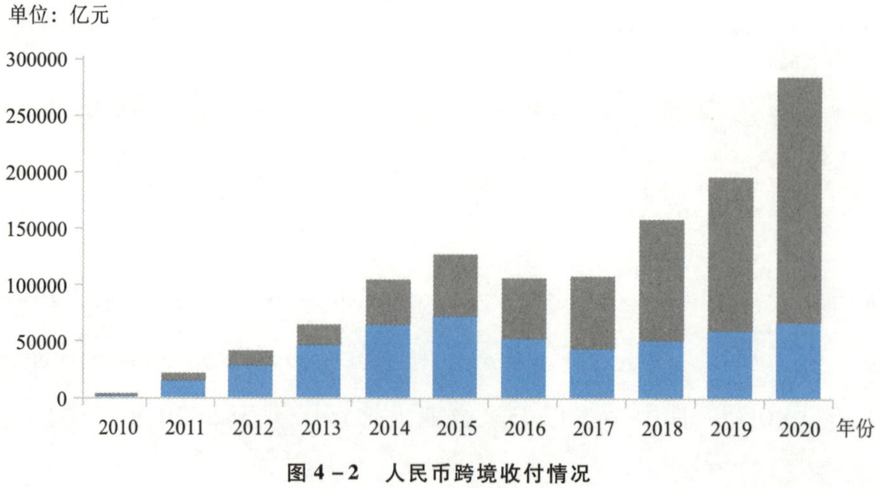

图 4-2　人民币跨境收付情况

数据来源：中国人民银行。

作为全球最大的能源和大宗商品进口国和消费国，中国在主动争夺定价权，上海期货交易所陆续推出了黄金、铁矿石、原油、动力煤等多个品种的合约，交易量稳步增长，对人民币国际化又是另一股强大的推动力。2020 年，原油、铁矿石、铜、大豆等大宗商品贸易跨境人民币收付金额为 2525.66 亿元，同比增长 16.4%。

4. 去美元化成为主流趋势

截至 2020 年年底，美元在全球央行中的储备跌至 59%，为 25 年来最低点，部分反映出美元在全球经济中的角色削弱。自从欧元发行以来，美元的占比在 10 年左右的时间里降低了 12 个百分点。与此同时，欧元、日元和英镑的占比保持稳定，而澳元、加元和人民币等其他货币的总占比升至 9%。

欧洲希望借机加强欧元地位，减少对美国的依赖。前欧盟执委会主席容克在 2018 年会议上直言不讳地提出："欧洲一年的能源进口费用总计 3000 亿欧元，但当中有八成是用美元付款，而我们只有 2% 的能源进口来自美国，实在荒谬"。随后在 2019 年，欧盟和俄罗斯双方表示，有意在经贸领域，尤其是石油贸易中，减少对美元的依赖，并转为使用本币进行结算。

各国还在不断完善支付网络，从而绕开美国主导的 SWIFT。欧盟在 2018 年提出建立 SPV，而正是美国在伊朗问题上的蛮横态度刺激了欧盟保护本国企业的决心。相比 SPV 的缓慢进展，中国的 CIPS 取得了丰硕成果，2020 年累计处理跨境人民币业务 220.49 万笔，金额 45.27 万亿元，同比分别增长 17.0% 和 33.4%。

区块链和数字货币兴起可能是压垮美国的最后一根稻草，数字货币特性决定了其便于在跨境支付中绕过 SWIFT 系统和纽约 CHIPS 系统，安全性高且成本低。全球有 50 多家央行在研究推出数字货币的可能性，其中中国再次领跑，数字人民币在境内全面铺开。

（二）世界主要非美元货币国际化历程借鉴

1. 英镑

英国是老牌金融强国，英镑在美元之前就确立了全球储备货币的地位。在第一次工业革命的推动下，英国成为了当时的世界工厂，自由贸易需求扩大伴随着金融和货币对外扩张。英国从国外进口原材料，然后输出成品，与当下重度依赖服务业的英国经济结构形成鲜明反差，而更像是当下的中国。

英国在全球殖民进一步带动了贸易，其工业品产出在1860年甚至占世界总量40%~50%。英国还在1816年以法律形式确立金本位制度，各国陆续效仿，从而形成了最早的国际性货币体系。出于对英国综合实力和黄金价值的认可，其他国家愿意持有和用英镑来结算。英国的资本市场不断完善，英镑资产受到投资者的青睐，相关交易活动活跃，奠定了伦敦金融中心的基础。

经过两次世界大战的洗礼，英国大量殖民地宣告独立，英国的国力衰落，同时战争最大受益者美国迅速成长为超级大国，工业、贸易和黄金储量遥遥领先，在战后建立布雷顿森林体系，最终取代了英镑的位置。类似的，国际经济形势在过去几十年变化很大，中国GDP在2010年就上升为全球第二，现在按平价购买力计算为全球第一。相反美国的产业空心化问题凸显，某些西方媒体故意把“一带一路”称之为中国的“马歇尔计划”，从侧面体现出人民币挑战美元的前景。

2. 欧元

欧元、英镑和日元是国际上主要非美货币，其中欧元的历史远少于英镑和日元，但却在短短20年左右时间内跃居为第二大货币。不过欧元诞生前经历了漫长铺垫，欧共体在1969年的海牙会议上就提出了建立欧洲货币联盟。70年代滞胀危机和布雷森体系瓦解，使欧洲各国普遍意识到加强融合是应对外部冲击的唯一出路。

从 1997 年开始，欧盟逐步建立由欧洲中央银行和各成员国的中央银行组成的欧洲中央银行体系。符合欧元区趋同标准的国家启用欧元，固定本币与欧元的汇率。欧洲央行还负责接管欧元区成员国的外汇储备，用于维持欧元币值稳定。从欧元启动到投入流通设置了 3 年过渡期，2002 年欧元正式在欧元区成员国市场内流通。

马克对于欧元的国际化功不可没，由于德国战后经济和出口繁荣，马克在全球外储的占比在 1989 年一度达到 18%。欧元站在马克和法郎的肩膀上才能“弯道超车”。而中国也有自己的国际化货币——港元，当然两者有诸多区别，比如港元是一种和美元挂钩的联系汇率制度货币，香港的经济体量无法和德法相提并论。不过港元在人民币国际化完成之前仍然需要承担境外融资的角色，在中美摩擦升级的政治背景下更是如此，而香港作为离岸人民币交易中心是人民币国际化进程中不可或缺的环节。

然而欧元存在一些根深蒂固的软肋，对于国际化构成阻碍。首先是欧元区经济增长迟缓，债务问题突出；其次是欧元区缺乏统一的财政制度，在危机处理上容易陷入被动；最后是常年施行负利率政策，投资吸引力缺乏。

3. 日元

和德国一样，日本的战后重建工作顺利，20 世纪 50 年代到 70 年代经济高速增长，于 1968 年成为世界第二大经济体，并且产业完成了从劳动密集型向资本密集型的转变。尽管日本政府对推广日元持谨慎态度，经济和贸易仍决定了日元走向国际。80 年代美国对日贸易赤字急剧扩大，美国国内反日舆论盛行，白宫将其归咎于日本金融市场封闭，迫使日元在 1980 年 12 月修改外汇法，“原则禁止”改为“原则自由”。

1984 年的《日元美元委员会报告书》标志着日本金融对外开放加快，被视为日元国际化真正开始的标志。为了回应美国开放金融市场的要求，日本提出扩大欧洲日元市场、实施金融自由化、完成资本项目开放、允许境外金融机构参与日本资本市场四个方面的举措，并在此后进行了一系列更深层次的开放（如图 4 – 3 所示）。

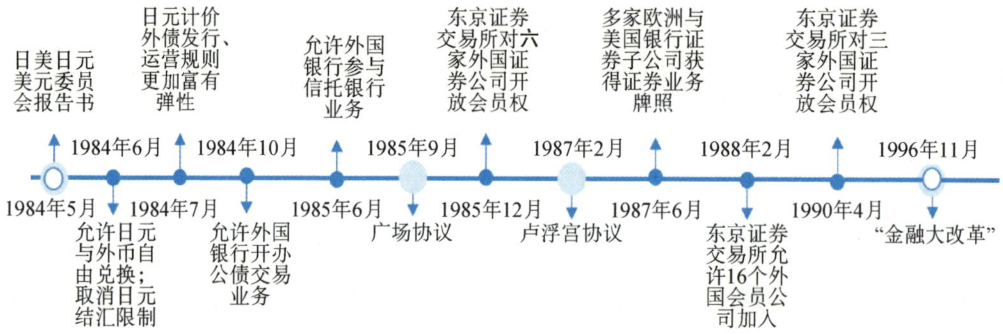

资料来源：《日本金融研究》《日元国际化对人民币国际化的镜鉴》，海通证券研究所。

图 4 – 3　日本金融开放历程

金融对外开放为日本企业提供了更多融资途径，推动了日本直接融资的发展，但是日本政府监管没有跟上，信用过度扩张导致经济过热和资产价格泡沫，金融系统性风险不断积聚，等到日本央行发现经济过热并开始采取加息举措时，市场已难以承受大幅紧缩的冲击，于是房地产价格泡沫最终破灭。自此日本经济一蹶不振，日元国际化道路也注定走不远。

日元的国际化对人民币有很重要的参考意义，原因有几点：第一，中国为世界第二大经济体和第一大贸易国，第二产业突出，经济为贸易型导向，和日本七八十年代的情况很相似；第二，中国和日本同为亚洲东北部国家，在该区域有无可比拟的辐射能力；第三，中国和日本 80 年代之前的金融市场都相对封闭，外汇管制严格；第四，美国对中国的贸易、汇率和高科技行业不遗余力进行针对，希望让中国也走向“失去的 20 年”。但是中国和繁荣时期的日本也有不少差异，中国的外汇储备稳居全球第一，意味着对于人民币国际化后汇率风险的对抗能力强出许多。另外中国不像二战后的日本在政治和军事上受制于美国，在 2018 年贸易战中的强硬态度充分得到体现。尽管如此，中国的产业附加值仍然和日本有不小差距，有待于从制造业大国到制造业强国的升级。

4. 三大非美货币国际化历程比较

如表4－3所示，欧元在全球外储中的占比稳定在20%左右，英镑和日元也在权重上显示出后继乏力的势头。从外汇市场交易量来看，截至2019年4月，欧元同样牢牢占据全球第二的位置，日元则保持对英镑的领先优势，原因是日元汇市定位是典型的“避险货币”，在全球经济低迷时日本国债和日元会遭遇大量买入。

表4－3　场外外汇交易量各国货币占比

Currency	2004		2007		2010		2013		2016		2019	
	Share	Rank	Share	Rank	Share	Rank	Share	Rank	Share	Rank	Share	Rank
USD	88.0	1	85.6	1	84.9	1	87.0	1	87.6	1	88.3	1
EUR	37.4	2	37.0	2	39.0	2	33.4	2	31.4	2	32.3	2
JPY	20.8	3	17.2	3	19.0	3	23.0	3	21.6	3	16.8	3
GBP	16.5	4	14.9	4	12.9	4	11.8	4	12.8	4	12.8	4
AUD	6.0	6	6.6	6	7.6	5	8.6	5	6.9	5	6.8	5
CAD	4.2	7	4.3	7	5.3	7	4.6	7	5.1	6	5.0	6
CHF	6.0	5	6.8	5	6.3	6	5.2	6	4.8	7	5.0	7
CNY[3]	0.1	29	0.5	20	0.9	17	2.2	9	4.0	8	4.3	8

资料来源：国际清算银行。

欧元在全球支付中比较强势，在2020年底展现出超越美元的迹象，对于美元霸权的松动是又一个积极信号。英镑排名第三，呈现出缓慢下滑的趋势，从2012年8.68%滑落至2020年6.5%，日元则从2.45%一路上升至3.59%，可是与英镑的差距依然明显（如图4－4所示）。

英镑、日元和欧洲三者在结算系统上基本均采用按照国际标准建立的RTGS，没有外币结算系统，银行业参与CLS。他们的主要区别在于日内流动性工具：英镑为日间抵押贷款，日元为抵押日间信用，欧元为日间逆回购和信用（取决于国家）。可见，欧元支持无抵押品的形式，代价是在结算中支付费用。

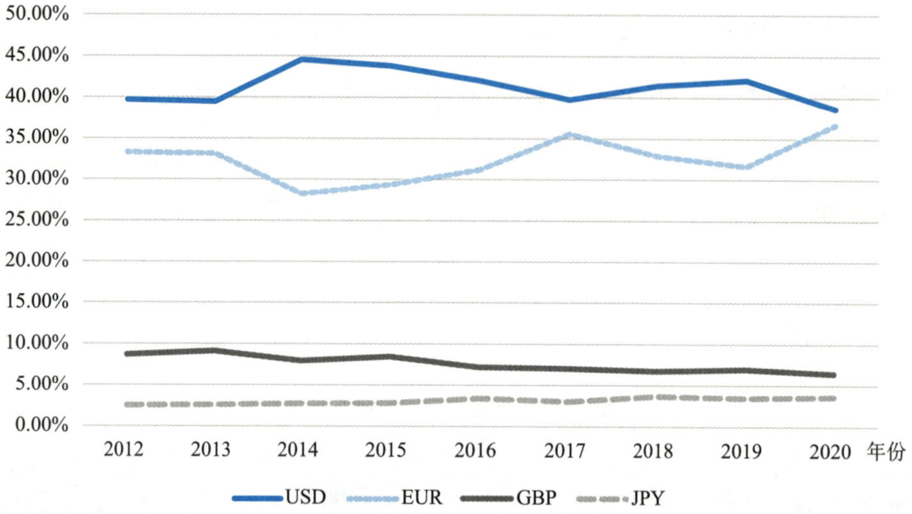

资料来源：SWIFT。

图 4－4 各国货币在全球支付中所占比例

四、跨境资本流动的支付竞争

（一）全球不同组织形式的跨境支付系统

在过去很长一段时间内，银行一直作为跨境支付市场的中心，全球跨境支付市场由几家占主导地位的全球代理银行，如摩根大通、汇丰银行等牵头，几乎没有竞争。1973 年，环球银行金融电信协会（Society for World-wide Interbank Financial Telecommunication，SWIFT）正式成立，促进了全球跨境支付的业务及规模激增。据安永相关统计，全球跨境支付量平均年复合增长率达到 5%，预计到 2022 年将突破 156 万亿美元。据 IMF 和经济学人数据显示，截至 2020 年年底，全球跨境资金总量接近 14 万亿美元，为 2020 年全球 GDP 的 161%，其中约 90% 跨境支付业务通过 SWIFT 进行，在 200 个国家的 1.1 万名成员之间评价每天完成 4200 万次交易。

随着经济发展和全球化贸易快速增长，现有跨境支付方式开始呈现出若干问题，例如缺乏透明度、结算期长、交易成本高、服务覆盖范围以及便利性有限，且在非主流非 G7 币种跨境交易中尤其普遍。SWIFT 近年来开始频繁受到各种批评，例如技术落后、转账速度慢、成本高、缺乏安全性等。跨境支付领域巨大的商业利润以及 SWIFT 越来越凸显的缺陷，使得越来越多新参与者进入市场。专注于不同的地理位置、交易规模和支付细分市场，市场格局变得越来越分散，竞争越来越激烈。由银行主导、大型科技公司、区域政府主导的跨境支付网络，再加上央行数字货币，以及 SWIFT 自身的追赶，使跨境金融之间竞争格局正在重新被定义。

纵观目前出现的新型跨境支付解决方案，大致可分为以下几种形态：第一是面对竞争，SWIFT 自身的技术升级和探索创新；第二是发端于商业银行的跨境支付清算平台以及数字货币（如 JPMCoin），侧重于支付和结算方式的改造；第三是由全球大型科技公司如 Facebook 主导的支付网络和商业化的私人货币体系；第四是各国央行加紧研发的央行数字货币。

1. SWIFT 自身技术创新及应用

SWIFT 近年来在报文技术和区块链应用上持续创新。首先在 2017 年推出了 SWIFTGPI。SWIFTGPI 跨境汇路上的参与者主要有汇出银行、汇入银行、中间代理银行以及金融基础设施（FMI）。机构要接入 GPI，除了要按照 GPI 规范完成系统改造外，还在收到 GPI 报文时快速响应、及时处理，从系统和业务两方面符合更高的要求。

SWIFTGPI 主要通过升级原有的 MT 报文，并增加报文追踪器（Tracker）机制来提升效率。具体改进主要有以下几个方面：①GPI 标识。SWIFT 使用 MT 报文的 tag111 和 tag121 来标识为 GPI 报文，只有当报文的发送方和接收方都加入了 GPI，发送方才能向接收方发起 GPI 报文；②UTER（Uniqueend - to - end transaction reference）。UTER 为一笔汇款的唯一标识，由汇出方生成，一笔汇款无论经过多少个中间机构，UTER 均保持不变；③GPI Confirmation Message。Confirmation Message 是 SWIFT 和 GPI 机构之间传递汇款处理进度和手续费等信息的载体；④Tracker。Tracker 类似 SWIFT 部署的报文追踪器，是 GPI 机制实现的核心。由于汇路上的机构都通过 SWIFT 来传递信息，Tracker 识别出 MT 报文的 GPI 标识和 UTER 后，就能够将一笔汇款串起来，并通过 Confirmation Message 向汇路的前序节点（机构）进行广播。

2021 年，SWIFT 在 SWIFTGPI 架构基础之上，宣布推出 SWIFTGo。这是一项面向中小企业和个人跨境汇款的快速、可预测、高度安全、低成本的小额跨境支付创新。SWIFTGo 通过机构之间更严格的服务水平协议（SLA）和数据的预验证，预先了解处理时间和成本，来帮助银行为其终端客户提供快速且可预测的支付体验。截至 2021 年 7 月，七家全球性银行已经开始使用 SWIFTGo live：西班牙外换银行（BBVA）、纽约梅隆银行（Bank of New York Mellon）；荷兰中央银行（DNB）、MYBank、俄罗斯联邦储蓄银行（Sberbank）、法国兴业银行（Societe Generale）和意大利联合信贷银行（UniCredit）；并有 116 家银行已经参加试点项目。2021 年 6 月，SWIFT 进一步宣布将于 2022 年推出新的支付系统，目前已经获得了国际上六家商业银行（中国银行、花旗集团、纽约梅隆银行、德意志银行、渣打银行、法国巴黎银行）的支持和合作。

2021 年 3 月 23 日，SWIFT 与包括中国人民银行清算总中心、跨境银行间支付清算有限责任公司、中国人民银行数字货币研究所、中国支付清算协会在内的四家中资机构合资成立金融网关信息服务公司，向用户提供金融网关服务。金融网关作为中国境内和境外金融信息网络之间的一个关口，统一向中国境内的 SWIFT 用户提供约定服务，主要包括①：①建立并运营金融报文服务的本地网络集中点，为用户提供与 SWIFT 主干网的稳定、韧性强和安全的连接；②在中国境内建立并运营本地数据仓库，用于对跨境交易报文进行数据存储以及事后监测和分析。此举将有利于推动人民币的跨

① “推动金融网关建设 SWIFT 与中资机构设合资公司”，黄紫豪，《上海证券报》，2021－03－24。

境使用，协助我国金融机构更好地利用国际平台。

2. 发端于商业银行的新型支付网络

这些年由于数字技术的发展，国际上一些大型跨国商业银行开始尝试应用新技术搭建新的跨境结算和业务信息系统。

2015 年，由富国银行、美国银行等大行发起成立了 R3 区块链联盟。该联盟组织联盟内银行探讨区块链的应用，以期组建新的超级银行间业务平台。如该联盟组织主要成员汇丰银行牵头其他七家国际商业银行开发的 Voltron（跨境信用证区块链平台）平台，已经在国际清算会议上发布，并成功在香港与欧洲间完成了信用证开证业务。此后，海外陆续出现几家国际贸易银行联盟，其中具影响力的还有 MarcoPolo（记账赊销结算平台）、We. Trade（欧洲中小企业贸易平台）以及香港金管局于 2018 年 10 月联合香港 12 间主要银行启动的“贸易联动”平台。

R3 还推出了分布式平台支付结算解决方案——CordaSettler。基于 Corda 底层的开源应用，它允许 Corda 网络上发生的支付既可通过加密货币或其他加密资产来完成，也可通过传统支付结算渠道——SWIFTGPI 线路来完成。以实现区块链平台上的价值转移和支付。

在跨境联盟方面，目前看来多为美元清结算和跨境汇款领域。例如摩根大通发起组织的，75 家同业银行签约的“银行间信息网络（Interbank Information Network，IIN）”，通过自己的专利区块链平台建立。IIN 本质上是一个跨境支付账簿，方便银行迅速传递和修改支付信息，代替 SWIFT 和 Ripple 之类的新创系统。摩根大通最近发行了以美元存款为基础的摩根币，类似于数字化的银行本票，准备用于特定领域的支付结算。摩根大通有作为美元清算行的优势，但从战略上，它担心越来越多的国家和银行摆脱现有的清算体系，自己会失去作为美元清算行的优势，因此希望通过这些创新确保美元清算行的地位。此外，俄罗斯等东欧国家银行、中东地区银行，也在探索一些区域性的跨境清算合作系统。

其他还有一些商品贸易平台，在解决交易的同时，提供融资和结算服务，如 Komgo 平台。这是一个基于大宗商品贸易的区块链融资平台。创始机构包括荷兰银行（ABNAMRO）、法国巴黎银行（BNP Paribas）、花旗（Citi）、法国农业信贷集团（Credit Agricole Group）、贡沃尔（Gunvor）、荷兰国际集团（ING）、科赫供应与交易公司（Koch Supply & Trading）、麦格理（Macquarie）、摩科瑞（Mercuria）、三菱银行（MUFG Bank）、法国外贸银行（Natixis）、荷兰合作银行（Rabobank）、壳牌（Shell）、SGS 和法国兴业银行（Societe Generale）。

随着 2020 年 7 月新加坡金管局 Ubin 项目试验阶段的结束，行业参与者正在利用该项目的成果，逐步商业开发一个基于分布式账本技术（DLT）的多种货币支付网络，旨在加强全球商业跨境清算和结算。2021 年，摩根大通、新加坡淡马锡控股和星展集团宣布合作，计划推出一个基于区块链的支付、贸易和外汇结算平台——Partior。Partior 旨在利用区块链技术，将 M1 商业银行货币数字化，减少当前跨境支付、贸易和货币结算的摩擦与延迟。Partior 将开发一个基于区块链的批发支付基础设施，届时将实现信息与价值 7×24 小时无摩擦延迟交换。该平台最初将主要专注于促进新加坡银行之间的美元和新加坡元流动，最终将把服务扩展到其他市场和货币。此外，该平台还将用于补充正在进行的央行数字货币举措和使用案例。值得注意的是，与 Ubin 项目不同，Partior 将基于数字化的商业银行资金，而不是央行数字货币（CBDC）。

3. 全球金融及科技巨头主导的支付网络和商业化的私人货币体系

除跨国商业银行外，国际信用卡巨头也正在建设基础设施，以处理与 SWIFT 平行的“推动式”支付（由发送方而非接收方发起的支付）。维萨卡（VISA）和万事达卡（MasterCard）近几年都收购了相关金融科技初创公司，加快研发速度。另外，全球科技巨头也在开发跨境结算平台，其中最有影响的是 Facebook 宣布的 Libra 计划（现更名为 Diem）。

2021 年，Facebook 宣布已开始在美国和危地马拉启动 Novi 数字钱包的小型试点，以测试钱包核心功能以及在客户服务和合规性等方面的运营能力，供用户即时、安全且免费地发送和接收资金。Facebook 希望借此展示一种新的稳定币支付用例——具体来说，Novi 试点通过与 Paxos 和 Coinbase（数字货币交易所）的合作关系使用稳定币 PaxDollar（USDP）汇款。Facebook 称计划在获得监管部门批准并上线后与 Diem 一起推出 Novi，目标为个人用户提供免费的支付服务，形成稳固客户群后，将面向商家提供更便宜的支付服务并从中获利。

4. 政府合作主导支付网络和央行数字货币

2021 年，印度和新加坡宣布将把两国快速支付系统连接，以便利跨境支付和汇款流动，并于 2022 年将印度统一支付界面（UPI）与新加坡的 PayNow 支付系统连接，使用户能够在各自的系统上完成即时低成本转账。除支付系统连接规划外，两国还加强了银行卡和二维码的互操作性。目前，UPI 每月处理交易笔数已达 30 亿（截至 2021 年 7 月），并已被包括谷歌和 Facebook 在内的数十家全球公司和印度当地企业所采用。

除政府在现有支付网络互联互通合作外，各国中央银行也正在开发自己的央行数字货币（CBDCs）。央行数字货币有潜力使银行通过一个共享账本进行海外交易，从而削弱 SWIFT 的地位。目前，国际清算银行（BIS）正在通过全球多个城市设立的创新中心，推动该地中央银行数字货币有关工作，支持各国中央银行通过国际清算银行这个平台进行对话合作。普华永道（PwC）于近期发布的央行数字货币（CBDC）报告指出，目前已有全球超 60 家央行在探索开发 CBDC。其中，在零售型 CBDC 的成熟度排名中，巴哈马、柬埔寨和我国位列前三；在银行间或批发型央行数字货币项目方面，泰国和中国香港并列第一，其次为新加坡、加拿大和英国。另外，只有 23% 的零售型项目已经步入到了实施阶段，近 70% 的批发型项目正在试点。

2021年9月28日，国际清算银行（BIS）创新中心发布的最新报告显示，其和中国人民银行数字货币研究所、香港金融管理局、泰国银行与阿拉伯联合酋长国中央银行等机构共同开发的mBridge项目，利用数字货币和分布式账本技术（DLT）基础研发的多边中央银行数字货币（mCBDC）系统可以实现实时、更便宜和更安全的付款和结算等跨境服务。

2021年11月3日，该项目发布用例手册，介绍项目的应用场景及测试进展。手册共展示[①]了国际贸易结算、跨境电商、供应链金融等15个货币桥潜在应用场景。根据手册介绍，本期测试验证了货币桥测试平台在国际贸易结算场景下提升跨境支付效率的可行性。本期测试还实现了货币桥与人民银行贸易金融区块链平台、香港贸易联动平台的业务联动，完成了订单融资业务和货币桥跨境支付能力的共同验证。中国人民银行数字货币研究所担任货币桥项目技术委员会主席，搭建了货币桥测试平台。中国工商银行、中国农业银行、中国银行、中国建设银行、交通银行、中国邮政储蓄银行、中国外汇交易中心以及汇丰银行、渣打银行、香港交易所、泰国银行业协会等共22家境内外金融机构及组织参与项目本期测试，交易涵盖四个司法管辖域及11个行业场景，交易总额超过20亿元人民币。

（二）面对SWIFT制裁各国研发替代支付系统

尽管SWIFT是一家独立国际组织，但近年来SWIFT系统已经屡屡成为美国对其他国家实施金融制裁的工具。“911”事件后，小布什总统根据1977年通过的《国际紧急经济权力法》（IEEPA），授权财政部在美国面临紧急情况时，可从SWIFT系统调取与恐怖行动有关的信息，并迫使SWIFT予以协助，停止对被列入制裁对象的个人、企业、金融机构进行服务，以切断恐怖分子网络的融资。由于SWIFT在美国建有数据中心，因此受美国

① “数字人民币将用于跨境支付？易纲：鉴于其复杂性，当前以满足国内零售需求为主”，边万莉，《21世纪经济报道》，2021-11-10。

法律管辖，美国能够调取其交易信息。之后美国还推出了新《爱国者法案》，规定即使美国没有进入紧急状态，当国家受到威胁或成为外国攻击对象时，美国也可以对相关国家进行金融制裁。美国总统对于一些条件比如“紧急状态”有很大的自由裁量权，因此对于金融制裁有重要掌控权。虽然SWIFT组织对于重大问题需要由25个委员通过投票做出决定，但美国也可以通过说服董事会其他成员国来施加对SWIFT系统的影响力。

目前，全球80%以上的跨境清算业务依靠SWIFT进行，其在国际金融交易中的作用和占比巨大，目前很难被替代。目前大部分国家开发的金融基础设施均为支付清算系统，比如我国的CIPS（人民币跨境支付系统），对应的是美国的CHIPS系统，并不能替代SWIFT这样的金融信息交换系统。面对频繁的金融制裁，一些国家开发了用于代替SWIFT的支付结算系统。主要包括：

1. 欧盟的INSTEX（贸易互换支持工具）

欧盟推出的INSTEX是一套可以绕过SWIFT的交易系统，初衷是为了规避美国对伊朗的经济制裁。INSTEX的主要原理是物物交易，因此不涉及货币，也不需要使用金融通信系统。当前INSTEX已经开始被用于欧盟与伊朗的贸易，一方面由欧盟进口商品向欧盟出口商支付欧元，另一方面，伊朗进口商支付本国货币给伊朗出口商，欧盟与伊朗之间仅有货物的转移。INSTEX从开发时仅有英法德三国，到最近已有其他六个欧洲国家承诺加入该系统，俄罗斯也表示想要加入该系统。

但是这一“易货交易”机制的可行性依赖于双边贸易额的平衡性。目前，INSTEX可以支持欧盟与伊朗间的药品、医疗器械和农产品交易。根据欧盟方面的数据，2017年前11个月，欧盟从伊朗进口了2.92亿欧元的食品，向伊朗出口了2.98亿欧元的食品；欧盟从伊朗进口了0.29亿欧元的药品及医疗器械，向伊朗出口了8.51亿欧元的药品及医疗器械。相关货物的贸易差额较大将直接削弱INSTEX系统的有效性。此外，欧盟的银行的配合程度也是一大问题。

2. 俄罗斯金融通信系统 SPFS

SPFS 系统是俄罗斯央行的金融信息传输系统，几乎是 SWFIT 的俄罗斯翻版。2014 年乌克兰危机后，美国想通过切断 SWIFT 联系来制裁俄罗斯金融机构，但 SWIFT 理事会顶住压力，并未将俄罗斯从中除名。因担心被除名，俄罗斯央行开始开发 SPFS。这一系统已经在俄罗斯国内广泛使用，但因国际业务上使用有限，与其他国家的谈判还在进行当中。根据俄罗斯中央银行发布的年度报告，SPFS 系统的 2020 年的使用量相比 2019 年提升一倍，在俄内的使用比例达到 20.6%。

除了自建国际支付系统外，俄罗斯也在讨论匹配外国支付系统，例如欧洲的单一欧元支付区（SEPA）、伊朗 SEPAM 协议、我国银联跨行结算系统（CUP）和跨境支付系统（CIPS）。同时，俄罗斯国家支付体系 MIR 与外国同行，例如我国银联、日本 JCB、万事顺卡（Maestro，万事达旗下的跨国借记卡）的合作也在进展中。

除欧盟和俄罗斯两大主要 SWIFT 替代系统之外，委内瑞拉为了应对美国金融制裁，也在 2018 年率先发行了加密数字货币“石油币”，被用来进行国际支付，委内瑞拉也成为了第一个发行加密数字货币的主权国家。另外，一些大型技术公司，如 IBM 利用区块链技术建立的“IBMBlockchain-WorldWire”，尝试使用区块链技术将消息交换和数字资产交换整合在一个区块链网络上，将银行使用持有的数字资产进行货币交换。其他加密货币公司也在非现有货币支付体系外尝试采用加密货币作为国际支付标准。

（三）CBDC 对现有支付清算体系的影响

央行数字货币（Central Bank Digital Currency，CBDC）是由中央银行发行的法定货币的数字形式。近年来，随着数字货币在全球范围内快速发展，CBDC 引发了各界高度关注，各国均在积极应对。越来越多国家央行开始积极研究 CBDC，部分国家甚至已开始搭建 CBDC 底层基础设施，启动 CBDC 技术试点等工作。在当前金融科技创新及全球金融一体化背景下，央行推出 CBDC 或对现有货币和全球支付清算体系带来深远影响，为跨境支付带来新的可能。

第一，央行数字货币将会给宏观经济运行和微观金融选择带来深远影响，并给予跨境支付创造更多新的可能。从宏观角度，央行数字货币的发行将进一步支撑央行对货币的全流向掌控。发行央行数字货币，不仅有助于降低现金的储存、发行和处理成本，也对优化央行货币政策总量调控、打击金融犯罪等领域具有重要作用。从微观角度，虽然央行数字货币本身并非革命性变化，对全社会支付习惯影响有限，但对数字经济的发展意义深远。传统产业数字化，经过区块链技术优化改造，会衍生出大量原生可追溯的数字资产。央行数字货币以其全程可追溯的特性实现与区块链结合、对应实体经济中产生的原生数据，或将重构数字经济世界的交换体系，激发数字经济的新潜能。

第二，随着应用场景的扩大，央行数字货币将进一步提升国际贸易结算效率。从国际货币体系维度看，央行数字货币不预设技术路线，以提升支付结算效率为优先，同时采用账户松耦合形式，无须使用者开设银行存款账户，将有效扩大数字货币的使用场景，从而有利于增强跨境支付的安全性与便捷性，并大幅提升国际贸易的结算效率。央行数字货币也增加了主要货币回流的渠道，境外个人或企业能够兑换央行数字货币，并在线上进一步促进跨境贸易与投融资业务拓展（程实，2020）。

第三，央行数字货币将增强国家金融安全。当前，跨境清算高度依赖 CHIPS 以及 SWIFT 这两大主要支付清算和信息传输系统。这两大支付体系不仅清算效率较低且手续费高昂，而且实际由霸权国家控制。央行数字货币有望通过点对点交易，借此绕开现有机制的控制，从而增加国家金融安全性。

第四，央行数字货币利于提高跨境支付效率。根据加密货币点对点的设计，央行数字货币实质上是中央银行的数字形式负债。相比商业银行存款体系中的货币，央行数字货币可以消除央行信用之外的信用风险和流动性风险敞口，解决传统金融体系中券款对付以及跨境支付的痛点。2008年全球“次贷”危机就是由信用风险与流动性风险失控引发。而且2020年新冠肺炎疫情冲击之下流动性危机昨日重现，带来大类资产普跌的金融巨震，充分暴露了传统金融系统的信用风险和流动性风险失控的威慑力。

第五，尚需各国中央银行数字货币的互联互通。国际金融体系的未来取决于一种主权货币与另一种主权货币之间无缝兑换的便捷程度。多边中央银行数字货币（mCBDCs）安排，有望改善跨境中央银行数字货币的联系，通过改善兼容性、互联或整合国家支付系统，增强各国中央银行数字货币之间的可操作性；从源头解决各国支付系统开放时间的差异、不同的通信标准以及汇率或费用方面的不透明等问题。

国际清算银行提出了实现这一目标可能的技术路径。包括：①增强支付清算系统的兼容性；②不同的支付清算系统通过共享的技术接口相互连接；③支付清算集成到统一的单个系统中。对全球46家中央银行的调查表明，每种模型都有中央银行在考虑应用。目前，国际清算银行所属创新中心正在与人民银行数字货币研究所、中国香港特别行政区、泰国和阿拉伯联合酋长国的中央银行合作开展mCBDCs“桥梁”项目，测试新的跨境支付清算技术（Agustín Carstens等，2021）。

综上所述，中央银行数字货币关键的创新之处在于提供了中央银行货币的独特特征，即安全、中立和最终性。各国中央银行都将依据本国的独特环境和目标发行中央银行数字货币。但这并不代表央行数字货币将会或应该颠覆现行双层金融体系，金融机构等部门仍将在中央银行数字货币的设计、使用中发挥关键性的作用。

中央银行数字货币的应用推广应是全球合作的成果，而不是竞争的结果。目前，包括中国、欧盟、美国和其他主要经济体在内的G20协调机制将持续改善跨境支付效率。同时，国际清算银行也正通过全球设立的创新中心，推动各国合作项目付诸实践。与此同时，全球协调的中央银行数字货币设计工作和多边中央银行数字货币安排，将为私人发行的稳定币或未考虑到社会目标的加密货币提供一个有价值的替代方案。各国中央银行在与本国社会密切磋商的前提下可以进行公开对话，以利于更好地促进形成国际合作成果（Agustín Carstens 等，2021）。

五、中国资本跨境流动的基础设施变化：互联互通渠道

目前外资机构入场的主要通道包括（R）QFII、债券通、陆股通、银行间债券市场和 QFLP；境内个人出海的主要通道包括 QDII、QDLP、QDIE、港股通和中港基金互认。从国际经验来看，外资配置人民币资产以及境内居民全球化配置资产均有较大增长空间。

（一）中国资本跨境流动的互联互通市场渠道

第一，中国银行间债券市场。中国的境内债券市场是世界最大的信贷市场。由于中国政府努力将债务从商业银行的资产负债表中转移出来，并转由更广泛的投资者市场来消化，因此中国的债券市场增长很快。中国的债券市场由交易所债券市场和银行间债券市场组成。交易所债券市场受中国证监会监管，包括在上交所与深交所公开发行债券，以及向个人投资者和中小机构投资者发售私募债券。银行间债券市场受中国银行间市场交易商协会管理并受央行监管，是面向机构投资者的场外批发市场。目前，银行间债券市场是内地债券发行和交易业务最活跃的平台。

第二，港股通。2014 年 11 月，中国证监会与香港证监会联合启动沪港通，实现上交所与香港联交所的沪港股票市场交易互联互通。2016 年 12 月 5 日，深港通正式启动，如果沪港通是港股通的第一步，深港通则为第二步。

第三，中港基金互认是一种与港股通原理类似，但针对共同基金的机

制。该机制于2015年5月推出，允许在香港发行的零售型公募基金可销售给内地的散户投资者，反之亦然。

（二）中国资本跨境流动的互联互通的制度创新

第一，QFII制度是2002年首次推出的一项重要政策项目，允许若干类外国机构投资者在中国证券交易所开展投资。自2002年以来，中国已大幅调整了QFII的法律框架，降低了合格境外机构投资者的准入门槛，扩大了投资范围，并进一步放宽了额度管理和外汇管制。

第二，QFLP制度为外国投资者进入中国境内的私募股权市场提供了新的渠道。该制度最早于2010年在上海试点推出，随后在北京、天津和重庆等其他城市推出。在中国出台QFLP制度之前，管理企业在投资非上市企业的股份时，面临外汇管制的障碍。RQFLP制度于2012年在上海推出，是QFLP制度的延伸。在此制度下，合格境外基金管理人和资产管理公司可利用其在境外募集的人民币直接投资于上海设立的人民币私募股权基金。

第三，QDII制度是QFII制度的镜像版本。在QDII制度下，获得QDII资质的内地机构投资者可投资于境外市场，投资额度由内地相关监管机构批准。每个合格投资者都会获得外管局批准的特定额度。2014年11月，中国推出了RQDII制度，合格投资者可以将自有人民币资金或从境内机构和个人投资者募集而来的人民币资金，投资于境外金融市场的人民币产品。不同于QDII制度，RQDII制度下的合格投资者通常无需获得外管局的批准以获得外汇额度。合格投资者能从国内投资者中募集到多少人民币资金，就能投资多少资金，只要该资金的数目在管理机构报送或审批的最大发行规模之内。

第四，QDLP和QDIE制度。2012年4月以及2015年1月，QDLP制度分别在上海和青岛开启实施试点。不同于向散户投资者发行投资基金的QDII制度，QDLP制度为内地广大投资者（例如机构投资者和高净值人群）

提供了一个投资境外市场的新渠道。2014 年 12 月，中国在 QDLP 基础上推出了 QDIE 制度。

2020 年 5 月 7 日发布的《境外机构投资者境内证券期货投资资金管理规定》正式取消 QFII 和 QDII 境内证券投资额度管理要求，对合格投资者跨境资金汇出入和兑换实行登记管理。允许合格投资者自主选择汇入资金币种和时机；大幅简化合格投资者境内证券投资收益汇出手续等。

六、新时期中国跨境资本流动风险特征分析

当今世界正经历“百年未有之大变局”。近年来西方主要国家针对贸易、投资、金融等经济活动的“保护主义”抬头，新冠肺炎疫情的全球蔓延更是加剧了全球化体系脆弱性的暴露。

（一）人民币国际地位与中国经济地位不相匹配

目前人民币的国际地位大大低于中国经济的国际地位。据统计，2020 年 GDP 全球占比与商品和服务进出口额全球占比，远超人民币在国际支付、外汇储备和国际贸易融资中的全球占比。从表 4－4 的排名来看，经济指标方面，中国远超欧元区（注：欧元区的商品和服务进出口额包括欧元区内各国之间的数据）、日本和英国；但是从表 4－5 可以看出，在国际货币使用方面，人民币却远远落后于欧元、日元和英镑。

表 4－4　　主要经济体的国际经济地位（2020 年）

占全球的比例（%）	美国	中国	欧元区	日本	英国
GDP 占比	24.72	17.38	15.27	5.96	3.20
商品和服务进出口额占比	11.18	11.54	25.35*	3.61	3.39

数据来源：世界银行，IMF，BIS。*包含了欧元区内国家之间的进出口额。

表 4 – 5　　　主要经济体货币的国际地位（2020 年）

占全球的比例（%）	美元	人民币	欧元	日元	英镑
国际支付占比	38.73	1.88	36.70	3.59	6.50
全球外汇储备占比	59.02	2.25	21.24	6.03	4.69
国际贸易融资占比	86.48	2.05	6.86	1.58	0.25
全球外汇交易占比（2019）	44.15	2.16	16.14	8.40	6.40

数据来源：世界银行，IMF，BIS。

人民币的国际地位与中国经济的国际地位不相匹配会带来一系列负面影响，包括：第一，中国企业和机构全球经营和资源配置的能力受到约束；第二，中国居民全球资产配置的能力受到限制；第三，中国的外币支付清算体系存在被“卡脖子”的风险；第四，中国难以形成全球金融实力，诸如铸币权、定价权、资源配置和风控能力等方面只能跟从。

人民币的国际地位与中国经济的国际地位不相匹配的主要原因在于金融。一方面，全球尚未自发形成全面开放、高水平、产品齐全的人民币离岸金融体系，无法满足境外使用过程中对于人民币流动性管理、投资收益和风险管理的需要，进而导致使用人民币的意愿严重不足。另一方面，出于对跨境资本异常流动的担忧及保持货币政策独立性的需要，中国的资本账户短期内不会完全开放。也就是说，境外使用人民币也不能通过在岸金融体系管理流动性、获得收益或管理风险，同样不利于人民币使用意愿的提升。

（二）中国金融开放模式选择风险

虽然资本与金融账户的开放约束了境外人民币使用，但并非可以一开了之，具体开放模式需要审慎选择。传统开放模式侧重于“自由兑换”，强调本币与外币在境内外可自由兑换。中国在 1996 年基本实现了人民币在经常项目下的自由兑换，并一直在努力推进人民币在资本和金融项下的自由兑换。根据国际著名的 CHINN – ITO 指数也评估了我国的金融开放度，基本达到发展中国家的平均水平，远低于发达国家。

根据外汇管理局数据，按照IMF对资本与金融项目管制七大类、40个子项分类，目前，我国已有37个子项达到了部分可兑换及以上水平，比率达92.5%，资本项目不可兑换子项目仅剩3项，主要集中在境内资本市场一级发行交易环节，如非居民境内发行股票、货币市场工具和衍生品业务。但从目前市场的感受来看，中国资本项目管制可以归结为四大方面：一是境内个人资本流出；二是境内企业和金融机构从境外借款；三是境外资本投资中国证券市场，尤其是股票市场；四是境外资本投资中国的不动产市场等（靖立坤，2016）。

经梳理发现，资本与金融账户开放主要有两种模式：本币自由兑换模式和本币跨境支付模式（如图4－5所示）。在"本币自由兑换模式"下，需要先汇兑再用外币进行跨境支付（资金流出）或者先用外币进行跨境支付再汇兑（资金流入）。本币自由兑换模式是中小规模国家金融对外开放的常用模式，需要承诺自由兑换并依赖外币跨境支付体系。"本币跨境支付模式"直接用本币进行跨境支付结算。本币跨境支付模式是大国采用的模式，需要建立本币的跨境支付结算体系和报文体系，例如美国CHIPS、中国CIPS及SWIFT[①]。

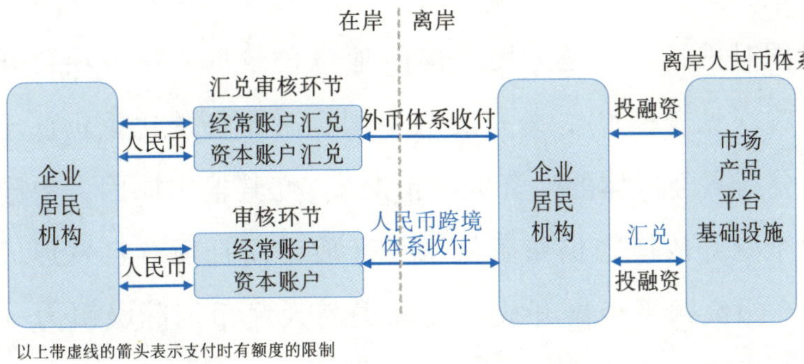

图4－5　经常和资本账户开放的两种模式（汇兑所在地和跨境支付体系不同）

① 张春．资本账户开放与离岸金融中心建设［J］．中国金融，2020（18）：24－26．本篇有更详细的描述。

交易角度，两种开放模式的差异在于汇兑所在地和跨境支付体系不同。本币自由兑换模式的汇兑发生在在岸市场，而本币跨境支付模式的汇兑则发生在离岸市场。本币自由兑换模式使用的是外币支付系统，而本币跨境支付模式则使用的是本币支付系统。

出于安全性、流动性、便利性和货币政策独立性的综合考量，中国应该选择采取“本币跨境支付模式”进一步开放资本与金融账户。该模式下，中国需要在人民币跨境支付系统（CIPS）和离岸金融体系建设方面着力。特别是离岸金融体系，在岸暂时不完全开放金融的条件下，非居民部门可以通过离岸市场管理持有人民币的流动性和风险，并获取公允收益。这将极大地提升人民币的国际吸引力，助推人民币国际化进程。

传统资本项目开放模式侧重于“自由兑换”，强调本币与外币在境内外可自由兑换。近些年中国金融市场已在探索“本币跨境支付”开放的新模式，推动人民币跨境使用，并逐渐成为主流开放模式，包括 2014 年开通的沪港通、2016 年开通的深港通、债券通（“北向通”于 2017 年开通、“南向通”于 2021 年开通）、2021 年开通的跨境理财通等。这些模式都强调使用人民币进行跨境支付，近期设立的开放渠道还进一步要求使用人民币跨境支付系统（CIPS）。

虽然中国已实践“本币跨境使用”的金融开放模式，并与“本币自由兑换”模式同时推进，但是人民币国际地位仍较低，资本项目开放程度未取得明显突破（见专栏 1），外资参与中国金融市场的比重仍低于多数发达经济体和部分新兴经济体的外资资产情况[①]。究其根本原因，中国“本币跨境使用”的金融开放模式仍属于低水平开放，而且现有自发形成的离岸金融体系较难支撑高水平金融开放及大幅提高人民币国际吸引力（我们将在接下来两部分进行讨论）。

---

① 据报道（方星海：继续优化和拓展互联互通等跨境投资渠道，2021－11－23），截至 2021 年 10 月末，外资持有 A 股流通市值 3.67 万亿元，占比约 4.97%。据人民银行上海总部统计，截至 2021 年 11 月末，境外机构持有银行间市场债券 3.93 万亿元，约占银行间债券市场总托管量的 3.4%。

据此，中国应该更进一步推动“本币跨境支付”模式来开放资本与金融账户；该模式下，中国需要在人民币离岸金融体系建设方面着力。特别是在岸体系暂时不能完全开放的情况下，境外人民币的使用者可以通过离岸市场管理持有人民币的流动性和风险，并获取收益。这可以大幅度地提升人民币的国际吸引力，推进人民币国际化的进程。

专栏1　从不同指标看中国资本项目开放程度

2007年，全球金融危机爆发，大规模的资本流动，扩大了危机的负面影响，中国政府因此放缓了资本项目的开放进程。2010年，随着危机影响的退去，中国资本项目开放的步伐再度加速，中国政府将“逐步实现资本项目可兑换”列入“十二五规划”，在简化跨境资本审批、简化资本项目外汇管理规定等方面推进资本项目开放进程。

为了动态评估中国资本账户开放程度，中国人民大学国际货币研究所使用四档约束方法（对中国资本交易子项按照“严格管制、较多限制、较少管制和没有管制”分别赋值0、1/3、2/3和1，再进行算数平均）测算中国资本账户开放度，结果显示，2017年中国资本账户开放度为0.7，较2012年的0.5提高了近40%，如专栏1图-1所示：

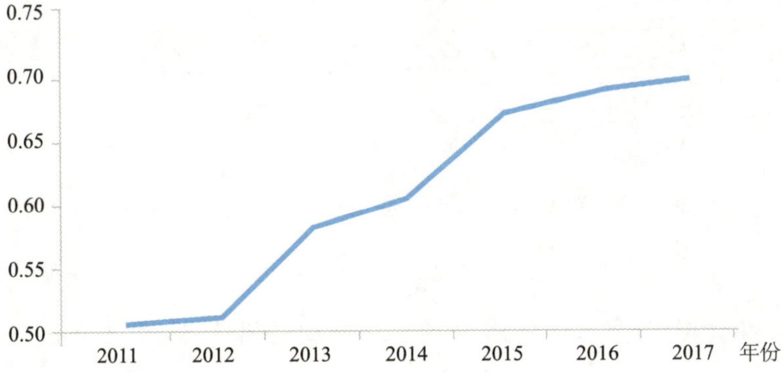

专栏1图-1　中国资本账户开放度

数据来源：中国人民大学国际货币研究所。

根据国际货币基金组织（IMF）公布的2017年以来的《年汇兑安排和汇兑限制年报》，在七大类40项资本项目子项中，中国近年一直保持其中37项不同程度的开放，3项未开放，并且尚未出现完全开放的项目。具体如专栏1表-1所示，中国资本项目管制可以归结为四大方面：一是境内个人资本流出；二是境内企业和金融机构从境外借款；三是境外资本投资中国证券市场，尤其是股票市场；四是境外资本投资中国的不动产市场等（靖立坤，2016）。

专栏1表-1　　　　中国资本账户开放情况

项目	完全可兑换	基本及部分可兑换	不可兑换	小计
对资本和货币市场工具的管制		14	2	16
对衍生品及其他工具的管制		3	1	4
对信贷操作的管制		6		6
对直接投资的管制		2		2
对直接投资的清算管制		1		1
对不动产交易的管制		3		3
对个人资本交易的管制		8		8
合计	0	37	3	40

资料来源：中国建设银行市场部整理。

但是，与国际主要货币主权国开放程度相比，中国资本和金融项目的开放仍有很长的路要走。根据国际著名的CHINN-ITO资本开放指数，如果以美国的资本开放水平为1，中国的开放程度仅为0.16，如专栏1图-2所示。

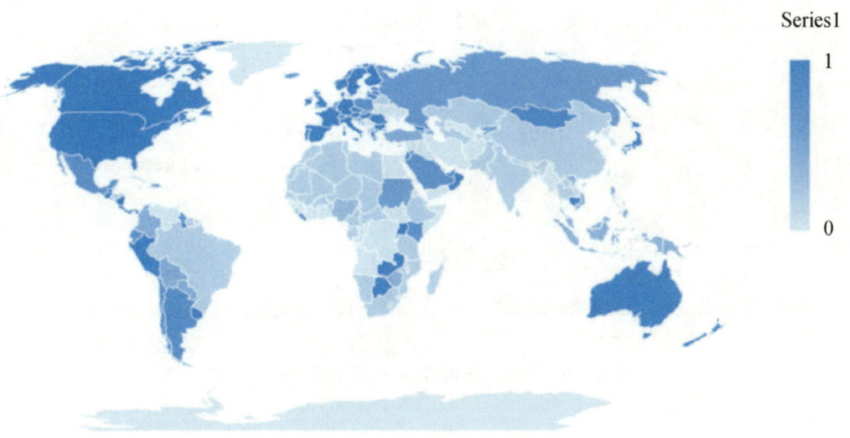

专栏1图－2　CHINN－ITO金融开放指数（2019年）

资料来源：The Chinn－ItoIndex网站。

（三）中国金融市场的开放仍属于低水平开放

在国际贸易与投融资活跃的加持之下，近年来人民币跨境使用规模逐渐走上快车道。如图4－6所示，继香港离岸市场动荡引致的2015年至2017年的短暂下降之后，人民币跨境使用规模逐年上升，资本与金融项目尤为显著。这与金融市场互联互通（包括沪深港通、债券通等）的一系列政策落地是分不开的。据中国人民银行《人民币国际化报告》的统计，2019年、2020年证券投资人民币跨境收付金额分别为9.51万亿元、16.5万亿元，同比增速分别达到49%、74%，占人民币跨境收付总额比重分别为48%、58%，已成为人民币跨境使用最主要、最快的增长点。

目前业已推动的互联互通机制下的金融市场开放，是人民币跨境使用规模急剧扩张的重要动因，然而这些开放模式尚存在管道开放、资金汇兑流向受限制等约束，与国际高水平开放还有相当距离，具体表现如下：

第一，高水平开放下境外投资者可自由便利地投资各金融市场，但中国“管道式”开放下不同管道之间的资金和产品并不互通，如图4－7所示。在“管道式开放”下，每个管道内的资金只允许投资特定品种，不同

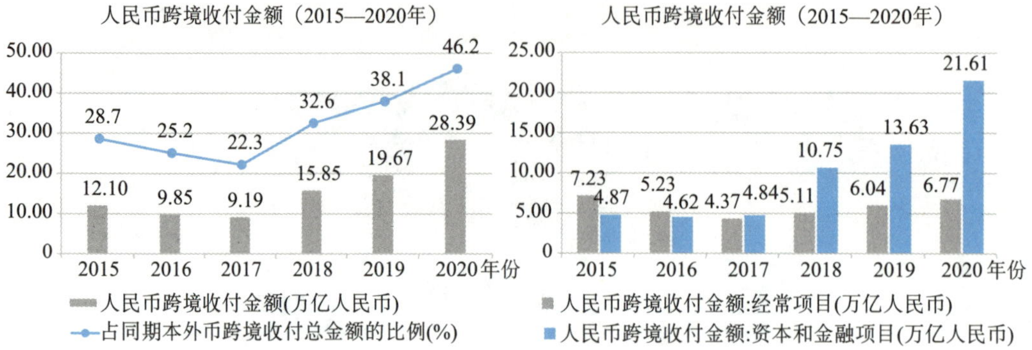

图 4－6　2015 年以来人民币跨境收付金额

数据来源：中国人民银行。

管道之间的资金无法自由划转。这在很大程度上限制了境外投资者的资产配置，形成约束风险，不利于风险和流动性管理。

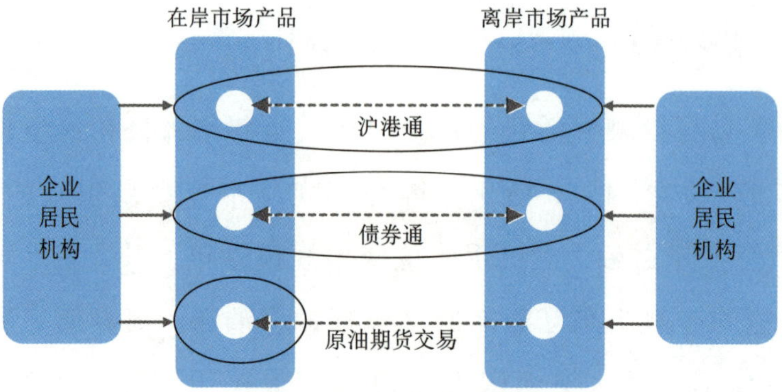

图 4－7　“管道式”开放（低水平开放）示意图

第二，高水平开放下金融基础设施可服务于各类国际交易，但中国的金融基础设施尚不完善且开放程度也不高。比如，目前境外投资者尚无法便利地运用境内金融基础设施对所持国债进行担保品管理、质押融资等业务，只能开展部分业务。近期有境外第三方担保质押资产服务平台已涉足此类业务，但这并不在中国监督管理范围之内，所获信息也非常有限，容易形成更加隐蔽、复杂的衍生品交易[①]。而这种监管盲点和金融创新的野蛮

① 李波，2021，以主渠道活力推动债券市场对外开放，《债券》。

滋生将催生“灰犀牛”，甚至威胁整个金融体系的安全。这在一定程度上暴露出境内金融基础设施服务能级不够带来的隐藏风险。再比如，中国本土尚未建立起成熟的债券国际发行平台，只能依托海外交易所和平台，因此也有类似隐忧。

第三，高水平开放下资金可自由选择是否汇兑和存放账户，但中国的“资金闭环管理”下资金汇兑和流向受到较大限制。中国互联互通开放模式下普遍采用“资金闭环管理”，即卖出资产后的资金汇兑和流向是受管制的，而在高水平开放下，卖出金融产品后，投资者可以自由选择资金是否汇兑及存放于哪个账户。

第四，高水平开放下境外投资者之间可以自由交易，而在中国部分制度下两个境外投资者之间无法直接进行交易。在债券通（北向通）下，两个境外投资者之间的交易对手方均为境内做市商，而目前做市商评价体系导致部分做市商真实做市动力不强，影响债券交易效率。

综上，现有“本币跨境支付”金融开放虽然提高了人民币跨境使用程度，但考虑到在岸市场不够强大及跨境资金风险管理需要，仍然存在着一些传统的开放制度设计，导致这一开放模式仍不能明显提高中国资本项目开放和人民币国际使用程度，并可能长期制约中国国际金融实力。出于对近年来全球风险不断加大的担忧，中国资本项目可能长期不能实现自由兑换，需在“本币跨境支付”模式下探索更加开放的制度设计，人民币离岸金融体系建设正是对这一改革诉求的回应。

（四）离岸市场较难支撑中国的金融开放

中国离岸人民币市场在境外已自由发展多年，目前形成了以香港为枢纽，新加坡、伦敦和纽约为主要中心，多个城市协同发展的格局。从表4-6人民币外汇交易数据来看，香港、伦敦、新加坡等已是海外离岸人民币中心。除了这些中心以外，瑞士、台北、日本、韩国、澳大利亚也形成了一定规模的人民币外汇交易[①]。除了人民币外汇交易之外，衡量离岸市场发展情况的还包括人民币期货交易量、利率衍生品交易量、存贷款规模及金融市场规模等，这些指标的地区分布格局与外汇交易规模占比情况基本一致。

表 4－6　　全球主要地区人民币外汇每日交易量及其全球占比 单位：百万美元,%

地区	2019 年		2016 年		2013 年		2010 年	
香港	107615	29.8%	77092	30.2%	49471	33.5%	10906	25.7%
中国内地	101226	28.0%	55353	21.7%	33519	22.7%	12110	28.6%
英国	56667	15.7%	39154	15.3%	24279	16.5%	6849	16.2%
新加坡	42565	11.8%	42535	16.7%	23863	16.2%	7847	18.5%
美国	29859	8.3%	24242	9.5%	8620	5.8%	3025	7.1%

数据来源：BIS。

但是现有的境外离岸人民币金融体系主要由市场自发形成，不能满足中国金融开放需要，且蕴藏着诸多风险。

（1）离岸市场部分产品供给不足、发展不完善，例如债券市场深度不够、回购市场不发达[②]，致使离岸银行业务、国际债券及外汇交易规模都远低于主要国际币种（见表 4－7）。

表 4－7　　不同币种离岸市场的规模（占 GDP 之比）

占各自 GDP 比重	美元	欧元	英镑	日元	人民币
全球离岸银行业务头寸	157%	63%	76%	38%	未统计
国际债券存量	58%	83%	79%	9%	1%
离岸的场外外汇市场日均交易量	29%	18%	16%	22%	2%

数据来源：世界银行，BIS。

① 在这些地区，人民币对美元的比例相对低一些，而人民币对当地本币的比例相对高一些。

② 直到近期，香港才推出香港人民币央票回购做市机制。据中国人民银行发布的《2021 年人民币国际化报告》，2021 年 1 月 27 日，中银香港推出香港人民币央行票据回购做市机制，提供隔夜、1 周、2 周、1 个月、2 个月、3 个月共六个档期的人民币央行票据回购与逆回购业务报价。

（2）境外离岸人民币市场高度依赖外汇衍生品，具有不透明、期限错配等问题，会给中国在岸外汇市场和证券市场带来潜在风险。境外人民币外汇交易量远超境内且增速较快。据研究测算，离岸人民币外汇衍生品主要与境外非银行金融部门的跨境证券投资相关，其隐藏的负债规模将随着外资流入而进一步提高（见专栏2）。相比之下，“811汇改”后离岸人民币存量基本保持稳定，中国香港、中国台湾和新加坡的人民币存款规模稳定在1万亿元人民币左右，但离岸人民币外汇衍生品交易量快速增长（2019年较2016年增长了41%，见专栏2图－1），较大的交易量相对于较小的货币存量更容易产生流动性短缺的风险。

专栏2　　离岸人民币外汇衍生品发展现状与风险

与拥有充裕流动性和发达货币市场的在岸市场不同，境外离岸人民币货币市场深度有限，不具备成熟的逆回购市场。加上境外离岸市场并无实需原则的要求，因此境外投资者倾向于通过类型丰富的外汇衍生品（尤其是场外衍生品）从离岸人民币外汇市场间接获得人民币，用于投资境内金融市场或者在离岸市场进行外汇投机交易①。

根据国际清算银行（BIS）2019年调查数据，全球人民币外汇（现货＋衍生品）日均成交量为2850亿美元，较上一次的2016年调查增长了41%（见专栏2图－1）。其中，现货占34%，衍生品中的外汇互换和远期合计占60.5%，其他为货币互换、期权等。从地域分布看，离岸与在岸人民币外汇市场交易的比例约为7∶3。其中，与在岸市场相比，离岸市场的衍生品交易占比相对较高，现货交易占比相对较低。从期限看，人民币外汇衍生品中56.8%是7天以内到期的，其次是7天到1个月（占16%）的、1个月到3个月（占12.6%）的、3个月

① 香港交易所．离岸人民币流动性供应机制的现状、影响及改善方向［R］．香港交易所首席中国经济学家办公室，2017，http：//www.thepaper.cn/baidu.jsp? contid＝1594497.

到6个月（占5.6%）的及6个月以上（占9%）的。从对手方看，交易经纪商之间的交易占45.2%，交易经纪商与其他金融机构的交易（机构投资者、基金）占47.5%，交易经纪商与非金融部门的交易只占7.4%。

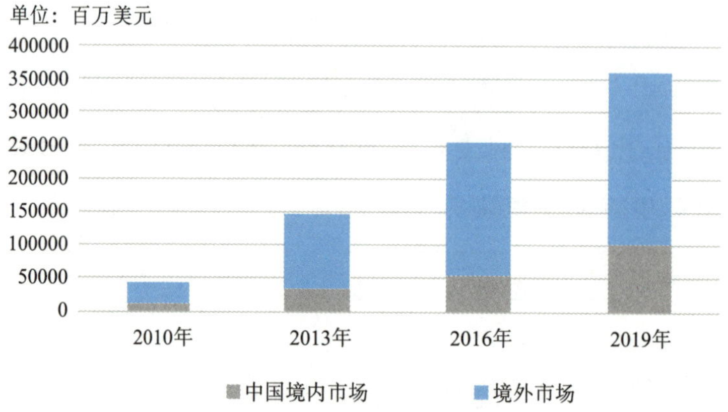

专栏2图-1　全球人民币外汇日均交易规模变化

数据来源：BIS。

作为一种抵押贷款，市场主体通过外汇衍生品获得的表外负债不易被监管当局所掌握。本篇借鉴国际清算银行（BIS）货币与经济部门负责人ClaudioBorio等（2017）[①]的研究方法，测算2019年投资者通过参与离岸人民币外汇衍生品交易，在实际对冲需求之外的表外隐形负债规模高达2.8万亿元人民币，并以短期负债为主；每日负债到期规模高达1600亿元人民币。隐形负债主要与境外非银行金融部门的跨境证券投资相关，该规模将随着外资流入增加而进一步提高[②]。

① Borio，Claudio，RobertMcCauleyandPatrickMcGuire. FXswapsandforwards：missingglobaldebt？［R］. BISQuarterlyReview，2017，https：//www. bis. org/publ/qtrpdf/r_ qt1709e. htm.

② 详见蒋一乐，2021，从全球人民币市场发展看上海浦东离岸金融中心建设，《中国外汇》；蒋一乐等2022，金融开放下离岸人民币市场新风险——外汇衍生品隐形负债的估算，《亚太经济》。

（3）境外金融管理部门提供的人民币流动性调控工具已不满足中国离岸市场建设需要，并不具有调控离岸人民币流动性的法律职责、目标、手段、动力和激励，从而使其很难成为离岸人民币流动性操作的责任单位。目前，香港金管局（HKMA）已为本地银行推出了一些操作工具，目的是解决离岸人民币紧急流动性短缺。但从职责范围、调控能力、工具设计看，目前这些工具远不能满足中国离岸人民币市场发展的需要①。

（4）离岸人民币交易透明度不足，相当部分的信息不在中国监管当局（甚至不在香港金融监管局）的掌控范围内，主要集中在外汇和衍生品交易方面。尽管主要国际货币离岸市场均标榜自由兑换和高度开放，但在金融安全问题频发、离岸对在岸风险溢出效应显著提升的背景下，这些国际货币的主权国家也不会放任其离岸市场，而是通过国际合作的方式对其施加较以往更强的监管。而离岸人民币市场尚未建立起一个符合国际通行标准的监管框架，作为中国主权货币，离岸人民币的改革和发展需要由中国去引导和推动。

总之，中国现有离岸人民币金融体系存在产品供给不足、交易不透明、金融改革滞后等问题。这会影响“本币跨境支付”金融开放模式的平稳运行和作用发挥，限制机构、企业和居民在境外使用人民币的需求。作为中国主权货币，离岸人民币的改革和发展需要中国主动去引导和推动。而人民币离岸金融体系建设正是对这一改革方向的回应，这将带来人民币国际使用的突破进展以及维护全球人民币发展安全。

---

① 一是从职责范围看，由于人民币并非香港本币，HKMA 没有熨平人民币利率波动的明确职责和义务；二是从调控能力看，目前流动性工具总额度只占到与中国央行互换额度的 10% 不到，且远低于香港快速增长的人民币日均结算成交金额和外汇市场日均交易量，工具额度一直未进行调整，数次出现日内额度被使用完的情况。结合上面外汇衍生品下隐形负债测算结果，香港金管局提供的离岸人民币短期流动性工具规模仅有 380 亿元人民币，且多年未调整，已远低于我们估算的每日到期规模（可高达 1600 亿元人民币），这意味着离岸短期流动性紧缺问题将越来越突出。三是从工具设计看，这些工具融资利率由离岸人民币市场利率决定，流动性紧张时融资成本更高。事实证明，在极端情况出现之前，离岸人民币利率波动仍然会很大，从而导致这些工具在熨平离岸利率过度波动以及缓解离岸汇率变动压力方面的效果并不理想。这些工具详情请见香港金管局官网 https：//www. hkma. gov. hk/eng/key－functions/money/liquidity－facility－framework/rmb－liquidity－facility－and－primary－liquidity－providers/。

（五）监管跨境资本流动性的风险可控的底线

作为坚决守住不发生系统性金融风险的底线的重要组成部分，中国离岸金融体系建设，必须在风险可控的条件下推进。风险可控需要把控三个关键：

第一，资本与金融账户自由兑换不能过快开放。包括法国、丹麦、意大利、芬兰、新西兰、葡萄牙、希腊、墨西哥等在内的国家，在资本项目迅速开放的时期，都经历了类似的金融危机。这说明，资本项目开放与金融危机之间的关系并不必然与经济体的性质（发展中国家或发达国家）密切相关，而很可能存在更为一般性的相关关系（马勇和陈雨露，2010）。更进一步，近年来全球多方面冲突不断加剧，资本账户的开放存在更大的风险，使用传统的“本币自由兑换”模式进行金融开放会面临更大的挑战性，会需要更长的时间来逐步完成。

第二，离岸与在岸体系之间需进行风险隔离。要构建一个国际最高水平的人民币离岸体系，它和全球金融体系之间（一线）必须是全面开放和无缝联通的。但是在资本项目未完全开放的背景下，为了一线的全面开放，离岸与在岸之间（二线）就必须要有隔离才能有效控制风险。只有二线进行一定的隔离，一线才能探索更大程度的开放。当然隔离的程度和范围是会随时间和场景而变化和调整的。我们所说的离岸和在岸之间的隔离至少有两种：产品和市场的隔离，以及企业和个人账户的隔离。在岸市场只有部分产品和市场可以向离岸市场开放（或者反之），这属于第一种隔离；离岸和在岸（企业和个人）账户之间资金转账的限额和限制则属于第二种隔离。

第三，需要警惕离岸人民币规模增大后可能会干扰中国人民币定价权。由于中国资本项目未完全开放，离岸和在岸体系在相当长一段时间内是隔离的，因此离岸和在岸的流动性状况不同会自然产生不同的人民币汇率和利率。在近些年“本币跨境支付”金融开放下，资金汇兑甚至是风险对冲交易都将主要发生在离岸市场，离岸市场交易规模快速上升（见专栏2图-1）。那么，离岸人民币市场规模增大后会不会干扰人民币的定价权？最近几年离岸人民币汇率对在岸人民币汇率存在着较明显的单向引导作用，而且引导力正在不断增强。但是，在岸汇率对离岸汇率的引导并不显著，唯一的例外是："811汇改"之后一段时间内在岸和离岸汇率之间是有相互引导的（见专栏3）。

专栏3 离岸人民币汇率与在岸人民币汇率互动的实证检验

本专栏引用张春和蒋一乐（2021）实证研究，估计滞后1天离岸汇率的独立（即与在岸汇率正交部分）冲击对当天在岸汇率的影响，方程引入了在岸汇率自身滞后项及控制变量。我们将日度数据分为四个阶段："811汇改"前、"811汇改"期间、2018年年初至2019年年末、2020年以来[①]。运用可行广义最小二乘法（FGLS）估计发现，当前1天离岸汇率变动率上升1%时，下一天在岸汇率变动率在以上四个时间段内平均分别上升0.14%、0.23%、0.36%和0.64%，均在1%水平下显著（见专栏3表-1）[②]。我们将上述估计模型中的离岸汇率和在岸汇率互换，检验前一天在岸汇率变动率对下一天离岸汇率变动率的影响。我们发现，在岸汇率只在"811汇改"期间对离岸汇率有正向引导作用，而其他时间段并未出现明显影响作用（见专栏3表-2）。

---

① 811汇改前（2010824至2015810）、811汇改期间（2015811至20171231）、2018年年初至2019年年末、2020年以来（20200101至20210115）

② 作为稳健性检验，我们用HAC稳健标准误、稳健回归的两种估计方法也得出了类似结果。具体结果可见张春与蒋一乐，2021年，央行应该考虑离岸流动性操作以保证宏观政策自主性和金融稳定，《国际金融》。

专栏3 表-1　　离岸汇率对在岸汇率的引导作用检验

	(1) 2015"811汇改"前 Δcny_t	(2) 2015"811汇改"期间 Δcny_t	(3) 汇改完成至2019年 Δcny_t	(4) 2020年至今 Δcny_t
$L.\Delta cny_t$	-0.146***	0.109**	0.296***	0.381***
	(-4.734)	(2.529)	(6.059)	(5.882)
$L2.\Delta cny_t$	-0.047	-0.083*	-0.006	-0.169***
	(-1.559)	(-1.934)	(-0.132)	(-2.673)
Δcnh^{τ}_{t-1}	0.136***	0.234***	0.360***	0.643***
	(5.141)	(5.525)	(4.669)	(5.284)
$\Delta usbond_{t-1}$	0.002***	0.002	-0.004	0.005*
	(2.811)	(0.926)	(-1.094)	(1.869)
Δvix_{t-1}	0.001***	0.001	-0.002	0.001
	(2.989)	(0.824)	(-1.153)	(0.471)
$\Delta R007_{t-1}$	-0.000	-0.000	0.001	-0.000
	(-1.226)	(-0.628)	(0.961)	(-0.487)
Constant	-0.000***	0.000	0.000	-0.000*
	(-2.702)	(1.142)	(0.302)	(-1.820)
Observations	1053	525	430	223
R-squared	0.074	0.079	0.148	0.264

Robust standard errors in parentheses

*** $p<0.01$, ** $p<0.05$, * $p<0.1$

专栏 3 表 -2　　离岸汇率对在岸汇率的引导作用检验

VARIABLES	(1) 2015"811汇改"前 Δcnh_t	(2) 2015"811汇改"期间 Δcnh_t	(3) 汇改完成至 2019 年 Δcnh_t	(4) 2020 年至今 Δcnh_t
$L.\Delta cnh_t$	-0.058*	0.519***	-0.391***	-0.313***
	(-1.814)	(12.364)	(-7.473)	(-4.258)
$L2.\Delta cnh_t$	-0.107***	-0.293***	-0.104**	0.022
	(-3.448)	(-6.791)	(-2.104)	(0.306)
Δcny^T_{t-1}	0.035	0.232***	-0.050	0.106
	(0.701)	(2.611)	(-0.549)	(0.905)
$\Delta usbond_{t-1}$	-0.000	-0.003	0.005	0.004
	(-0.061)	(-1.148)	(1.085)	(1.239)
Δvix_{t-1}	0.001	0.000	-0.003	0.002
	(1.013)	(0.137)	(-1.379)	(0.756)
$\Delta R007_{t-1}$	-0.000	0.000	-0.000	0.001
	(-0.930)	(0.118)	(-0.512)	(0.585)
Constant	-0.000	0.000	0.000	-0.000*
	(-1.354)	(1.024)	(0.110)	(-1.720)
Observations	1053	525	430	223
R - squared	0.016	0.233	0.169	0.094

Robust standard errors in parentheses

*** $p<0.01$, ** $p<0.05$, * $p<0.1$

上述结果显示，最近几年来离岸人民币汇率对在岸人民币汇率存在着较明显的单向引导作用，而且引导力正在不断增强，这可能是离岸人民币外汇市场快速发展的结果。但是，在岸汇率对离岸汇率的引导并不显著，唯一的例外是："811 汇改"之后一段时间内在岸和离岸汇率之间是有相互引导的。

除了上述对长期时间序列的分析，新冠肺炎疫情以来的某些时期也能体现出离岸市场大幅波动对在岸市场的潜在影响。从近一年的数据来看，新冠肺炎疫情暴发以来，由于中国经济率先恢复、货币政策逐渐回归常态，支撑人民币汇率的长期基本面因素、短期利差因素持续走强，境外机构和个人对境内金融资产的需求不断增强，推高了境外投资者对离岸人民币的需求，一定程度上加剧了离岸流动性的紧张，离岸人民币汇率亦显著走高。2020 年 10 月至当年年底，离岸远期和即期汇率均强于在岸汇率（这在 2015 年“811 汇改”以来尚属首次），离岸隔夜利率波动走高（见专栏 3 图 –1）。在离岸与在岸价格联系愈发紧密的背景下，离岸市场大幅波动对在岸市场的影响值得关注。

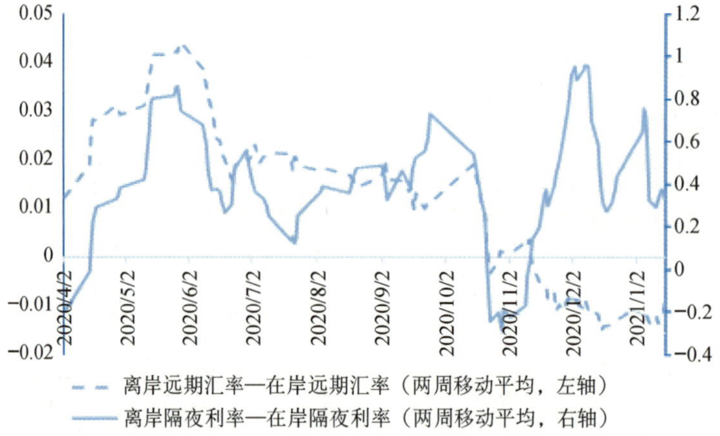

专栏 3 图 –1 在岸和离岸汇率的远期汇差、隔夜利差走势

数据来源：CEIC，WIND。

注：上述数据已剔除节假日。

七、跨境资本流动监管的响应机制建设战略

跨境支付清算体系建设是国际金融中心建设中的应有之义。从全球范围看，国际金融中心通常是一国本币清算中心所在地，既是其本币跨境支

付清算系统部署地，也是其本币资产的全球交易、定价、清算中心。例如，纽约目前是全球最大的国际金融中心，拥有全球最大的证券交易所和私营跨境支付清算系统，即纽约清算所银行间支付系统（CHIPS）。同时，美联储管理运行着美元结算最主要的实时全额支付系统即联邦电子资金转账系统（Fedwire）。纽约国际金融中心为境内外美元提供了强大的投资渠道、流动性管理渠道、风险管理渠道和安全高效的清算渠道，促使美元成为第二次世界大战以来全球流动性最好的货币。伦敦是英镑实时全额支付系统，即英国自动清算支付系统（CHAPS）所在地，也是全球最大的多币种支付系统——持续连接清算系统（CLS）业务运营所在地。

2015 年，党中央、国务院和人民银行把人民币跨境支付系统（CIPS）部署在上海，体现了国家层面支持上海国际金融中心建设。CIPS 系统通过为跨境贸易和投融资提供安全、便捷的跨境资金结算服务，有助于促进上海金融市场进一步发展、国际化程度进一步加深，推动上海成为国际资金流动核心枢纽，提升人民币作为全球结算货币的地位。特别是，上海作为全球金融要素市场和基础设施最齐全的城市之一，处于国家金融双向开放的前沿，长期发挥着示范、引领作用。作为在沪的金融基础设施，CIPS 系统通过为各类人民币计价结算的金融交易、金融产品提供服务，有助于推动上海成为服务全球人民币用户的门户，实现全球人民币资产交易和结算一体化，成为全球人民币资产的交易、定价、清算及风险管理中心。

在上海国际金融中心建设再出发的征程上，需要加大对跨境支付清算体系建设的支持力度，关键是要充分利用和发挥好 CIPS 系统作为金融基础设施的作用，在货币国际化和国际金融中心建设之间形成相互促进、相互支持的良好局面。

（一）打造信息和资金一体化跨境清算体系

金融领域信息传输和支付清算两分的现状是在一定历史条件下产生，并因路径依赖而逐步演变而来的。信息传输本身是金融交易的组成部分，必须以业务发展为前提，而全球覆盖面最广泛、业务量最集中的必然是支付清算业务，信息传输系统要覆盖全球，必须与支付清算相辅相成，否则各自都没有竞争优势。在新技术条件下，区块链、高可信计算等信息技术高速发展和金融通信标准加速向 ISO 20022 过渡，为信息传输和支付清算一体化发展创造了现实条件。从业务逻辑看，信息传输解决金融交易信息要素的交互和确认，实际上是交易从发生到完成的组成部分并贯穿交易全程。在过去缺少便捷的全球网络的情况下，一笔交易按照专业分工原则进行分拆，但在高效便捷、全球覆盖的网络已经存在的前提下，仍然把一笔业务分拆成不同阶段，从业务逻辑上看是不合理的，因为它增加了交易环节、增多了交易机构、提高了交易成本。只要技术条件满足，信息传输和支付清算应该一体化处理，使金融交易全流程更加完整、高效、安全。从实践来看，在通信网络覆盖全球以后，新出现的支付清算机构和金融要素市场，无论是境外后期建立的多种交易系统，还是境内的银联、网联、外汇交易中心、上海清算所等，都没有把信息传输和支付清算分开，而是高度整合，提升了交易效率，保障了交易安全。

因此，从根本上讲，跨境支付清算系统理应具备与之配套的跨境信息传输系统，否则便不完整；跨境信息传输功能是跨境支付清算系统向市场成员提供的基本功能和服务之一。建立具有中国特色的跨境支付清算体系，应抢抓历史机遇，发挥后发优势，充分利用现代科技成果，前瞻化建设我国的跨境支付清算体系，探索符合国情特色、符合现代技术趋势和业务处理需要的跨境支付道路，为人民币更大规模跨境使用、为上海国际金融中心建设创造差异化竞争优势。

CIPS 系统是我国专司提供跨境支付清算服务的系统，近年来，资金清算功能不断丰富，可较好满足跨境贸易和投融资资金清算和结算需要，同时在债券通“北向通”“南向通”、粤港澳大湾区“跨境理财通”等金融双向开放中，也发挥了人民币跨境清算“主渠道”作用。未来应抓住科技变革机遇，进一步将信息传输和资金清算功能融合，一体推进。为此，需要调动上海金融科技资源，在业务沙箱、科技孵化、创新实验室等方面给予支持和协助，同时引导商业银行和相关跨境业务主体，使用与 CIPS 资金清算系统相配套的信息交互服务，合力打造应用成熟的先进技术、开放包容、具有国际竞争力的跨境支付清算系统。

尤其是业务沙箱，可在不影响现有系统正常运行基础上，就一些新的业务场景进行功能验证，为系统迭代做好铺垫和过渡。但业务沙箱建设是一个生态共建的过程，不仅需要 CIPS 系统作为组织方，也需要来自方方面面的参与和投资，形成参与主体、业务需求、技术支撑、合规校验等共同构成、完整的业务实现逻辑。建议上海市政府在资源协调方面给予支持，包括协助引入相关金融科技公司，通过市经信委、市数据港（银行卡园）、市金融科技联盟委员会等机构和平台，联合建设创新实验室，开展重点业务项目建设。

（二）建设独立的跨境账户体系

目前，CIPS 系统参与机构分为直接参与者（直参）和间接参与者（间参）两层。直参在 CIPS 系统开立账户，直接通过 CIPS 系统办理人民币跨境支付结算业务。间参不在 CIPS 系统开立资金账户，通过直参获得 CIPS 服务。随着境外直参的接入，为了满足其资金注入、调整等需要，CIPS 系统引入了资金托管银行①。资金托管行与 CIPS 境外直参签订结算服务协议，负责境外直参开立资金存管账户并为其提供流动性便利。

但目前，CIPS 系统与大额支付系统（HVPS）是紧解耦的关系，HVPS 与中央银行的清算账户管理系统（SAPS）紧耦合，所以我国没有独立的跨境账户体系，跨境账户体系是内嵌于境内账户体系的。实际上，CIPS 系统的账户是一个集合权益账户，基本没有实际作用。从宏观角度看，这非常不利于境内外风险的隔离，CIPS 系统也不能主动开展流动性管理，来满足

① 资金托管行需是拥有大额清算账户的 CIPS 境内直参银行。

参与机构流动性供给需求。从微观角度看，独立账户的缺失，使得跨境业务创新因为缺乏物质基础而无法开展。人类社会发展到货币经济后，商品交换不再是物物交换，而是通过货币媒介完成。而且，充当媒介的货币，也从实物货币转变为银行账户货币。所谓“支付”，就是货币所有权的转移。没有账户体系，跨境清算系统就丧失了业务的根基。必须着眼长远、超前规划，在提供信息交互和资金清算一体化处理的跨境清算体系建设过程中，配套同步开展跨境账户体系建设。

跨境账户体系的建设涉及中央银行会计核算数据集中系统（ACS）改造，也会带来商业银行跨境账户的调整等问题，比较复杂且漫长。一旦央行跨境账户体系建设启动，上海应积极跟上，用好作为金融双向开放举措试点地区的优势，协助推动方案的落地。

（三）持续完善 CIPS 系统功能

一是优化 CIPS 净额清算机制。国际主流清算支付系统（如 CHIPS、EURO1、TARGET2）在跨境支付清算业务中对流动性要求较高，传统实时全额结算系统（RTGS）存在“流动性饥渴”[①] 问题，因此这些系统均普遍引入了净额清算等流动性节约机制。

2018 年 5 月，CIPS 系统在实时全额清算模式基础上也引入了净额清算机制，在提高人民币跨境资金清算、结算效率方面发挥了积极作用，但其准入要求较高、业务流程较复杂，导致目前参与机构的数量较为有限且业务量不高，无法形成规模效应。随着人民币国际化进程不断加快，CIPS 系统目前的净额清算机制将会越来越难以满足参与者的业务需求。CIPS 系统应尽快完善净额清算机制，特别是要建立健全净额结算保证金安排，用好净额清算节约流动性的优势，提升化解系统性风险的能力。

---

① 流动性饥渴是指 RTGS 系统虽然相较延迟净额系统（DNS）降低了结算信用风险，但需要更多流动性，而所有的参与者都希望尽量减少流动性的持有量以降低资金成本，并希望更多地使用来账资金来完成其自身支付指令的特征。

二是增加结算币种，提升服务本币结算的能力。国际清算银行（BIS）认为，建设跨境和多币种支付系统可使跨境支付更快速、更便宜、更透明。从全球范围看，已运行或在建的跨境和多币种支付系统已有约 20 个。而我国境内目前尚无统一的跨境外币清算渠道，境内银行通常将外汇头寸存放于境外商业银行，委托境外代理行并通过货币发行国的支付系统完成外币的清结算是目前跨境外币支付的主要途径。此外，也有部分外汇业务通过境内外币支付系统办理，但规模并不大。

CIPS 系统主要提供跨境人民币的清算，随着债券通“南向通”开通，CIPS 系统还可提供“南向通”港元清算服务。随着我国金融持续双向开放，以及周边和国家开展本币结算，人民币和外币之间的交易将不断扩大。从根本上讲，跨境必然涉及不止一个币种。CIPS 系统应考虑提供跨币种清算服务，境外企业使用当地本币，境内企业使用人民币，汇率在跨境业务报文中事先约定好，双方企业的收付款行处理外汇交易，一个报文就可以将两个货币的业务处理好，这就将大大促进本币结算的开展和人民币国际化。目前，在中国外汇交易中挂牌开展与人民币直接交易的币种达到 24 个。CIPS 系统提供其他币种清算服务，可以考虑先从直接挂牌交易的货币做起，除了支持实体跨境经济活动外，还可以满足境内外投资者对于不同币种的跨境证券交易需求，也为未来上海国际金融资产交易平台建设在资金清结算方面做好基础准备。

（四）探索“一站式”跨境资金服务平台

跨境支付清算系统对跨境贸易和投融资活动起着基础性支撑作用，在防范风险前提下，应使尽可能多的参与机构和有需要的业务主体公平、公开地享受系统服务，进而有效发挥系统的网络效应，实现规模经济效益。

目前，CIPS 系统参与者已经囊括境内办理跨境人民币业务的主要银行和金融基础设施，境外的海外人民币清算行也基本上作为直参接入 CIPS 系统，同时还通过标准收发器等产品赋能 CIPS 直参和间参，向其他中小银行和企业延伸服务。在我国金融业双向开放过程中，为便利境外投资者金融境内市场开展交易，还应考虑推动外汇、股票、债券、期货、大宗商品等市场基础设施与CIPS系统互联互通，构建服务国际贸易和金融交易的统一跨境资金清算机制，实现境外主体无论通过任何一家银行或者交易终端，都可以便利地进入我国任何一个金融市场进行人民币资产交易。

第五篇

中国跨境资本流动监管体系构建研究

坚持底线思维是我国防范和化解系统性风险的重要原则，2021 年 8 月 17 日，习近平总书记在中央财经委员会第十次会议上强调“要坚持底线思维……统筹做好重大金融风险防范化解工作。要夯实金融稳定的基础，处理好稳增长和防风险的关系……防止在处置其他领域风险过程中引发次生金融风险。”而随着我国对外开放进程的持续深入，跨境资本流动规模逐渐增大，跨境资本流动所呈现出波幅大、波动周期短等特点，逐渐成为影响我国金融风险波动的重要因素之一。加快构建跨境资本流动预警体系，及时运用宏观审慎管理工具予以应对就显得尤为重要。

本篇基于文献总结分析了影响跨境资金流动的因素，选择能够反映跨境资金流动的预警指标。首先，在理论分析基础上，采用以下原则选择合适的度量指标：具体包括能够反映国内外宏观经济形势、外部金融环境、国内金融市场等宏观经济金融指标，以及从跨境贸易支出角度反映实物贸易进出口的指标。其次，利用主成分法对先行指标进行因子分析，提取特征值主因子。通过“降维”的方式将指标体系中的不同指标进行分类，进而变为几个具有代表性且互不相关的综合指标，同时使信息的损耗降至最低。然后，基于主成分分析方法的结果构建跨境资本流动监测预警体系，并对该体系预警能力进行了检验。最后，为了进一步探讨宏观经济、跨境贸易等因素对跨境资本流动的影响机制，本篇基于 VAR 模型分析了这些经济要素对跨境资本流动响应冲击的影响。

进一步地，在理论分析和实证研究的基础上，本篇从完善宏观审慎管理、加快构建跨境资本流动风险预警体系方面提出了相应的建议，一是加快构建跨境资本流动管理体系；二是建立健全跨境资本的综合评估和动态监测体系；三是构建资本流动监管协调机制，完善我国宏观审慎监管法律制度。

一、研究背景及意义

（一）研究背景

随着全球化进程的持续推进，世界各国的关系越发紧密。一方面，国家之间的商品贸易得到快速发展，进出口规模持续扩大；产品产生的生产链在全球进行布局，形成产品生产的全球价值链。另一方面，国际资本在各国之间快速流动，寻求投资机会，进一步使世界各国紧密相连。跨境资本流动推动了生产要素在全球范围内有效配置，也促进了先进的技术、人力资本在各国的传播。与此同时，跨境资本作为追求高额收益的资金，也存在顺周期性的特点，跨境资本流动的短期剧烈波动将会引发地区的金融危机，对被冲击国家的金融系统、经济发展产生巨大影响。特别是 20 世纪 90 年代以来，新兴经济体出现多次金融危机，往往是由于初期各国出现大规模的跨境资本流入，使得其国内的各类资产价格快速上升，吸引了大量投资者进入，对新兴经济体资本市场形成了推波助澜；而当国际资本对该国资本市场进行做空，将对其国内的各类资产价格形成巨大冲击，引发汇率较大波动；引起大量国际资本流出，进一步导致国内的流动性紧缺、货币贬值；进而对整个经济体内的实体经济发展产生负面冲击，最终引发了系统性金融风险，使得国家和居民出现巨大损失。

这种局部地区的金融危机，初期并没有引起发达国家的过多关注，对于如何监测系统性金融风险，也没有提出有效的监管措施。然而在 2008 年发生的全球金融危机，对世界各国的实体经济都产生巨大影响，导致欧美等国出现多年的经济衰退，使得各国央行都开始考虑如何对金融系统性风险进行监管；基于此，各国监管部门提出了宏观审慎管理理念，以针对国内的金融系统进行监测；特别是利用逆周期工具，对可能出现的金融系统的顺周期波动和传染进行逆周期的调节，从而防范整个金融体系风险。

就我国而言，系统性风险一直都是我国政府重点关注领域之一。2021年8月17日，习近平总书记在中央财经委员会第十次会议上强调“要坚持底线思维……统筹做好重大金融风险防范化解工作。要夯实金融稳定的基础，处理好稳增长和防风险的关系……防止在处置其他领域风险过程中引发次生金融风险。”为了防范系统性风险，党中央多次强调要坚持底线思维，着力防范和化解重大风险。

因此，如何在我国构建跨境资本流动的宏观审慎管理体系，对可能引起的系统性风险进行预测和监管，有效地防范跨境资本流动风险，这里我国央行必然要面对的一个问题。基于这一研究背景，本报告探索构建宏观审慎视域下的跨境资本流动预警监测体系，并进一步探讨宏观经济、跨境支出等因素对跨境资本流动的影响机制，为防范导致资本流入枯竭和资本流向逆转的跨境资本流动风险提供政策建议。

（二）研究意义

随着跨境资本流动规模的扩大，其对我国经济金融发展的影响也越来越大。一方面，跨境资本流入表明大量的国际投资者对我国未来的经济发展具有良好的预期。跨境资本流动能够实现生产要素的重新分配，提高资金供给，为企业发展提供资金和先进的技术，进而促进我国经济繁荣发展。另一方面，跨境资本的异常波动将会对正常的经济金融产生负面冲击，导致国内出现流动性紧张，对金融系统产生冲击。特别是在当前我国资本市场加大对外开放，但是由于我国金融市场还不成熟，资本市场规模相对较小，导致金融系统容错能力较弱，跨境资本流动可能引发的金融风险对经济金融发展更加容易造成巨大的冲击。比如在2016年之后，美联储缩减采取货币紧缩政策，使全球美元流动出现逆转，出现美元流向美国的现象，导致大量国际资本流出新兴国家，直接引发了新兴发展中国家的金融动荡。进一步地，金融系统的波动将对实体经济发展产生负面冲击，导致大量企业出现信贷融资困难，甚至出现企业倒闭、失业人数增加等问题。为了应对美联储的货币紧缩政策，我国央行及时调整货币市场，以及汇率政策，以保证国内金融市场的稳定。

所以，随着我国持续加大对外开放，进一步融入全球化经济当中，需要面对更多的国际环境带来的冲击，特别是近年来，国际资金流动规模快速扩大，对我国政府的宏观经济管理、金融风险防范工作提出更高的要求。在面对人民币国际化程度不断提升及越来越多货币市场和资本市场的冲击，原有的监管模式已经无法满足当下针对跨境资本流动的监测。故而，积极探索并构建跨宏观审慎监管体系、厘清影响跨境资本流动因素的机制，丰富宏观审慎管理调控工具，对实现跨境资金流动均衡管理，维护外汇市场稳定和国家金融系统安全具有非常重要意义。

二、文献综述

（一）关于宏观审慎管理的研究

“宏观审慎”一词最早出现于20世纪70年代末，库克委员会（Cooke Committee，巴塞尔委员会的前身）提出的金融调控政策框架，强调金融监管需要系统性的宏观视野（Galati 和 Richhild，2011）。但其在提出后，并没有获得学术界的关注。伴随着经济快速发展，金融市场也在迅速扩张，对经济的影响也逐渐增大。在2000年年初，Crockett提出了政府部门可以从微观审慎监管和宏观审慎管理两个维度来维持金融稳定，其中，微观审慎监管的主要目标是针对经济体内单个金融机构的稳定性，而宏观审慎管理则是针对整个金融系统的稳定，两者之间相辅相成（Crockett，2000）。在提出宏观审慎与微观审慎两个概念差异之后，学术界也对两者进行了探讨，Borio（2003）也提出了宏观审慎监管与微观审慎监管，认为微观审慎监管主要侧重于对经济体内单个金融机构可能存在的风险监管，其目标就是在于避免单个金融机构存在风险导致相关投资者出现损失；相反，宏观审慎监管的主要目标是防范系统性金融风险。同时，Borio（2003）基于宏观审慎政策体系提出从时间和空间两个维度对系统性风险进行监管，对应于金融风险的顺周期波动及风险的跨市场、跨机构传染，在此基础上，构建了宏观审慎政策的初步框架，为后续关于宏观审慎政策研究提供了基本思路（Borio，2003）。

虽然在2008年国际金融危机之前，学术界针对宏观审慎政策进行了讨论，但这些研究并没有受到重视。直到2008年国际金融危机的发生，让学术界充分认识到金融稳定在经济发展中的重要作用，国际社会在反思原有金融监管体制存在问题时重新关注金融体系的内生不稳定性问题（Minsky，1982），并认识到传统的针对单个金融机构的微观审慎监管无法有效应对整体金融系统的风险冲击。从近些年发生一系列金融危机来看，相关国家政府在危机发生之时，无法提出行之有效的政策，使风险被局限于某个机构，导致冲击发生之后迅速在金融体系内传播，进而导致整个金融体系和外汇市场出现剧烈震荡，最终引发系统性金融风险。相对于微观审慎监管中存在的缺陷，BIS（2009）认为宏观审慎管理也不是十全十美的，提出了运用宏观审慎政策解决金融危机中出现的顺周期、监管不足和标准不高等问题（Bandid，2010）。故而2010年开始，二十国集团（G20）正式引用“宏观审慎管理”和“宏观审慎政策”的概念，并形成宏观审慎管理的基础性框架，要求各成员国落实执行。

随着宏观审慎政策在各国央行的逐步推广运用，学术界也逐渐开始了越来越多的关于宏观审慎政策有效性的探讨。在针对宏观审慎政策实施框架探讨中，周小川（2011）提出，在实施宏观审慎性政策时，应该制定一个动态发展的框架，以维护整个金融系统稳定、防范系统性金融风险为目的。Brouwer（2009）则认为，宏观审慎管理框架应该包括在框架体系中能够识别和监测系统性金融风险，在识别、监测基础上，能够向监管者发出预警信息，能够针对监管部门制定并实施的金融稳定政策进行评估，进一步构建一个全面的宏观审慎管理框架。

进一步地，学术界基于宏观审慎管理理念探讨了实施宏观审慎管理目标的政策工具，由于宏观审慎监管是针对系统金融风险的监管与防范，所以，首先是需要引入逆周期政策工具，比如逆周期资本要求、杠杆率指标等；通过设计逆周期政策工具构建逆周期的调整机制，降低金融风险发生的顺周期性，维护系统性金融的稳定（李文泓，2009）。易莞姣和唐利军（2018）总结梳理了国际上主要国家实施宏观审慎政策时使用的监管工具，进而结合我国经济金融发展的基本情况，提出了改进宏观审慎监管的启示和对策建议。Landau（2009）则基于“自动稳定器”概念，设定出一种以单一规则为基础的工具对金融机构的信贷行为进行约束，如动态拨备率、逆周期资本要求等，而央行在进行具体的监控时，可以根据风险发生的可能性，选择严格或宽松的监管措施，进行“相机抉择”的施政方式。进一步地，Cerutti 等（2015）从贷款人和借款人两个维度对宏观审慎政策工具进行了分类，相应的政策工具实施对象分别为金融机构和贷款者。除此之外，学者们在探讨关于新兴经济体的宏观审慎政策时，提出新兴经济体的宏观审慎政策工具还应该包括限制系统范围的货币错配的措施（Turner，2009）。但是这种宏观审慎政策是否有效，其关键在于逆周期资本缓冲政策的识别指标是否有效；例如在我国，随着我国经济处于快速发展、经济结构快速变化当中，信贷余额/GDP 指标也就处于变化之中，这种数据特征也可能无法与已知的经济周期存在显著的关联，也就无法通过选择一种固定不变的调控工具进行有效的监管（胡建华，2013）。

（二）关于跨境资本流动的研究

1. 关于跨境资本流动风险影响因素的研究

目前针对跨境资本流动研究相对丰富，特别是针对跨境资本流动的监管、影响等方面的研究。一是关于跨境资本流动的影响及其影响因素的研究。从跨境资本流动的影响因素角度来看，大量文献探讨了利率、汇率等因素对资本流动的影响。Ahluwalia（2000）认为，在全球化大背景下，国际资本的跨境流动日益频繁，而一旦跨境资本流动波动异常剧烈时，往往会引发某些国家金融出现震荡。从现有研究来看，影响跨境资本流动的因素有多种，如资本价格（包括利率、汇率预期）和资产价格（如各国资本市场的投资标的的价格等）都会影响到跨境资本的流动（杨海珍等，2009）；汪洋（2004）则对跨境资本流动与物价、汇率等因素之间的关系进行研究，结果表明物价水平、利差水平都将显著影响着跨境资本流动的规模；类似地，杜鹏（2011）研究证明了利率、汇率等资本价格因素对跨境资本流动存在的作用。二是关于汇率差异、波动等对跨境资本流动影响的研究。王琦（2006）研究发现除了各国之间的利差外，汇率水平和国家开放程度都会影响跨境资本流动的规模，王世华和何帆（2007）则研究发现人民币预期升值率变动也是影响跨境资本流动的重要因素。

除了市场、汇率等价格因素之外，国家和地区的经济发展程度与金融发展程度也会对跨境资本流动产生影响（张铁强等，2013）。从已有研究成果看，影响跨境资本流动的宏观因素也相对较多，如 GDP、工业增加值等宏观经济数据，以及部分资本市场投资品的价格等。但是随着关于跨境资本流动研究的深入，学者们认为需要探讨经济指标对跨境资本流动的动态影响机制。特别是在进入 21 世纪以来，随着我国经济的快速发展，逐渐加大对外开放力度，加强了与其他国家的联系，吸引了大量国际投资者进入我国寻求投资机会，使我国对跨境资本流动也越来越敏感；同样地，随着我国跨境资本流动规模的扩大，也逐步呈出现波动幅度大、周期短、顺周期等特点。跨境资本流动出现的一系列的新现象，吸引了学者们的关注。肖继五和李沂（2010）发现我国跨境资本流动存在着较为显著的顺周期特性，即随着经济快速发展，跨境资本流入规模也会增加；同时，这种顺周期特性会造成资产泡沫的积聚和放大。所以，跨境资本流动顺周期性将加剧经济周期波动，导致出现结构性通胀的风险。同时，为了进一步探讨跨境资本流动的动因，张广婷（2016）基于因子分析法探讨了影响新兴市场国家跨境资本流动的因子，结果表明传染因子、经济因子和流动性因子对跨境资本流动存在显著影响。田拓和马勇（2013）研究结果表明中美利差、人民币汇率预期以及实体经济发展预期都对跨境资本流动产生显著影响；而彭化非（2017）的研究结果则表明金融市场的开放和国内经济增长情况对跨境资本流动存在显著的负向影响，但投资者情绪对跨境资本流动有着显著的正向影响。

2. 关于跨境资本流动监测预警的研究

目前直接针对跨境资金流动风险监测预警的学术成果也较多，所不同的是针对跨境资金流动风险监测预警方法存在差异，但关于跨境资本流动监测预警不同方法的探究已经形成较为完整的体系。从现有的文献来看，目前关于跨境资本流动风险预警的方法主要有以下几种。

一是 Frankel 和 Rose 的概率模型（FR 模型）。FR 模型来自于 Frankel 和 Rose（1996）开展的关于 105 个发展中国家的宏观经济变量、债务变量、国际变量与跨境资本流动之间的关系，Frankel 和 Rose（1996）构建了货币危机 Probit 概率模型。从模型的具体构造来看，FR 模型相对简单，忽略了各国的不同国情。但 FR 模型的提出为学者们研究跨境资本流动预警提供了一个新的可选方案。后续研究中学者们也对 FR 模型进行了改进和完善，并运用 FR 模型对跨境资本流动进行深入研究。金祥荣等（2006）以 FR 预警模型的研究方法为参考，建立了适合预测中国资本流动的脆弱性风险的预警系统，实证研究得到外汇储备/GDP、外汇储备/M2、GDP 增长率与中国资本流动性脆弱性变化之间存在较强的相关性，所以，在政策制定上应将上述指标作为防止中国资本流动性脆弱性恶化的关键检测指标（金祥荣等，2006）。周豪和温小敏（2010）则参考了 FR 概率模型和 KLP 信号模型构建了跨境资本流动风险监测指标体系，并测算了跨境资金流入、流出双向预警指数。关益众（2013）则是运用 Probit 和 KLR 模型构建了跨境资本流动监测体系，探讨了国际资本流动“突然中断”的情况。

二是指标信号模型。Kaminsky 等（1998）基于指标信号模型，在 103 个货币危机的备选指标上筛选出 15 个显著的预警指标，并利用这些指标构建预警模型，对 1970～1995 年 20 个国家的货币危机进行了预警。进而根据指标信号模型计算出安全阈值，模拟相关国家货币是否超出临界值，这在在一定程度上增强了预测结果的准确性。洪昊（2010）运用 KLR 指标信号模型的方法，设计了我国“热钱”跨境流动风险监测的预警体系。

三是经典的计量模型，包括主成分分析方法、横截面回归模型等。虽然 FR 模型、指标信号模型在研究跨境资本流动上得到青睐，但从计量模型和方法来看，更多的还是基于传统的经典计量模型进行研究。Sachs（1998）构建了横截面回归模型，分析了 20 个新兴市场国家的经济变量的截面数据，对实际汇率、外汇储备、货币供应量等指标与金融危机之间关系进行探讨。马威和肖帅（2014）则在利用自回归模型分析指标基础上构建了金融危机预警指标体系，在具体的指标选择上不仅仅考虑了外部环境的影响，也考虑了财务风险等内部风险的影响。李伟等（2015）则利用格兰杰因果检验方法，对自回归模型预警指标进行了筛选，将指标划分为先行指标、滞后指标等；进而运用主成分分析法进行因子分析和主成分分析，提取能够对跨境资本流动进行预警的因子。研究结果也表明，通过该方法构建跨境资本流动指标体系具有较好的预警能力（李伟等，2015）。李伟等（2013）则是在主成分分析方法基础上，使用灰色关联度分析指标的权重，构建了我国跨境资金流动监测预警指标体系，进一步验证了这一方法的可靠性。

除了上述几种常见的研究方法，张帅（2017）对常用的资本流动风险评价模型进行了综述，学者们也运用了诸如 BP 神经网络模型、马尔科夫区制转换模型、STV 模型等方法，对跨境资本流动预警进行了探讨（张帅，2017）。宋玉洁（2018）以贝叶斯网络法为核心，讨论并建立了中国外商直接投资的风险预警和防范机制，验证了贝叶斯网络风险预警机制的有效性。葛佳丽（2020）基于 BP 神经网络算法构建了我国跨境资本流动的风险预警模型，并对我国的跨境资本流动的风险状态进行了预测。验证结果表明，该文建立的跨境资本流动风险预警模型预测性较好。宋巍（2018）利用BP神经网络模型，构建了中国影子银行风险预警指标体系。研究结果表明经过训练的BP神经网络的精度很高，可以对中国影子银行系统的安全状况进行预警（宋巍，2018）。

3. 关于跨境资本流动预警指标选择

学者们运用不同的模型方法，对跨境资本流动进行了研究；同时，在对跨境资本流动预警模型的变量选择上，也存在一定区别。但具体的指标选择仍然是基于影响跨境资本流动的几个方面，如经济发展、金融稳定、跨境支出等多个方面。严宝玉（2018）选取的监测指标涵盖宏观、微观、外汇和预期四个方面，运用指标信号模型和景气指数两种方法对监测预警指标的效果进行了检验。温晓敏（2010）将工业生产总值、货币信贷政策、实际有效汇率作为先行指标，构建的预警指标体系能够发挥一定的预警作用。央行上海总部跨境人民币业务部课题组（2016）提出构建关于跨境资本流动的全口径日常监测体系，所构建的指标体系包括利率监测、主体指标检测、资金规模、对外负债、本外币指标监测、中美汇率监测等多个维度；从指标选择上来看，该体系包含了更多针对上海的指标，主要用于上海自贸区。李伟（2013）则基于2000～2012年数据，从国内PPI增长率、个人结售汇差额增长率和中国房地产景气指数等9个预警指标出发，构建了跨境资本流动预警指标体系，验证了该指标体系的有效性。

（三）跨境资本流动与宏观审慎管理关系的研究

虽然宏观审慎管理的提出时间相对晚于跨境资本流动，但从已有研究来看，在跨境资金流动领域运用部分管理手段体现出了宏观审慎管理的理念。主要表现为运用价格手段对跨境资金流动的风险管理，Meade（1957）指出短期资本逆转性流出可能引发部分经济冲击，并提出了几种应对办法，一是基于汇率市场，采取汇率控制方式，调整跨境资本流动，必要时可以采取汇率贬值的方式；二是采取外汇管制措施，对跨境资本流动进行强制干预，以阻止跨境资本流出；三是动用国家外汇储备，抑制短期投机（Meade，1957）。除了采取汇率手段，税收手段也能够对跨境资金流动进行调控，Tobin（1978）认为，跨境资本流动是一种在全球范围内的自由流动，可以在全世界设置一种针对所有与货币兑换有关的证券和外汇即期交易的税种，可以称之为“托宾税”，以提高短期流动成本，调整国际投资者的预期收益，从而达到降低跨境资金的流动性及由其导致的汇率波动性。在此基础上，Sphan（1996）进一步完善了“托宾税”的构想，认为应该区别设置高低税率，比如对于基础性的金融交易应该从低税率征收，对于异常流动资金应征收临时性、惩罚性的高税率税收。

2008 年国际金融危机之后，在跨境资本流动中运用宏观审慎管理也逐渐被学者们关注，2011 年 IMF 提出“资本流动管理政策”框架，该框架包含稳定汇率、积累外汇储备、平衡货币政策与财政政策等宏观经济政策和各种资本流动管理工具等。陈高松（2014）对我国跨境资本流动监管的有效性进行研究，提出了完善我国跨境资金流动监管的思路和框架，就是要以风险管理为导向，建立宏观审慎监管框架。朱琳（2019）则从外债和外汇市场角度，探讨目前我国将宏观审慎管理运用于跨境资本流动的现状，并就其中存在的问题提出需要加强对本外币一体化的跨境资本流动的监测和预警。

但总的来说，郑杨（2010）认为应该充分发挥市场在跨境资本流动领域中的调节作用，实施宏观审慎管理。王书朦（2015）则通过总结国际部分国家实施的审慎管理措施，提出了基于外汇头寸管理等审慎监管措施。同时，由于在我国金融体系，银行一直处于核心地位，所以应该从加强银行业务管理角度防范跨境资金流动风险；类似地，平晓冬等（2016）认为应以银行为对象，管理短期外债和银行结售汇综合头寸，减少短期资本流入，减少错配风险。郭建伟（2016）通过实证研究发现，量化工具具有显著的短期效应，而价格工具的效应不及量化工具，但其市场引导作用突出，价格工具和数量工具的组合效应更有效。从已有文献来看，虽然宏观审慎管理在跨境资本流动中得到越来越多的关注，但总体上对研究还不深入。一方面，现有研究和实践普遍证明了，短期资本大幅流动容易引发金融风险，但是针对单个金融机构的微观监管在防范系统性风险方面存在缺陷，无法对整个金融系统可能发展的风险进行监管。另一方面，随着跨境资本流动对金融市场的影响增大，监管部门更加重视相关监管工作。而目前普遍实施的资本管制手段，虽然能够发挥有效的管制作用，但也影响了正常的跨境资本活动，限制了国际资本对我国经济发展的促进作用。随着宏观审慎政策的实施，学术界也逐渐认识到应发挥市场作用，通过利用逆周期工具调节杠杆和抑制短期跨境资本的异常波动实施宏观审慎政策，进而实现对跨境资本流动的顺周期的抑制管理。

宏观审慎政策应该发挥市场化作用，通过运用逆周期的工具调节加杠杆行为和抑制短期的跨境资本的异常波动，从而实现抑制跨境资金流动的顺周期性。但总的来说，现阶段我国对跨境资金流动宏观审慎管理调控手段的应用和研究仍处于初期阶段，特别是关于如何定量评估跨境资本流动和制定具体应对政策的研究相对欠缺。

三、跨境资本流动预警体系的构建

跨境资本流动预警指标体系是基于对跨境资本流动风险影响因素的理论分析，运用科学的统计分析方法，构建的一套完整的预警指标体系、预警模型，并对跨境资本流动过程进行监测的系统。通过跨境资本流动预警体系能够较为有效地监测跨境资本流动预警的变化方向和趋势，并基于部分重要的经济指标来判断跨境资本流动可能的变化趋势，进而采取相应的应对措施规避可能由跨境资本异常波动引发的系统性金融风险。

（一）跨境资本流动预警指标的选择

1. 已有文献关于跨境资本流动预警指标的选择

从已有研究来看，大量文献对跨境资本流动影响因素进行了总结，包括构建跨境资本流动预警指标体系。从所选择的具体指标来看，现有文献往往从宏观经济、金融市场、跨境贸易等多个维度选择跨境资本流动的预警指标，以更加全面的评价分析经济发展、金融环境对跨境资本流动的影响；一方面，上述指标可以充分考虑跨境资本流入国国内经济发展、金融市场等因素对跨境资本流动的影响；另一方面，可以充分考虑国际金融环境对跨境资本流动的影响，特别是美国货币政策对国际资金流向的决定性作用。然后，运用主成分分析方法、神经网络等统计分析方法，对所构建的指标体系和选择的指标进行科学分析，以构建相应的跨境资本流动预警指标体系，判断变化方向。如李佳耘（2019）基于2008～2018年月度数据，宏观经济运行状况、外部金融状况、外债风险、金融风险，其中，宏观经济运行状况包含经济增长率、规模以上工业增加值、PMI指数、M2增长率等指标。外部金融状况包含外汇储备增长率、外汇储备充足率、境外一年期NDF升贴水率、实际有效汇率指数。外债风险指标包含外债余额增长率、短期债务率、外债清偿率。金融风险包含商业银行不良贷款率、上证指数月收益率、中债综合指数月收益率、国房景气指数等指标。

龚关（2019）从跨境资本流动风险形成的内在动因出发，基于利率差异、汇率差异、国内外宏观经济状况、投资者情绪、外汇管理水平以及证券市场收益水平等角度，选择了利率指标、汇率指标、证券投资指标、直接投资指标、国内外宏观经济状况指标和贸易指标。其中，利率指标包括中美利差、美国国债收益率（10年期）、美国国债收益率（3个月期）等。汇率指标包括人民币实际汇率指数变动率、人民币汇率预期变动等。证券投资指标包括上证综指环比变动率、标准普尔500指数环比变动率等。直接

投资指标包括| OFDI - FDI| 。国内外宏观经济状况指标包括中美 CPI 增长率之差、中美经济增长差异、商业银行存贷款比率、外汇贷款同比增长率等。贸易指标包括| 进口增长率 - 出口增长率| 。

2. 跨境资本流动预警指标的选择

参考现有的文献（李佳耘，2019；龚关，2019），本篇预警指标采用以下选取原则，一是能够反映国内宏观经济运行状况的指标；二是能够反映国内金融市场、跨境贸易支出的指标；三是能够反映国际资本流动趋势、跨境资本流动主要项目等宏观金融指标。本篇从以下四个方面：宏观经济运行指标、外部金融状况指标、金融市场指标和跨境收支指标来选择跨境资本流动预警备选指标，具体指标见表 5 - 1。

表 5 - 1　　跨境资本流动预警备选指标

层次	变量	数据来源
宏观经济运行指标	M2 增长率	中国经济网
	工业增加值增长率	中国经济网
	GDP 增长率	中国经济网
	PMI 指数	中国经济网
外部金融状况指标	本外币利差	Wind 数据库
	境外一年期 NDF 升贴水率	Wind 数据库
	美国国债收益率（10 年期）	Wind 数据库
	VIX 恐慌指数	Wind 数据库
金融市场指标	国债到期收益率	Wind 数据库
	外汇贷款	Wind 数据库
	上证指数季度收益率	Wind 数据库
	人民币实际有效汇率指数	Wind 数据库
跨境收支指标	进口增长率	Wind 数据库
	出口增长率	Wind 数据库
	外汇储备增长率	Wind 数据库
	全球黄金指数季度收益率	Wind 数据库

资料来源：课题组整理。

（1）宏观经济运行状况指标：国家经济的基本面是影响跨境资本流动的重要因素，当一个国家基本面较好时，能够让国外投资者对该国的经济发展具有更加乐观的投资前景，愿意在该国进行更大规模的投资，进而引入大规模的资本流入。相反，当一个国家基本面较差时，会使得国外投资者对该国的经济发展失去乐观的投资前景，不愿意在该国进行更大规模的投资，从而使大量国际投资者转向其他国家投资，引得该国出现大规模的资本流出。故而本报告将衡量经济发展的变量纳入宏观经济运行指标当中，具体地，本报告从经济发展、货币发行规模、工业生产增加值等角度衡量我国经济发展，以衡量宏观经济因素对跨境资本流动的影响，选取的指标包括以下 2 个：①经济发展：本篇选取 GDP 增长率、工业增加值增长率、PMI 指数三个指标作为代理变量，用来衡量一国经济增长速度与经济效益；②M2 增长率，M2 用来衡量货币发行规模，以反映我国货币市场的供应情况。

（2）外部金融状况指标：由于资本的逐利性，跨境资本流动必然受到国际金融环境的影响，一旦国际金融市场出现变化，必然会导致不同地区投资收益出现差异，进而引导跨境资本的流入或流出。如在 2008 年国际金融危机之后，世界各国针对金融危机出台了一系列的调控政策，以及后续的货币政策、财政政策的变化，都对跨境资本流动方向产生影响。特别是美联储的量化宽松政策，增加对国际市场货币供给；以及 2014 年逐渐退出量化宽松政策的预期，导致新兴经济体的跨境资本流动异常波动，对新兴经济体的经济发展、外汇市场等都产生较大影响。为了全面衡量国际金融市场对跨境资本流动的影响，本篇通过本外币利差、境外一年期 NDF 升贴水率、美国国债收益率（10 年期）、VIX 恐慌指数等指标刻画发达国家投资收益、国际金融市场恐慌情绪、利率差距等因素对跨境资本流动的影响。具体指标如下所示：

①本外币利差：理论上来说，在资金能够自由流动的情况下，资金会从利率水平较低的地区向利率水平相对较高的地区流动；这主要是由于资

本的逐利性，决定了资金追求更高利益、更低风险。所以，本国的利率水平和他国利率水平的差异直接影响着跨境资本流动的规模。本篇选择我国境内外银行间同业拆借市场利率指标，用3个月 LIBOR－3个月 SHIBOR。其中，3个月 LIBOR（伦敦同业拆借利率）是大型国际银行愿意向其他大型国际银行借贷时所要求的利率，是境外具有代表性的银行间同业拆借利率。本篇选择的银行间同业拆借市场利率差能够衡量国内外短期货币市场利率波动，也能够表示国内外利率差异。

②境外一年期 NDF 升贴水率：本篇选用境外一年期 NDF 升贴水率来代表实际汇率走势、汇率预期。当境外一年期 NDF 升贴水率升水，即汇率预期为正，预计人民币将升值；当境外一年期 NDF 升贴水率贴水，即汇率预期为负，预计人民币将贬值。

③美国国债收益率（10年期）：本篇还选取了10年期的美国国债收益率作为代表发达国家的利率水平。

④恐慌指数：跨境资本流动受到国际资本市场投资情绪的影响，当投资恐慌情绪过高时，国际投资者往往选择更加谨慎的投资，导致国际资本大幅流出。参考李佳耘（2019）的做法，本篇选用芝加哥期货期权交易所的波动率 VIX 来衡量恐慌指数。VIX 指数是以标普500指数期权的隐含波动率计算获得，能够反映全球投资者对资本市场风险的情绪变化趋势。当 VIX 指数越高，则代表投资者对市场越不安，代表市场风险越高。

（3）金融市场指标：一国国内的金融市场发展程度也是影响跨境资本流动的因素之一，当金融体系相对完善、投资渠道相对通畅、投资交易成本相对较低都能吸引跨境资本流入。近些年来，随着我国金融市场对外开放力度逐渐增大，为国际投资者提供了大量的投资渠道，方便国际投资者投资。如近几年开通的沪港通和深港通等，使跨境资本的流入更加便利。同时，国内金融市场投资收益、外汇市场的波动等等都对我国跨境资本流动存在重要影响。所以，本篇从国债到期收益率、外汇贷款、上证指数季度收益率、人民币实际有效汇率指数等指标分别考察国内金融市场对跨境资本流动的影响。具体指标选择如下。

①上证指数季度收益率：本篇选取上证指数季度收益率、国债到期收益率指标，衡量我国资本市场对国际资本的吸引力，当上证指数季度收益率、国债到期收益率都较高时，能够吸引跨境资本流入；当上证指数季度收益率、国债到期收益率都较低时，更可能导致跨境资本流出的现象。

②人民币实际有效汇率指数：理论上来说，货币的汇率变化对跨境资本流动具有直接影响。例如，当人民币存在升值的预期时，国际投资可能会加大对我国的投资规模，一方面能够获得国内投资收益，另一方面也能获得未来货币升值的收益。相反，人民币贬值预期越强则可能会引发跨境资本大量流出。汇率分为名义汇率和实际汇率两种，相对于名义汇率，实际有效汇率与跨境资本流动的关系更为密切，并且实际有效汇率的波动率也相对较小。本篇选择实际有效汇率来衡量汇率水平。

③外汇贷款增长率：对外债务能够直接衡量国家外部经济风险，并且对外债务的结构差异能够直接影响企业外债的期限错配，如果企业持有更多的短期外债，那么企业就可能面临着短期偿还债务的高峰期，对企业本身的偿债能力具有较高的要求。所以，企业外债规模也将直接影响跨境资本流动规模。本篇使用外汇贷款增长率来衡量外汇负债情况。

（4）跨境收支指标：

①进口增长率/出口增长率：对外贸易中，企业的进口、出口是直接与其他国家进行商品交换的过程，然而实物贸易脱离不了货币的交易过程。所以，企业进口、出口必然需要使用外汇，进而影响了跨境资本流动的规模。本篇选择的进口/出口增长率，以反映我国进口、出口规模增长情况。

②外汇储备增长率：外汇储备是指各国央行为了应付国际支付的需要所拥有的能够随时兑换成外国货币的外汇资产。所以，外汇储备能够应付我国对外实物的国际收支，并利用外汇储蓄维护外汇市场的稳定，防范外汇市场冲击导致的国内金融市场可能出现的风险。同时，外汇储备的波动也可以反映本国货币供求的平衡关系。

③全球黄金指数季度收益率：大宗商品作为经济发展必需的要素，是能够衡量全球经济的“晴雨表”。本篇则选取大宗商品纽约黄金作为衡量指标，主要是因为大宗商品纽约黄金在国际交易中具有代表性，以黄金价格编制的指数能够判断国际经济总体走势与跨境资本流动之间的关系。

（二）中国跨境资本流动预警模型

从宏观审慎管理的角度来看，由于系统性风险的爆发将危及整个经济系统，因此前期预防阶段是进行跨境资本流动管理的最重要阶段。在前期防范阶段，跨境资本流动管理首先需要构建风险度量和预警系统，以实现风险监控的目的。本篇从宏观审慎管理的角度，构建了一套系统的跨境资本流动风险预警模型。本篇所构建的预警模型主要包括三个部分：风险预警指标体系构建、设置和预警；具体地，跨境资本流动预警指标体系包含了完整的预警方法、预警指标体系、预警模型和制度安排。首先，利用主成分分析方法对所选择跨境资本流动预警指标进行因子分析和主成分分析，识别主要影响因子；其次，基于主成分分析方法的结果，构建跨境资本流动的预警指数，检测跨境资本流动情况。另外，为了进一步探讨宏观经济、跨境贸易等因素对跨境资本流动的影响机制，本篇基于 VAR 模型分析了这些经济要素对跨境资本流动响应冲击的影响。

本篇构建预警指标体系包括以下几部分：一是根据跨境资本流动现状分析得出风险因素，设立备选指标体系，初步预选跨境资本流动预警指标。二是基于 2008 年至 2021 年第三季度的数据进行实证分析，其中被解释变量是跨境资本流动的波动率，而解释变量是影响跨境资本流动因素的替代指标库中的指标，运用主成分分析方法对相关指标进行因子分析和主成分分析，选择预警指标。三是利用主成分分析法将多个入选指标合成综合预警指数，得到 2008 年至 2021 年第三季度预警指数测算结果。第四部分，参考马爱琳和宋蔚（2020）、高慧清和任建武（2019）的做法，对 2008～2021 年第三季度这一时间段的跨境资本流动预警指数进行分析，并与实际跨境资本流动进行比较，检验本篇构建跨境资本流动预警指标体系的有效性。

四、跨境资本流动预警的实证分析

（一）跨境资本流动预警指数构建合成与检验

1. 模型选择及设定

（1）跨境资本流动指标的测算：本篇的目的是构建宏观审慎管理视域下跨境资本流动监管体系，首先对跨境资本流动规模进行测算。参考陈卫东（2016）、李佳耘（2019）做法，本篇将使用间接法估算我国2018～2021年第三季度的跨境资本流动规模，间接法将外汇储备视为一国对外经济交易中累积的总货币价值。某一时期内的跨境资本流动净额是不在跨境资本流动范围内正常交易产生的货币价值的外汇储备资产的增量。跨境资本流动计算公式如下所示：

短期资本流动量＝外汇占款增量－正常的贸易顺差－外商直接投资实际利用

（2）数据来源与模型方法介绍：本报告使用的数据样本为2008～2021年第三季度数据，之所以选择这一时间段，主要是因为这一时间段的数据样本不仅能够反映2008年国际金融危机之后我国跨境资本流动的变化情况；同时也能够反映出在2014年之后，我国逐渐开展宏观审慎政策以来跨境资本大规模进出的现象，进而对本篇构建宏观审慎视域下跨境资本流动监管体系提供数据支撑。数据主要来源于中经网、Wind数据库、国家外汇管理局网站等。

2. 平稳性检验

本报告使用的数据样本为2008～2021年第三季度数据，数据为时间序列样本。由于主成分分析方法需要所使用的变量均为平稳序列，因此本篇首先对相关变量进行平稳性检验。根据平稳性检验的要求，本篇选择 ADF 方法对备选指标进行单位根检验，检验结果如表 5－2 所示。从表 5－2 中可以看出，16 个备选变量中有 12 个变量的原序列为平稳性序列，4 个变量在 1% 的显著性水平下为一阶单整，即经过一阶差分后在 1% 的显著性水平下为平稳序列。

表 5－2　　　　单位根检验结果

备选变量	ADF 统计量	1%临界值	5%临界值	10%临界值	结论
M2 增长率	－2.937	－3.716	－2.986	－2.624	平稳
工业增加值增长率	－2.968	－3.662	－2.964	－2.614	平稳
GDP 增长率	－9.242	－3.716	－2.986	－2.624	平稳
PMI 指数	－5.228	－3.662	－2.964	－2.614	平稳
人民币实际有效汇率指数	－4.755	－3.668	－2.966	－2.616	一阶差分
本外币利差	－6.457	－3.668	－2.966	－2.616	一阶差分
境外一年期 NDF 升贴水率	－6.300	－3.730	－2.992	－2.626	一阶差分
美国国债收益率（10 年期）	－6.750	－3.668	－2.966	－2.616	一阶差分
国债到期收益率（spot_ year）	－3.766	－3.662	－2.964	－2.614	平稳
外汇贷款	－3.688	－3.716	－2.986	－2.624	平稳
上证指数季度收益率	－5.809	－3.662	－2.964	－2.614	平稳
VIX 恐慌指数	－4.294	－3.662	－2.964	－2.614	平稳
进口增长率	－5.348	－3.716	－2.986	－2.624	平稳
出口增长率	－7.596	－3.716	－2.986	－2.624	平稳
外汇储备增长率	－2.645	－3.716	－2.986	－2.624	平稳
全球黄金指数季度收益率	－4.892	－3.716	－2.986	－2.624	平稳

数据来源：课题组整理。

3. 主成分分析

基于上述所选择的四个方面的指标，全面而系统地衡量跨境资本流动的影响因素。本篇选取的 16 项预警指标从经济发展、外部金融环境、国内金融市场以及跨境支出等角度反映了影响跨境资本流动因素的相关信息。

然而，这些指标之间可能存在一部分相关性，因此这些指标数据所反映的信息具有一定程度的重叠。同时，如果预警指标体系包含的指标太多，整个模型就会太复杂，无法从中梳理出真正影响跨境资本流动的主要因素。因此，有必要减少大量指标的维度，以实现用较少变量确保足够数据信息的目标。

（1）KMO 和 Bartlett 球形检验。运用主成分分析法首先需要满足 KMO 检验和 Bartlett 球形检验，检验结果如表 5－3 所示。其中，KMO 检验测度的是变量的简单相关系数和偏相关系数之间的差距，一般地，只有样本数据 KMO 检验系数大于 0.6。Bartlett 球形检验则主要通过判断是否显著拒绝原假设（由变量构成的相关系数矩阵是否为单位矩阵），来确定变量间的相关性。Bartlett 球形检验的显著性概率 P 值小于 0.05 时，才能继续做主成分分析。

表 5－3　KMO 和 Bartlett 球形检验

KMO 检验		0.703
Bartlett 球形检验	近似卡方	214.488
	自由度	55
	显著性	0.000

数据来源：课题组整理。

根据表 5－3 所示，本篇样本数据的 KMO 值为 0.703 >0.6，并且 Bartlett 球形检验的显著性 P 值为 0.000 <0.05，显著拒绝原假设。综合以上两种检验结果，说明本篇所构建的指标体系适合进行主成分分析。

（2）总方差解释。表 5－4 中，初始特征值代表主成分的影响程度，而方差百分比则表示所提取的主成分对原始变量的解释程度。从表 5－4 可以看出，特征值大于 1 的成分有 3 个。第一个主成分的初始特征值是 4.1836，贡献度 38.03%；第二个主成分的特征值为 2.41，对原变量的解释力度为 21.91%。这两个主成分的累计贡献度达到 59.94%。第三个主成分的特征值是 1.5748，贡献度是 14.31%。从第四个主成分开始，对原变量的影响程度和解释力度下降较大，并且特征值小于 1，表明其他主成分的力度相对较小。

表 5-4　　相关系数矩阵的特征值和累积贡献率

成分	初始特征值			提取载荷平方和			旋转后特征值		
	特征值	方差%	累积%	总计	方差%	累积%	总计	方差%	累积%
1	4.1836	38.03	38.03	4.1836	38.03	38.03	3.752	34.11	34.11
2	2.4100	21.91	59.94	2.4100	21.91	59.94	2.367	21.52	55.63
3	1.5748	14.32	74.26	1.5748	14.32	74.26	2.138	19.44	75.07
4	0.8770	7.97	82.23						
5	0.5671	5.16	87.39						
6	0.4137	3.76	91.15						
7	0.3358	3.05	94.20						
8	0.2295	2.09	96.29						
9	0.2011	1.83	98.12						
10	0.1130	1.03	99.14						
11	0.0941	0.86	100						

数据来源：课题组整理。

这 3 个成分可以解释所选变量的 75.32% 的信息，解释能力较强，可用其代表原变量进行实证分析。接下来，本篇基于这几个主成分，以减少变量数量为目标，最大程度地保留变量信息。旋转后的因子载荷矩阵如表 5-5 所示。

表 5-5　　旋转后的因子载荷矩阵

变量	主成分		
	1	2	3
capital_ flow（X1）	0.4475	0.0575	-0.0366
industrial_ added（X2）	0.3255	0.0807	-0.0566
am_ nation_ debt10（X3）	0.4061	-0.0297	0.1103
RMB_ rate（X4）	-0.4707	-0.0192	-0.0622

续表

变量	主成分		
	1	2	3
PMI（X5）	0.0116	-0.0771	0.6373
M2_ index（X6）	0.2908	-0.3915	-0.0884
GDP_ index（X7）	0.1109	0.5979	-0.1531
foreign_ exchange_ index（X8）	0.4497	0.0977	0.0088
foreign_ loan_ index（X9）	0.0928	-0.1430	0.5426
export_ index（X10）	0.0283	0.5998	0.0398
import_ index（X11）	-0.0405	0.2906	0.4980

数据来源：课题组整理。

基于表5-5主成分以及变量的估计参数，主要是运用主成分1的各个变量系数依次除以主成分1特征值的算术平方根，即可得到主成分1在原始变量线性组合F1中各个变量的系数，由此可得到3个主成分的函数表达式，如下所示：

$$F1=(0.4475/\sqrt{3.752})*X1+(0.3255/\sqrt{3.752})*X2+(0.4061/\sqrt{3.752})*X3+(-0.4707/\sqrt{3.752})*X4+(0.0116/\sqrt{3.752})*X5+(0.2908/\sqrt{3.752})*X6+(0.1109/\sqrt{3.752})*X7+(0.4497/\sqrt{3.752})*X8+(0.0928/\sqrt{3.752})*X9+(0.0283/\sqrt{3.752})*X10+(-0.0405/\sqrt{3.752})*X11$$

$$F2=(0.4475/\sqrt{2.367})*X1+(0.3255/\sqrt{2.367})*X2+(0.4061/\sqrt{2.367})*X3+(-0.4707/\sqrt{2.367})*X4+(0.0116/\sqrt{2.367})*X5+(0.2908/\sqrt{2.367})*X6+(0.1109/\sqrt{2.367})*X7+(0.4497/\sqrt{2.367})*X8+(0.0928/\sqrt{2.367})*X9+(0.0283/\sqrt{2.367})*X10+(-0.0405/\sqrt{2.367})*X11$$

$$F3=(-0.0366/\sqrt{2.138})*X1+(-0.0566/\sqrt{2.138})*X2+(0.1103/$$

$\sqrt{2.138}$) * X3 + (− 0.0622/ $\sqrt{2.138}$) * X4 + (0.6373/ $\sqrt{2.138}$) * X5 + (−0.0884/ $\sqrt{2.138}$) * X6 + (− 0.1531/ $\sqrt{2.138}$) * X7 + (0.0088/ $\sqrt{2.138}$) * X8 + (0.5426/ $\sqrt{2.138}$) * X9 + (0.0398/ $\sqrt{2.138}$) * X10 + (0.4980/ $\sqrt{2.138}$) * X11

在上式的基础上，以主成分的方差贡献率为权重，构建跨境资本流动监测综合预警指数（CI）：

CI = (34.11 * F1 + 21.52 * F2 + 19.44 * F3)/75.07

4. 跨境资本流动监测预警指数测算结果分析

图 5 - 1 展示了本篇构建的跨境资本流动风险监测预警指数与跨境资本流动变化趋势情况。就跨境资本流动变化来看，我国在 2014 年之前一直处于净流入状态，在 2014 年之后，跨境资本流动快速变化，在 2014 ~ 2017 年之间，处于快速流出状态，并形成了"W"形。在 2017 年之后，跨境资本流动处于相对稳定状态，但仍处于流出状态。

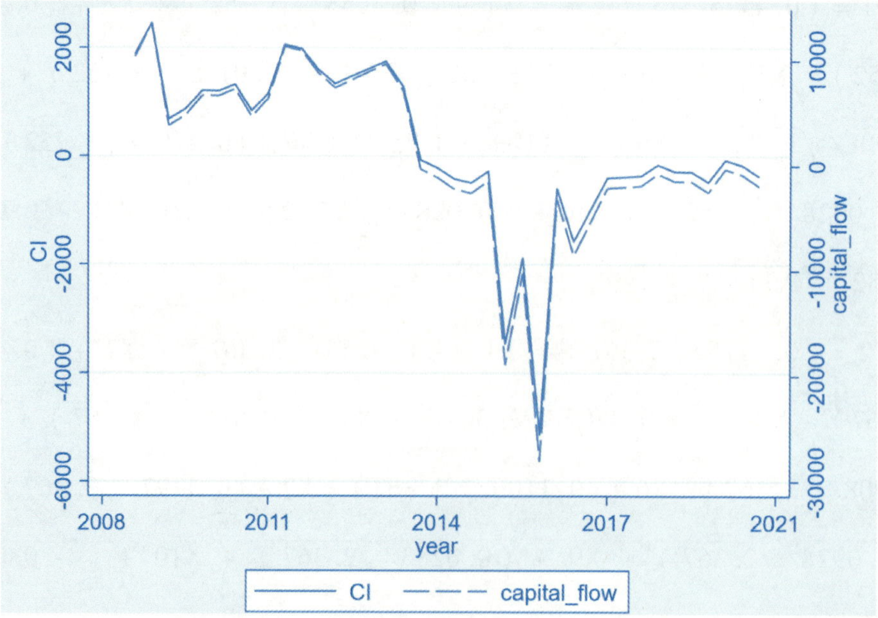

图 5 - 1　跨境资本流动监测指数与实际资本流动趋势图

从跨境资本流动监测预警指数来看，其变化趋势与跨境资本流动变化趋势高度重合，可以看出，当跨境资本快速流出下，指数也处于快速下跌的状态。同样地，在2014～2017年之间，预警指数也形成了“W”形，与跨境资本流动基本一致。由此可以看出，本篇构建的跨境资本流动监测预警指数能够较好地反映跨境资本流动的变化趋势。

（二）跨境资本流动预警指数的实证分析

参考马爱琳和宋蔚（2020）、高慧清和任建武（2019）的做法，本篇将基于VAR模型，分析不同因素对跨境资本流动的影响，探讨相关因素与跨境资本流动之间的影响机理。向量自回归（VAR）模型一般用于描述在同一样本期内n个变量之间的相互关系和影响，但需要满足四个前提假设，即：时间序列是平稳的过程、满足正态分布、是VAR（1）过程、参数是估计的而非已知的。同时，VAR模型中假设各系数服从一定的先验分布，并通过先验信息初步确定各系数的数学期望和标准差范围，再通过数据计算出似然函数的调整，得到参数的后验分布。

1. 时间序列数据的平稳性检验

为防止时间序列变量出现“伪回归”现象，保证结果的有效性和稳健性，在构建VAR模型之前，首先对数据进行平稳性检验。因原始数据无法通过单位根检验，对所有数据进行一阶差分处理，数据的ADF检验结果如表5－2所示，处理后的数据均在1%的显著水平下平稳，可用于建立VAR模型。

2. 模型最优滞后阶数及稳定性检验

在构建VAR模型时，需要确定VAR模型中估计变量的滞后阶数时，本篇利用通过对比LL、最小信息准则（AIC）、HQIC、SBIC等方法进行检验。检验结果见表5－6，通过对比LL、最小信息准则（AIC）、HQIC、SBIC的结果，发现滞后3阶是AIC、HQIC、SBIC标准下的最佳结果，因此本篇建立 VAR（3）模型。

表 5－6　　　　VAR 模型的滞后阶数检验结果

lag	LL	AIC	HQIC	SBIC
0	－661.586	63.8653	63.9625	64.313
1	－534.067	59.4349	60.4065	63.9115
2	—	—	—	—
3	5678.77	－522.835*	－520.795*	－513.434*

数据来源：课题组整理。

3. 跨境资本流动的脉冲响应分析

接下来，本部分将基于 VAR 模型冲击模拟的结果，探讨宏观经济、金融、贸易等因素冲击对跨境资本流动的影响，如图 5－2 所示，列出了 GDP 增长率对跨境资本流动的影响。

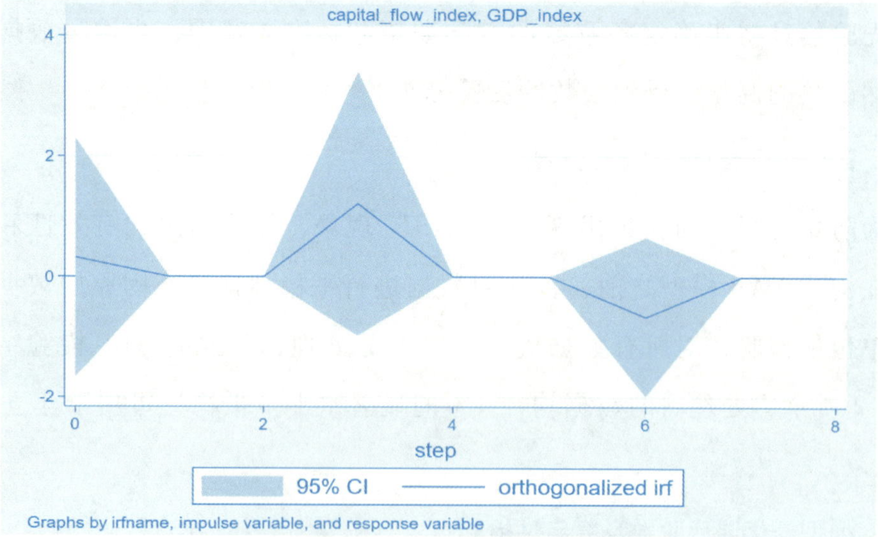

图 5－2　GDP 增长率对跨境资本流动的影响

关于进口增长率对跨境流动资本影响方面如图 5－3 所示，在初期，进口增长率增大对跨境资本流动存在着负向影响，并且这种影响会延续多个周期。可能主要原因是随着进口规模的扩大，国内企业需要兑付更多外汇，以便在购买国外商品时支付；这也比较符合关于进口增长与跨境资本之间的相关性。

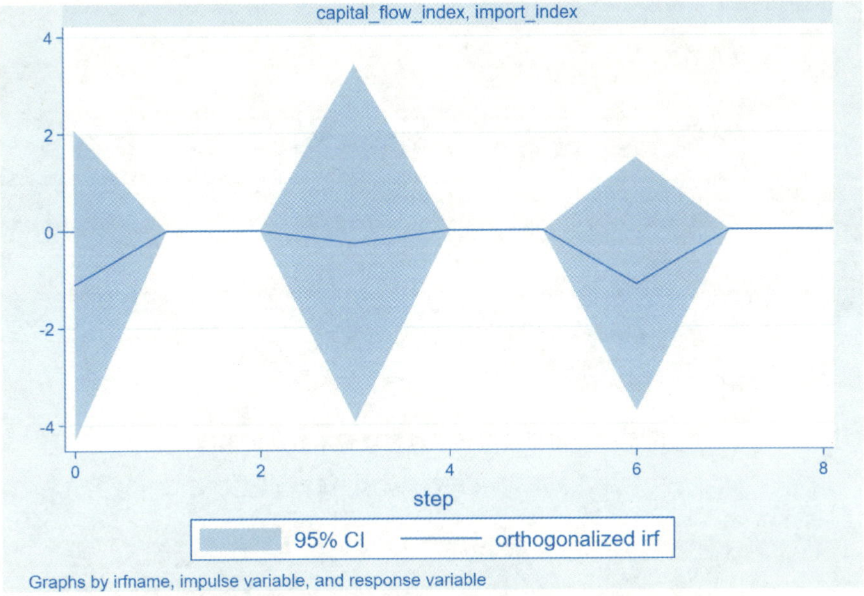

图 5－3　进口波增长率对跨境资本流动的影响

关于出口增长率对跨境流动资本影响方面如图 5－4 所示，在初期，GDP 增长率增大对跨境资本流动存在着正向影响，并且这种影响会延续两个周期，而在后续的影响会转为负向影响，但是这种影响会随着时间而降低，并在长期内趋于平稳。因为随着国内经济的发展，经济稳定，吸引更多的投资进入国内市场，使得资本流动性提升，在短期内资本则呈现出流入的趋势。所以，短期跨境流动资本会因国内经济增长而持续流入。

关于货币供应增长率对跨境流动资本影响方面如图 5－5 所示，在初期，货币供应增长率增大对跨境资本流动存在着负向影响，但这种影响的持续性较弱。一方面是因为货币供应增长表明货币政策的宽松，可能预示着本国货币存在贬值的可能，使得本国的资本流入规模下降。另一方面，货币供应增长率的影响没有持续性，是因为根据新古典经济学理论，货币对经济的影响是短期的，长期来看，经济增长受到技术创新、资源投入等因素的影响较大。所以，货币供应增长率对跨境流动资本存在短期的负面影响。

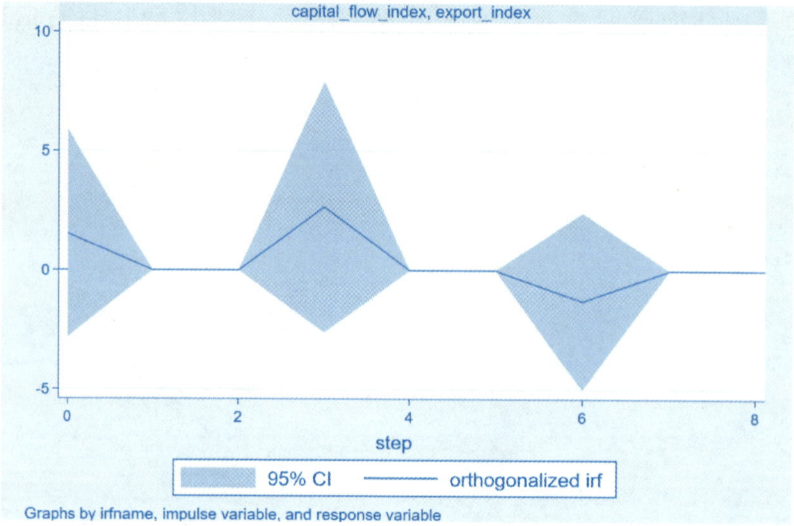

图 5－4　出口波增长率对跨境资本流动的影响

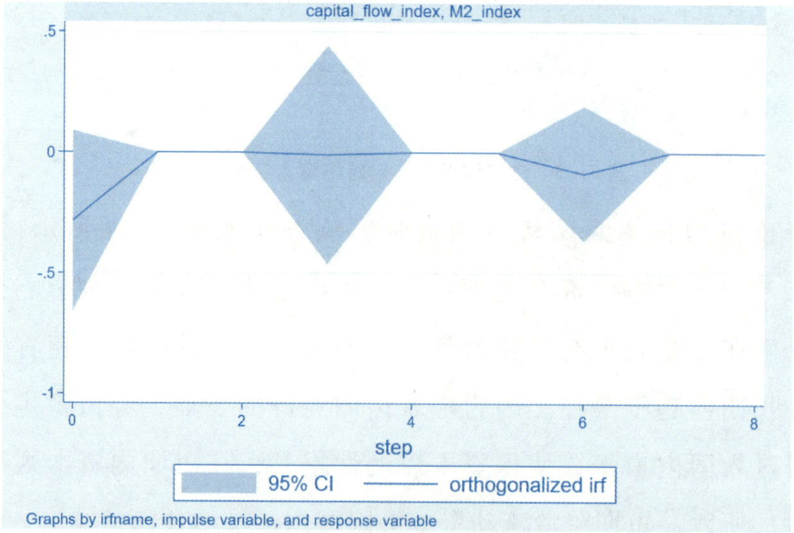

图 5－5　货币供应增长率对跨境资本流动的影响

关于外汇贷款增长率对跨境流动资本影响方面如图 5－6 所示，在初期，外汇贷款增长率增大对跨境资本流动存在着负向影响，并且这种影响会延续多个周期，但是这种影响会随着时间而减弱，并在长期内趋于平稳。这主要是因为外汇贷款是银行利用所筹集到的外汇资金，向部分国内企业进行的贷款业务，但比较显然的是这种外汇借贷行为将对其他外汇兑换行为产生挤占作用，进而表现为对跨境资本流动的负向冲击。

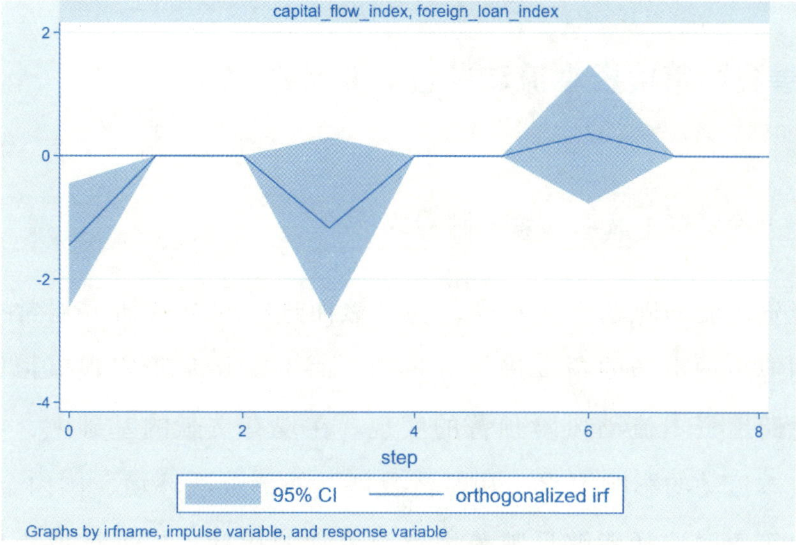

图 5－6　外汇贷款增长率对跨境资本流动的影响

关于外汇储备增长对跨境流动资本影响方面，从图 5－7 可以看出，在初期，外汇储备增长的冲击将对跨境资本流动产生负向影响，并且这种影响只存在于短期。这主要是因为当使用外汇储备规模下降，相应地跨境资本流动规模也将下降，同时这种影响也是短期的。

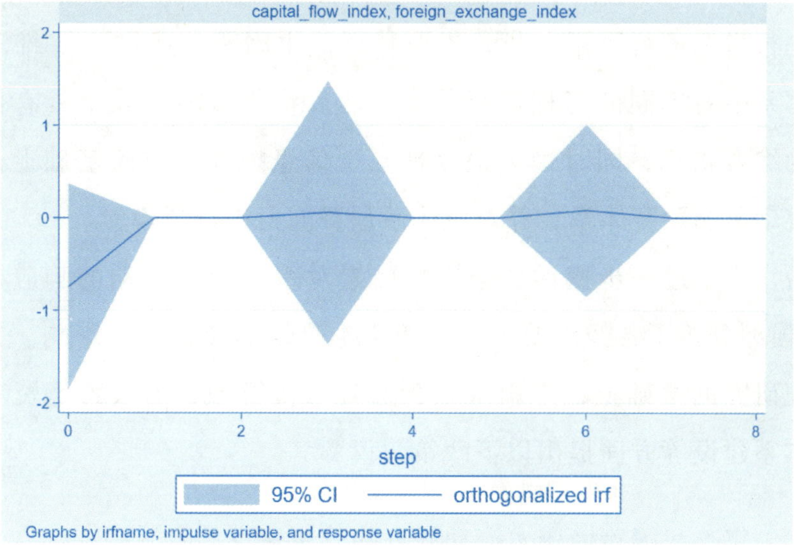

图 5－7　外汇储备增长对跨境资本流动的影响

五、完善我国跨境资本流动监管的政策建议

（一）跨境资本流动预警机制构成

跨境资本流动问题一向较受关注，然而这类问题的研究通常是从某个金融部门或金融市场的角度进行分析的，而本篇是基于宏观审慎管理的角度来讨论跨境资本流动风险预警的实现。在现有文献的基础上，本篇讨论了跨境资本流动的影响因素，从经济发展、外部金融环境、国内金融市场、跨境支出等角度选择能够反映跨境资金流动的指标。根据选取指标需要具有全面性、动态性、时效性等要求，本篇选择了 GDP 增长率、M2 增长率、工业增加值增长率、境外一年期 NDF 升贴水率、美国国债收益率（10 年期）、VIX 恐慌指数、国债到期收益率、上证指数季度收益率、人民币实际有效汇率指数、进出口增长率等 16 个备选指标。通过单位根检验判断相关变量的平稳性，最终留下 12 个预警指标。

其次，本篇选择了 12 个指标构建了跨境资本流动监管体系。利用主成分法对先行指标进行因子分析，提取特征值主因子。通过“降维”的方式在指标体系中对不同的指标进行分类，然后将其转换为几个具有代表性且不相关的综合指标，同时最大限度地减少信息损失。在此基础上，构建跨境资本流动监测预警体系，并对该体系预警能力进行了检验。

最后，为了进一步探讨各个影响因素对跨境资本流动的响应机制，基于 VAR 模型分析了各经济要素对跨境资本流动响应冲击的影响。在理论分析和实证研究的基础上，本篇从完善宏观审慎管理、加快跨境资本流动风险预警体系建设等方面提出以下政策建议。

（二）完善我国跨境资本流动管理的政策建议

党的十八届三中全会明确提出，推动资本市场双向开放，建立健全宏

观审慎管理框架下的外债和资本流动管理制度，加快实现人民币资本项目可兑换。因此，我们应积极探索在宏观审慎管理框架下设计跨境资本流动管理系统和相关工具，以有效防范国际资本流动风险。

1. 加快构建宏观审慎管理框架下跨境资本流动管理体系

积极构建宏观审慎管理视域下的跨境资本流动监测体系。一是建立和优化跨境资本流动宏观审慎管理框架，逐步将跨境资本流动管理措施纳入宏观审慎管理政策框架，将宏观审慎监管与资本控制相结合，控制跨境资本的异常波动，防止跨境资本流动可能引发的系统性风险。二是在宏观审慎管理体系中开发跨境资本流动监管工具，充分发挥宏观审慎管理的逆周期监管功能；积极探索银行等金融部门外汇业务监管工具，如探索通过调整银行外汇头寸管理额度与银行借贷规模之间的关系系数；探索基于汇率、税率和其他价格工具调整跨境资本流动的方式，减少直接行政干预，加强市场机制在跨境资本流动逆周期调节中的作用。三是建立跨境资本流动监测指标动态调整机制，积极评估宏观审慎管理工具的实施成效，动态调整管控工具，不断完善宏观审慎管理工具体系。

2. 建立健全跨境资本的综合评估与动态监测体系

一是积极探索构建监测指标体系，建立健全跨境资本流程监测与预警体系，如关于外债指标监测体系及其数据库；科学利用外债相关数据库，强化对外债流动的动态监测能力，特别是关于非居民部门的外债负债率、偿债率等的监测，防范外债资产负债期限不匹配带来的风险以及可能引起的金融市场波动。二是不断完善外汇系统的风险评估框架，持续优化外汇管理系统，构建层次清晰的外汇系统风险处置机制；加强外汇风险管理，完善外汇市场的交易信息管理系统，科学统计分析外汇交易信息，及时识别不同市场主体之间的关联交易行为，不断完善外汇信息系统在监管外汇交易方面的监管功能。

3. 构建跨境资本流动协调监督机制，完善我国法律监管制度

一是优化跨境资本流动协调监督机制。积极加强人民银行、外汇局、工商等部门对跨境资本流动监测的共同监督机制，建立健全各个部门之间信息传递机制，提升跨部门的联合监管作用。二是在多部门联合监管基础上，积极探索金融监管部门的多层次监管体系，培育多元化的监管主体，发挥跨境资本流动监管的合力，消除监管盲区和政策套利空间。三是强化宏观审慎管理的法治化、制度化，完善宏观审慎监管法律制度。根据新时代、新要求，积极完善以系统性风险为核心的宏观审慎监管法律制度，强化跨境资本流动监管体系的法治化建设，提高跨境资本流动风险评估体系和预警系统的规范化和制度化，不断增强评估外汇管理的整体有效性。

第六篇

临港新片区高能级金融服务发展研究

一、研究背景及意义

潮自东方起，风从海上来。站在上海产业经济发展的新起点上，临港新片区是上海市新城发展的重点区域，为上海稳增长、促投资、强动能做出了重要贡献。2022 年 8 月，临港新片区发布《临港新片区加快发展新兴金融业行动方案》，提出新兴金融产业发展总体目标，要将滴水湖金融湾打造成为新兴金融集聚的新高地、金融科技发展的样板间、对接国际规则的试验田、海内外金融人才的首选地。随着跨境高能级金融服务行动工作的实施，临港新片区积极推进跨境金融服务发展，大华银行、汇丰金融科技、交银金融科技等一批标志性的跨境金融服务机构纷纷落地临港新片区。

随着我国企业和个人对跨境金融服务需求的增加，跨境金融服务已成为新兴金融业发展的重要方向。临港新片区作为上海国际金融中心建设的重要组成部分，肩负着成为新兴金融集聚地的重要使命。作为临港新片区的四大重点产业，生物医药产业、集成电路行业、人工智能行业和航空航天行业等对于跨境并购、财务跨境管理、跨境资金流动等方面有着庞大的金融服务需求。作为临港新片区的金融机构，希望能够进一步放松本外币资金池管制，放松对于外商投资形式的限制，增加临港新片区企业活力。作为临港新片区的跨国公司，对跨境资金管理和相关的跨境金融咨询、评估等服务有着较高需求。

面对临港新片区发展日益增长的跨境金融服务需求，如何在临港新片区发展跨境资金流动便捷、资产交易灵活、跨境贸易顺畅且能保证金融交易数据安全的高能级金融服务，进一步推动金融市场开放，实现新兴金融业发展是一个值得深入研究的重要问题。基于此，本篇针对临港新片区跨境高能级金融服务的现状及创新发展进行了深入探究，首先分析临港新片区金融聚集区的建设现状，剖析临港新片区金融聚集区的优劣势及发展瓶颈，通过总结国际金融聚集区经验，明确促进临港新片区金融聚集区的方向和发展举措。接着从建设国际金融资产交易平台的角度，分析临港新片区跨境金融存在的问题，结合新加坡和中国香港的发展经验，提出针对临港新片区发展国际金融资产交易平台的对策建议。接着从发展贸易新业态角度，针对临港新片区跨境电商、离岸贸易和数字贸易发展的现状进行深入分析并提出发展对策。最后，进一步借鉴国际经验，指出临港新片区金融交易数据跨境流动的发展瓶颈，提出提升临港新片区金融交易数据跨境流动的可操作性建议，为临港新片区跨境高能级金融服务创新发展赋能。

二、临港金融聚集区提升路径研究

（一）中国金融聚集区建设现状

1. 整体情况

在我国金融集聚区相关发展形态的建设中，呈现出多点开花的发展态势。从金融产业集聚区到金融城市，在发展形式上有相应的发展案例，在发展规模、发展方向和业态构成上存在差别（如表 6－1 所示）。

表 6－1　国内部分城市金融集聚区发展概况比较

	北京	天津	上海	成都	重庆	深圳	广州	香港
项目名称	CBD 国际金融城	于家堡金融城	陆家嘴金融城	金融总部商务区	渝中区金融中心	前海金融集聚区	国际金融城	国际金融中心
经济区位	环渤海经济区	环渤海经济区	长三角经济区	成渝经济区	成渝经济区	珠三角经济区	珠三角经济区	珠三角经济区
地位作用	准国际金融中心、国家金融中心	区域金融中心	准国际金融中心、国家金融中心	区域金融中心	区域金融中心	国家金融中心	区域金融中心	国际金融中心
建设类型	扩区改造	新区规划在建	扩区改造	新区规划在建	扩区改造	新区规划在建	新区规划未建	已建成

续表

	北京	天津	上海	成都	重庆	深圳	广州	香港
空间规模	2.59 平方公里	3.86 平方公里	8.4 平方公里	5 平方公里	1.61 平方公里	5 平方公里	7.5 平方公里	—
发展定位	国际金融城	现代金融业创新基地	亚洲金融贸易中心	西部地区金融核心、现代田园城市	长江上游金融中心核心区	创新型区城金融中心	新型城市化发展引擎	亚洲的国际金融中心
业态构成	高端国际金融业务、信贷资金、保费资金运作	PE/VC 机构中心 金融租赁	国际板，跨境结算	金融、商务、行政	金融结算、市场运营、交易、服务、信息交流	货币市场、证券市场和保险市场	区域监管、金融总部、市场服务、市场交易	保险、租赁、货币、股票、外汇、黄金

资料来源：课题组根据公开材料整理。

2. 上海金融集聚区建设情况

2020 年，上海市银行业金融机构总数 4258 个，其中大型商业银行金融机构 1643 个，股份制商业银行金融机构 857 个，邮政储蓄金融机构 486 个，城市商业银行金融机构 476 个，小型农村金融机构 359 个，外资银行金融机构 209 个。上海市共有 57 家法人保险机构，其中财产险公司 20 家，人身险公司 22 家。上海期货交易所累计成交量 20.7 亿手，同比增长 46.8%；累计成交金额 140 万亿元，同比增长 44.5%；上海黄金交易所成交额 43.3 万亿元，同比增长 50.7%，其中黄金累计成交 5.87 万吨，同比下降 14.4%，成交金额 22.55 万亿元，同比增长 4.8%。

3. 北京金融集聚区建设情况

2020 年，北京市金融机构总数合计 4663 个，其中大型商业银行机构 1794 个，股份制商业银行机构 810 个，小型农村金融机构 673 个。2020 年末，北京地区法人证券公司 17 家，期货公司 19 家，基金管理公司 36 家（北京注册 21 家），北京地区共有沪深上市公司 381 家。北京市共有保险总公司 45 家，其中财产险公司 14 家，寿险公司 31 家；保险公司分支机构 112 家，其中财产险公司 49 家，寿险公司 63 家。

（二）临港金融集聚区发展现状与优劣势

1. 临港新片区金融聚集区结构

临港新片区金融集聚区的定义尚未统一，本研究认为临港新片区金融集聚区结构如图6－1所示，是指不同种类的金融机构与组织在临港新片区内高度集中，进行产业专业化合作，促进区域内各种金融资源的自由流动和整合，并与区域内的其他机构和组织保持密切联系的特殊产业结构。

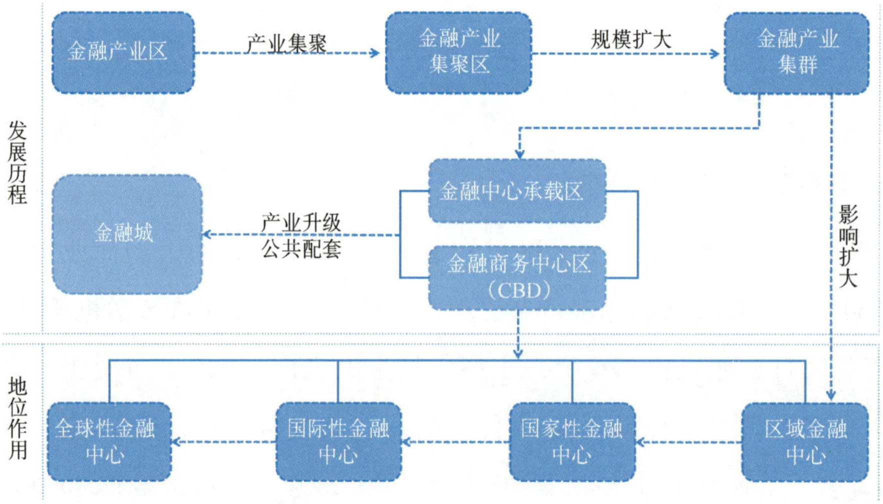

图6－1　金融集聚区相关概念发展解析图

2. 临港新片区金融集聚区现状

目前，临港新片区金融创新与竞争力显著提升，“金融30条”全面落实，发布金融开放与创新发展“50条措施”，多个“第一”和“首单”创新业务推出，临港新片区金融先行先试的政策体系形成基本框架。金融对外开放步伐显著加快，汇华理财、汇丰金科等一批外资金融项目陆续落地，业态丰富、创新活跃、功能完善的现代金融产业体系正逐步形成。服务实体经济能力显著提高，统筹推进疫情防控和经济社会发展，不断丰富金融政策“工具箱”，累计注册与签约基金的总资金规模超2614亿元。金融发展营商环境显著改善，积极承接地方金融监管职责，深入推进“放管服”改革，滴水湖金融湾项目正式开工，高端要素资源加速集聚。银行作为金融服务业的重要组成部分，是城市内部结构和功能格局变迁的见证者，本研究以银行业为突破口，对临港新片区金融集聚区进行定量分析。

（1）首位优势逐渐凸显。1979～2020年，随着城市经济发展和上海金融功能的凸显，银行业在改革开放后实现了突飞猛进的发展。随着上海国际金融中心建设，外资银行和国际金融机构总部不断入驻，上海银行机构数量和网点布局也呈现不断增加的趋势，为了更好的体现上海金融业的集聚特征，本篇从1979年、2000年、2010年、2020年四个时间点进行分析。其中，1979～2020年上海银行机构数量总体上呈现增长趋势，1979年上海银行机构的网点数量为159家，到2020年为4258家，年均增长率为7.81%。

从区县的尺度上看，浦东新区在上海金融集聚区中呈现“一区独大”。1979年，浦东新区在上海16个区中排名第七，2000年浦东新区排名第一，至2020年金融榜首的位置无人撼动。2020年浦东新区的银行机构的集聚数量占比上海市的24.94%，领先优势非常显著。

由表6－2可以看出，临港新片区的金融集聚度也呈现逐年上升的趋势，1979年临港新片区的银行办公机构网点仅有8家，至2020年增长至88家，集聚数量总体上呈现上升趋势，年均增长率达到5.46%。至2020年临港新片区的银行机构布局数量占浦东总量的8.29%，占上海市总量的2.07%。由此可见，临港新片区的金融集聚能力在不断增强，在上海金融集聚区中的首位优势逐渐凸显。

表6－2　　　　上海＆临港新片区银行机构概况

城市	1979年	2000年	2010年	2020年
上海	159	1592	3169	4258
浦东新区	14	472	804	1062
临港新片区	8	39	77	88

数据来源：上海自贸区临港新片区管委会。

（2）空间集聚趋势明显。通过临港新片区的银行网点布局数量测算 Moran's *I* 指数以判断临港新片区金融总体集聚度。从表 6 – 3 中可以看出临港新片区 Moran's *I* 指数达到0.175，在1%水平上显著，说明临港新片区具有显著的集聚效应，空间正相关性显著，具有成为上海金融集聚中心的潜力。通过计算局部 Moran's *I* 指数，临港新片区的金融产业具有显著的集聚效应，奉城镇、泥城镇和南汇新城镇空间相关性显著，处于绝对的集聚核心，是临港新片区的主要金融集聚中枢所在，大场镇、四团镇和青村镇次之。初步判断临港新片区的主要金融集聚区以南汇镇、泥城镇、奉城镇为核心，在空间上形成三大组团，如图 6 – 2 所示。

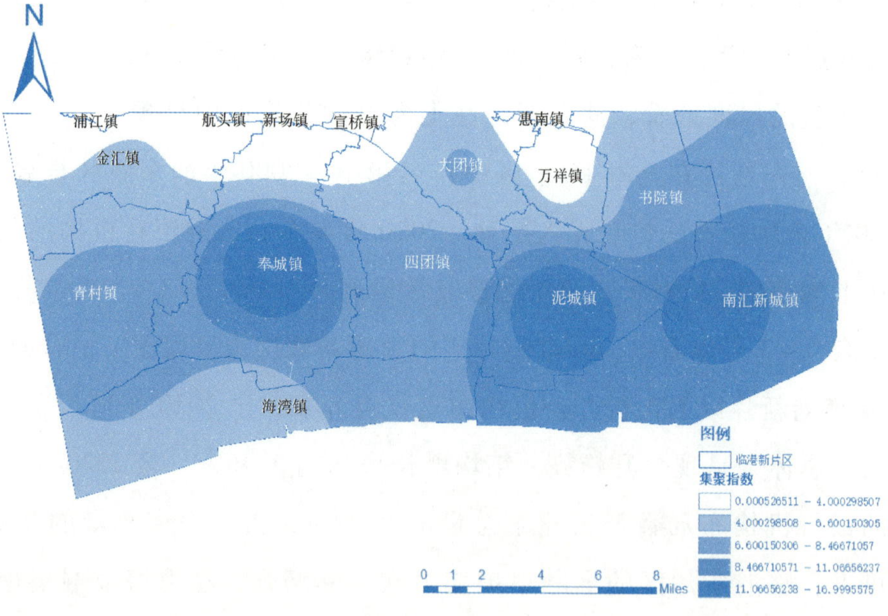

资料来源：上海自贸区临港新片区管委会。

图 6 – 2　临港新片区金融集聚示意图

从空间上看，临港新片区的集聚中心主要在东南—西南廊带，总体上集聚核心明显。东南方向上呈现以南汇新城、泥城镇为核心呈现片状辐射。临港新片区的西南方向上呈现以奉城镇为核心的单点集聚，并形成以奉城镇为核心的圈层布局。临港新片区全局空间自相关指标统计如表 6 – 3 所示。

表 6－3　　临港新片区全局空间自相关指标统计

指标	Moran's *I*	预期指数	方差	z 得分	p 值
临港新片区	0.175	－0.071	0.044	1.175	0.001

数据来源：上海自贸区临港新片区管委会。

（3）空间不均衡趋势凸显。根据银行网点布局，利用核密度进行可视化分析，临港新片区总体呈现出向少数街镇集聚，金融密度由少数街镇向周围街镇递减的趋势。由图 6－3 可以看出，南汇新城镇的银行网点数量最多，占临港新片区总量的 20%，其次是泥城镇和奉城镇，南汇和奉城镇具有便利的交通，完善的信息服务，再加上基础设施较为完善，区位优势明显，是临港新片区金融服务业发展的主要核心。而万祥镇、金汇镇等街镇的核密度相对而言比较低，与南汇新城镇、泥城镇、奉城镇形成较大落差，空间不均衡趋势鲜明。

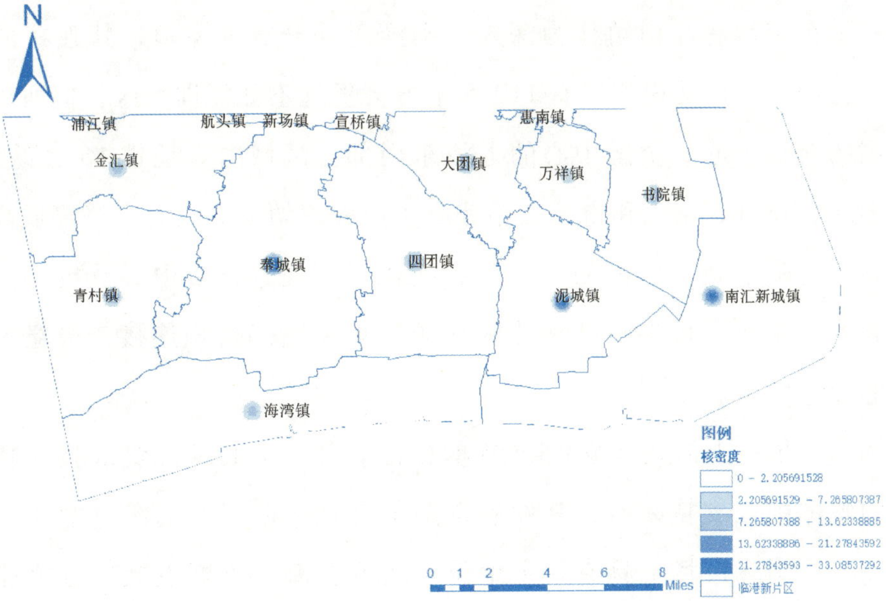

图 6－3　核密度集聚区

数据来源：上海自贸区临港新片区管委会。

（4）单极主导趋向一超多强。无论是空间区位布局、核密度还是Moran's I 指数等指标，临港新片区的空间布局都是非均衡性的，均趋向于个别街镇。相比于1992年以南汇镇的单核主导，2020年临港新片区的金融布局主要呈现以南汇为中心，泥城镇、奉城镇为此核心的“一超多强”格局。南汇新城凭借政策支持，滴水湖的名牌效应以及地铁16号线的交通溢出效应，成为临港新片区的超级核心。而位处远郊区的海湾镇也实现了网点的由无到有，实现了零的突破。整体格局虽南汇新城镇仍为超级金融集聚重心，但是整个区域已不再唯南汇一核独大。基于政策扶持，临港新片区努力引进人才和引入各类型企业入驻，出台了各类政策文件为金融领域的发展提供保障，为临港新片区揭牌以来进一步优化营商环境提供政策保障。

3. 临港新片区金融集聚区的优劣势

临港新片区金融聚集区优势包括以下几个方面：

第一，区位优势显著。临港新片区处于上海最东南端，北临上海浦东机场、最东南端有洋山镇作为深入太平洋对外开放的窗口，其独特的地理位置不言而喻。虽然面积只有119.5平方公里远不如深圳特区，但所处位置是我国的航运中心、金融中心的上海东南部。区域内有地铁16号线穿过，在临港新城设有3站，和市区交相呼应，形成密切联系。有上海绕城高速和沪芦高速将临港新片区内的各街镇相连接，实现直达市中心及机场。更有沪芦高速和东海大桥将临港新片区和洋山集装箱码头相连接，构建了相对密切的业务联系。

第二，依托上海较成熟的金融业发展平台。从上海自贸试验区临港新片区的整体国家支持来看，其发展金融集群优势明显，上海金融业发展水平较高，在国际市场上具有一定地位。随着上海的不断发展，有可能构建一个完整的金融交易市场体系，使中外资本和金融机构尽快集聚，构建金融对外开放的环境，推动内地金融改革、创新和发展。临港新片区金融集聚区环境条件较好。

第三，成本优势明显。临港新片区内的企业税收按 5 年 15% 优惠政策实施，而且由于资金可以自由进出，企业融资具有资金成本优势。我国目前的贷款利率比较高，西方国家的资本都很便宜，这就决定了低成本资本借入。由于新片区的新意在于其“五个自由制度的安排”，故大大减少了行政审批，提高了金融机构的办事效率。

第四，人才基础支持。临港新片区集聚了上海海事大学、上海海洋大学、上海电机学院以及上海电力大学。科研院校的空间集聚为临港新片区的发展提供了人才支持。对于临港新片区而言，人才是第一要素，为人才引进颁布了一系列政策。如降低在临港工作的人才的落户条件。与此对应的是新片区个人资金流动和管理需求日益明显。而对金融业务的需求则主要集中在配置个人财富方面。临港新片区各行业引进的高素质人才，也包括外籍人才，故各专业人才的集聚需要多元化配置方式满足个人的财富配置需求，如个人工资、薪金、稿酬、股票、债券、财产租赁等所得，则金融业务多元化的需求促进了临港新片区金融集聚区的发展。

临港新片区金融聚集区劣势包括以下几个方面：

第一，缺乏金融公司总部落地。金融总部企业的缺乏也为发展金融集聚区带来一定的劣势。国有四大银行的总部聚集在北京，上海是国际金融中心，汇集了多家跨国银行的金融机构总部，但是这些金融机构多数布局在以陆家嘴为中心的金融集聚区。虽然临港新片区的实际区域环境是依托上海，并且具备着最充分的金融发展条件与坚实的政策基础，但在激烈的产业竞争中缺乏具有代表作用和号召力的总部企业。总部企业具有较强的号召力和集聚力，临港新片区金融集聚区的发展离不开总部企业的支持，一旦缺乏这一实力的支撑，就会受到来自金融可持续发展等方面的压力，以及不仅要面对上海其他 4 个新片区的竞争，还要面对长三角其他发展实力强劲城市的竞争压力。

第二，全球贸易环境恶化。尤其近年来受新冠肺炎疫情的影响，世界多边贸易体系正面临生存危机。例如，美、英、欧、印等国以“国家安全”

为由限制中、俄投资通信和能源等领域，日、美等国政府在疫情后为提升产业链安全而鼓励制造业回流，部分跨国投资考虑到中美贸易摩擦风险转向了墨、越、韩等地区。国际政治博弈影响深化，全球贸易摩擦愈演愈烈。主要经济体之间的贸易摩擦和争端频发，背后除了经济因素考量，更服务于内外政治目的。

第三，金融服务业的基础较差。临港新片区成立两年，虽然两年间从国家到上海再到浦东，制定了各层级各项利其发展的产业政策，但金融服务业在临港新片区的年资较浅，产业基础相对薄弱。虽然依托上海这一国际金融中心城市，但是陆家嘴的虹吸效应致使金融资源多数集聚在以陆家嘴为核心的上海中心城区。临港的金融业务量相对不足，缺乏跨国金融机构总部、国有银行总部乃至地方性银行总部布局，在临港新片区内更多的是金融机构的分公司或者是银行支行，缺乏大型金融机构总部带来的裙带效应，也是进一步打造金融集聚区面临的挑战。发展金融服务业需要大量的金融机构集聚，特别是国际性大型业务控制中心的集聚。虽然上海是国际金融中心，并且已经形成了一定的国际金融业务，但临港新片区发展国际化的金融业务尚有一定的距离。现阶段，对于金融机构的引入及未来发展没有开发相应的配套产品和发展方案。

第四，缺乏专业人才，金融创新乏力。随着普惠金融、数字金融、智慧金融等新概念的提出，金融服务业的发展需要专业的高水平人才，临港新片区的金融发展尚处于初始阶段，临港新片区虽集聚了数所高校，但是金融方向的人才培养尚缺乏专业化和体系化。临港新片区虽制定了大量的人才引入政策，尤其对于紧缺型专业技术人才给予较大扶持，但是临港新片区本身远离市中心的地理区位，使在金融人才引入过程中面对很多的壁垒需要重重克服。

第五，宣传力度不够。大多数金融机构对智慧金融的宣传不到位，导致有经济实力的中小型企业会由于知识缺乏而无法实现即时就地的办理金融业务，需要到远离临港新片区的市中心去办理，这势必会给大多数企业带来较大的时间成本，拖延企业工作效率。

（三）临港金融集聚区提升方向与举措

1. 临港新片区金融集聚区未来提升方向

第一，加大财税金融政策支持力度，加快高能级要素资源平台建设。建立临港新片区专项发展资金用于产业扶持、人才培养和基础设施建设等；对高端核心企业减税减免和高端紧缺人才税收优惠；加大政府债券发行支持重大项目；对重点产业低息贷款 + 保险资本支持；对中小企业进行融资担保；优先支持重点产业上市等。抢抓构建新发展格局的战略机遇，聚焦国内市场和国际市场，更好联通、利用国际国内两个市场两种资源，布局建设重大金融基础设施平台，打造开放层次更高、营商环境更优、辐射作用更强的开放新高地，更好地配置全球资源。建设国际金融资产交易平台，有序引入境外发行人、投资者和国际金融产品，通过高水平制度型开放，加快提升资本市场国际化水平，打造境内外金融市场的“转接口”。建设国家级大型场内贵金属储备仓库、国际油气交易平台、全国性大宗商品仓单注册登记中心等平台，提升贵金属和石油等重要大宗商品的价格影响力。建立跨境人民币贸易融资转让服务平台、上海航运金融服务一体化科技平台等，构建联通全球的数字化金融基础设施。

第二，大力吸引外资金融机构集聚。鼓励和支持符合条件的外资以多种方式在临港新片区设立金融机构，集聚更多具有国际影响力和行业引领性的外商独资、中外合资金融机构，打造新时代外资金融机构落户首选地和高质量外资金融机构集聚地。对标国际高标准规则，创造公平竞争的市场环境，加快实现准入前国民待遇加负面清单管理制度，外商投资准入负面清单以外的领域，按照内外资一致的原则管理。吸引跨国企业设立具有全球或区域财资管理功能的总部型主体，打造亚太地区跨境资金流动和调配中心。吸引境内外大型银行、证券、期货、基金、保险等机构在临港新片区设立总部、分支机构、专营机构及功能性机构等。支持符合条件的商业银行在临港新片区发起设立金融资产投资公司及专业子公司，支持符合条件的银行理财子公司在临港新片区设立专业子公司。积极推动市属国企利用金融市场充实国有资本实力，在临港新片区设立财务公司、消费金融公司、结算中心等。支持符合条件的非金融企业集团在临港新片区设立金融控股公司。

第三，大力发展普惠金融和绿色金融，打造数字金融创新高地。牢固树立公平普惠、绿色发展导向，引导金融资源更多配置至小微和民营企业、绿色发展领域。完善金融支持中小微企业政策工具，设立运行临港新片区融资担保公司，加大重点企业贷款贴息、信贷风险补偿资金等政策力度，最大限度地发挥政策的叠加效应，为科技型中小微企业提供有效而低成本的金融支持。发挥“店小二”精神，全面开展普惠金融地推行动，联合融资担保公司和银行、证券等金融机构以及产业园区力量，对区内科技型中小企业开展全覆盖走访，打通融资“最后一公里”。更好发挥金融科技在丰富服务渠道、完善产品供给、降低服务成本等方面的重要作用，提升金融机构对中小微企业及个人的金融服务覆盖面和可得性。围绕碳达峰、碳中和的目标，积极发展绿色金融，加强与长三角生态绿色一体化发展示范区金融合作，积极探索绿色金融发展的有效路径和创新实践。丰富绿色金融产品，鼓励国际金融组织、境内外金融机构在临港新片区开展更多绿色信贷、绿色保险、绿色债券、绿色基金等金融产品创新。在环境高风险领域推行环境污染强制责任保险。立足金融科技创新试验港的发展定位，积极开展金融科技创新监管试点，加快推动以大数据、人工智能、区块链、云计算、5G 等为代表的核心技术研发攻关，助力上海金融科技中心建设。积极争取国家金融科技发展研究中心在临港新片区落地。大力发展金融科技产业，积极争取人民银行金融科技子公司在临港新片区落地，继续加大力度吸引境内外金融机构和龙头科技型企业在临港新片区设立金融科技事业部、金融科技公司、研发中心和开放式创新平台等赋能平台，培育国际一流的金融科技生态圈。积极开展数字人民币应用试点，推进数字人民币在智慧园区、跨境支付等领域的场景创新和应用。支持相关金融机构和企业把握数字化发展趋势，在临港新片区发起设立直销银行、互联网小贷公司等。加强政银企三方信息对接，鼓励金融机构依托“临港新片区一体化信息管理服务平台”加快智能化、数字化转型，为企业提供便捷的一站式跨境金融服务。

2. 临港新片区金融集聚区发展举措

第一，建立统一大数据平台，实现金融科技数据标准化、共享化。政府与市场联手开发金融大数据。逐步实现金融科技大数据资源的开放。金融大数据主要分布在金融机构和金融监管机构中，还有一部分存在于各类新型平台企业的数据库中。这些数据资源涉及居民的金融财产总额和结构、收入水平、消费水平、投资水平，有很强的数据隐私性和保密性，对其进行开发开放要分级别、分客户、分对象、有监管、有限制、有管理。至少在政府控制的金融数据这一块，先开发起来。开发金融数据资源，也要有生态的概念，应是政府与市场两种力量的有机结合，充分运用最新金融科技，有效合作与有序推进。推动金融科技的共享化与标准化，基于金融科技数据一体化平台，可共享公共服务普惠和便利。

第二，推进金融模式创新，做强金融科技平台。作为带动临港新片区金融改革措施之一，可考虑把上海自贸区金融成功政策例如 FT 账户制度在临港新片区全面推广。可鼓励商业银行适时与专业创投机构在投贷联动领域开展更深入的业务合作，探索有效的外部合作模式。政府“创新券”是面向用户需求设计的政府创新投入政策，主要关联三方：一是研发机构，创新服务的供给者；二是中小微企业，创新服务的消费者；三是政府，创新券的发放和管理者（如图 6－4 所示）。

第三，完善金融支持科创体系，培育一流投行和资管机构。围绕科创企业融资痛点优化金融供给，形成“股权投资＋融资担保＋银行贷款＋融

图 6-4 创新券关联三方的关系

资租赁＋结构化融资＋资本市场”的跨市场、全周期、多层次的科技金融产业闭环，为科创企业提供一揽子综合化金融服务。鼓励金融机构围绕科创企业发展扩大中长期贷款、信用贷款规模，发展知识产权证券化、知识产权质押融资、科技保险等科技金融产品，开展科技成果转化贷款风险补偿试点，提供有利于科技创新和科技成果转化的金融支持。鼓励和支持政策性金融机构加大对高新产业和科技创新等重点领域和薄弱环节支持力度。加强科技金融组织建设，鼓励和支持符合条件的金融机构、大型企业在临港新片区设立专注服务科创企业的银行保险机构或专营机构，探索科技与金融融合发展新模式，为科创企业提供全产业链、全生命周期、全业务场景的金融服务。依托临港新片区前沿产业集聚和上市资源丰富的优势，促进全球证券公司加快集聚，支持其围绕国际金融资产交易平台建设，提升服务资本市场和实体经济的能力，打造国际一流投资银行。构建资产管理生态体系，积极吸引全球知名资产管理机构设立区域总部，大力引进银行理财子公司、合资理财公司、公募基金公司、券商资管公司、保险资管公司、私募基金公司等资管机构，发展证券投资基金投资顾问、独立基金销售等衍生机构，支持各类资管市场主体做大做强。支持智能投研技术联盟发挥更大作用，赋能资产管理行业发展。积极开展合格境外有限合伙人

（QFLP）和合格境内有限合伙人（QDLP）试点及业务创新，支持发展外商独资私募证券投资基金管理人（WFOEPFM）业务。率先在临港新片区研究建立资产管理机构跨境资金管理有效途径，开展跨境证券投资、跨境保险资产管理等创新业务。

第四，优化实体经济服务体系，推进产业和金融协同发展。抢抓全面实行股票发行注册制的新机遇，出台“浦江之光”行动贯彻落实文件，建立健全促进企业利用资本市场高质量发展联席会议制度，支持和鼓励更多高新技术企业上市，打造资本市场“临港板块”。依托上海证券交易所临港新片区资本市场服务基地和上海股权托管交易中心临港新片区服务中心等，优化企业全生命周期资本市场服务，加快企业挂牌上市步伐。建立完善企业储备资源库，强化创新型企业和高新技术企业群体培育，打造“雏鹰－瞪羚－独角兽”发展梯队。吸引上市公司将总部和管理、营销、贸易、融资等功能性总部落户，打造上市公司总部集聚地。鼓励银行保险机构依法合规与私募股权基金、创业投资基金和政府出资产业投资基金合作，支持银行理财子公司专业子公司、金融资产投资公司及其专业投资子公司投资临港新片区的重点建设项目股权和未上市企业股权。支持企业开展多元化债券和资产支持证券融资，参与基础设施等领域不动产投资信托基金（REITs）试点。

第五，整合金融资源，聚集发展优势。充分结合临港新片区的金融集聚区特点，落实相关产业政策、《临港新片区金融业发展“十四五”规划》，扶持临港新片区特色物流产业、文旅产业。抢抓构建新发展格局的战略机遇，聚焦国内市场和国际市场，更好联通、更好利用国际和国内两个市场、两种资源，布局建设重大金融基础设施平台，打造开放层次更高、营商环境更优、辐射作用更强的开放新高地，更好地配置临港新片区金融资源。通过建设国际金融资产交易平台，有序引入境外发行人、投资者和国际金融产品，通过临港高水平制度型开放，加快提升资本市场国际化水平，打造临港新片区金融极化中心。

三、发展国际金融资产交易平台支持跨境金融

（一）临港在跨境金融发展中的核心作用

1. 上海在促进跨境金融发展中的引领作用

（1）上海具备促进跨境金融发展的坚实基础。上海货物贸易进出口及国际服务贸易占全国的比重高于其他城市；上海外商直接投资和对外直接投资，沪股通持股市值及其上交所总市值的比例在全国名列前茅；中国的债券市场主要在上海，外汇交易中心就在上海；外资银行、合资证券公司、合资基金公司、外商私募管理人在沪比例，均居全国前列……上海被称为国际贸易中心、国际航运中心、国际经济中心、国际金融中心、国际科创中心、国际消费中心、国际旅游中心等，是国家极其重视、赋予多项功能的城市，具有促进跨境金融发展的坚实基础。

（2）上海形成了推进跨境金融发展的独特优势。上海有独特的金融市场体系，有大量需发展跨境业务的金融机构，这些机构共同发力将成为上海得天独厚的优势；上海有完善的金融产品体系，包括股票、债券、外汇、商品、场外利率衍生品等各类金融产品；上海有健全的金融基础设施体系，例如支付清算体系、自贸账户体系、跨境金融管理体系，还有金融科技体系等，这些都构成了上海推进跨境金融发展的独特优势。

（3）上海承担引领跨境金融发展的重要任务。主要有四个方面：深化金融市场功能，提升跨境金融服务能力；率先探索资本项目可兑换路径，加快人民币国际化步伐；加快金融市场国际化进程，引领金融制度开放；健全金融基础设施体系，优化跨境金融环境。发挥好引领跨境金融发展的核心作用，关键是依靠并深化包括上海国际金融中心在内的上海城市的整体功能，落实好中央对上海的定位和要求、抓紧将引领区文件部署落地，

上海的核心作用就必将不断增强。

2. 临港新片区是上海跨境金融政策突破的重要承载区

浦东引领区是以探索资本项目可兑换和推动金融制度开放来引领跨境金融，而临港新片区是我国跨境金融领域探索资本项目可兑换和推动金融制度开放政策突破的重要承载区。表6－4中的政策演变，更加体现了临港新片区在跨境金融政策突破上的使命。

表6－4　　中国（上海）自由贸易试验区临港新片区相关政策演变

2019－07－27	《中国（上海）自由贸易试验区临港新片区总体方案》（国发〔2019〕15号）
2019－09－24	中国（上海）自由贸易试验区临港新片区支持金融业创新发展的若干措施
2020－02－15	央行等部门发布《关于进一步加快推进上海国际金融中心建设和金融支持长三角一体化发展的意见》
2020－02－19	关于印发《中国（上海）自由贸易试验区临港新片区加快区块链技术在金融领域应用的实施方案》的通知
2019－11－09	国家外汇管理局上海市分局关于印发《进一步推进中国（上海）自由贸易试验区外汇管理改革试点实施细则（4.0版）的通知》
2021－08－02	上海市人民政府关于印发《上海国际金融中心建设“十四五”规划》的通知
2021－07－15	《中共中央国务院关于支持浦东新区高水平改革开放打造社会主义现代化建设引领区的意见》
2021－08－12	《中国（上海）自由贸易试验区临港新片区发展“十四五”规划》
2021－06－03	关于促进洋山特殊综合保税区对外开放与创新发展的若干意见

资料来源：课题组整理。

（二）国际金融中心金融资产业务发展经验

1. 新加坡国际金融中心金融资产业务发展经验

（1）金融资产业务开发情况。新加坡作为全球第二大财富管理中心，建立了一个充满活力的财富管理和资产管理的生态系统，近几年来不断巩固其作为亚洲“财资中心”的地位，为国际投资人提供有吸引力的财富管理投资机会。《Singapore Asset Management Survey 2019》报告显示，截至2019年，新加坡资产管理行业拥有895名传统和另类行业资产管理经理（较2018年增加108个）；大多数全球领先公共所有者将其投资团队设在新加坡，以获得该地区的区域投资机会，并在亚洲区域进行贸易，2019年全球公众投资者总数达到9家。2019年，新加坡管理资产规模达到4万亿新元（2.9万亿美元，占全球总额的3.26%），同比增长15%，在过去的5年中，以11%的复合年增长率增长。其中，新加坡资产管理行业的资金净流入达到2610亿新元，同比增长57%，这得益于全球投资者对亚洲投资策略兴趣的增强。

随着亚洲市场的估值日益增长和资金流入不断增加，新加坡资产管理机构的传统资产和另类资产的管理规模也在不断增加，2019年新加坡传统资产出现了强劲反弹，同比增长了25%，另类行业持续增长12%。从图6-5中各种资产类别的配置情况来看，主要包括股票、债券、另类投资、集体投资计划、现金五大种类，其中股票的配置比例最大，占比达到42%，现金的比例最小，占比仅3%。由于新加坡大力加强基础设施建设及科技创新，近年来新加坡资产管理机构对债券、集体投资的比例逐渐上升，而现金配置的比例逐渐下滑。

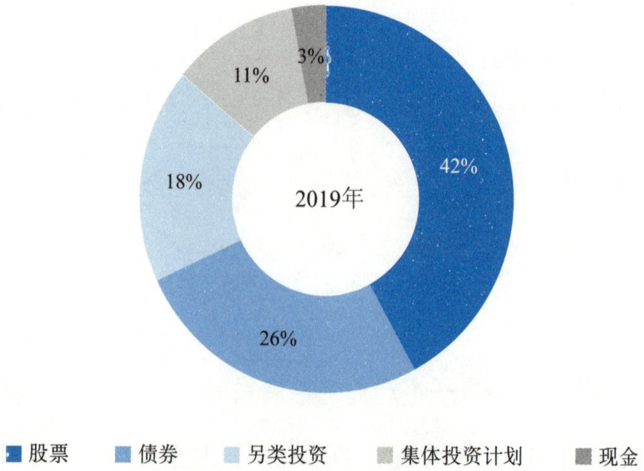

资料来源：《Singapore Asset Management Survey 2019》。

图6-5 新加坡资产配置比例及变化情况

从图 6－6 可以看出，对于另类资产，虽然投资比例有所下滑，但每年依然以较快的增速上涨。其中，私募股权和风险投资资产管理的增速分别为 14% 和 86%，达到 2430 亿新元和 110 亿新元。

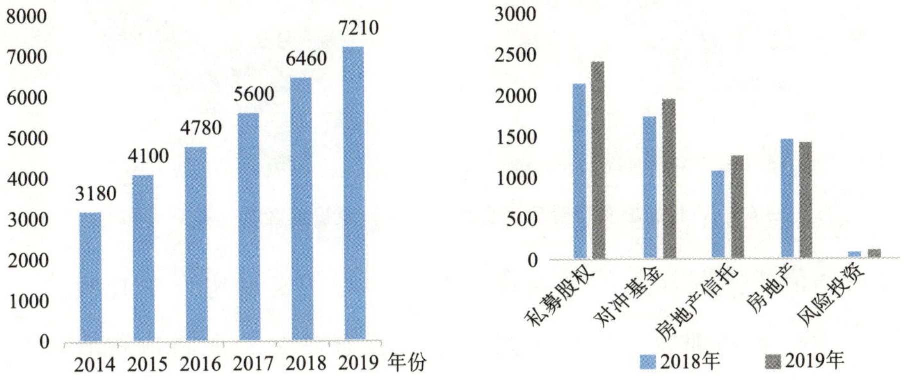

资料来源：《Singapore Asset Management Survey 2019》。

图 6－6　另类资产及其结构发展情况

由于资产管理机构在亚洲的投资份额巨大，投资者通常会选择新加坡作为进入亚洲资本市场的切入点。从图 6－7 可以看出，2019 年，新加坡 76% 的资金来自于本国以外的地区，其中 33% 来自亚太地区（不包括新加坡），18% 来自北美地区，17% 来自欧洲，其余来自世界其他地区。从海外流入新加坡的资金量可以看出，新加坡作为资产管理中心对国际投资者有很强的吸引力。同时就投资而言，亚太地区的表现最为突出，占新加坡资产管理总量的 69%，其次是北美和欧洲，分别占 13% 和 10%。在风险投资和私募投资领域，新加坡的资产管理机构将 83% 的资产投资于亚洲地区，其中东盟（26%）、印度（20%）和中国（14%）是主要的投资标的地区。

（2）金融资产业务税收政策。

①基金业的税收优惠政策。新加坡发展基金市场实行的是政府主导战略，主要目的是通过采取税收优惠政策推动新加坡基金管理行业向国际基金管理中心迈进。基金行业的税收激励计划主要是对在新加坡境内获得认可的基金管理公司（Approved Fund Managers，AFM）给予一定的税收优惠。

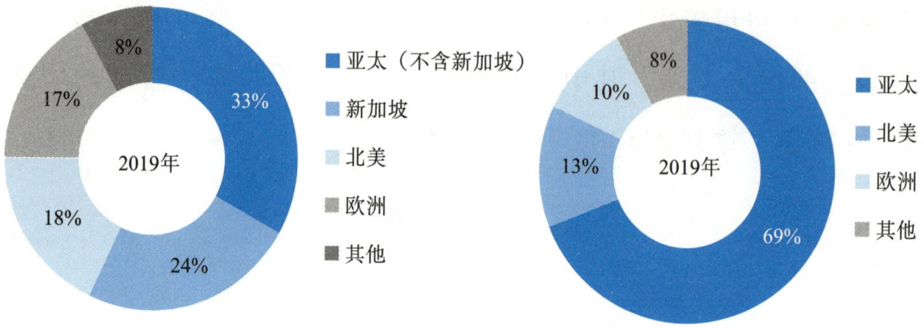

资料来源：《Singapore Asset Management Survey 2019》。

图 6-7　新加坡资产管理资金来源（左）及投资区域（右）分布

②房产信托投资基金的税收优惠政策。为了推动房产信托投资基金业的发展，2012 年新加坡政府规定房产信托投资基金企业将应税收入以基金的形式分红后才能享受税收优惠政策，且基金持有人可以选择以现金或基金的形式收到分红。同时，新加坡政府对投资国外资产的房产信托投资企业给予税收优惠（王敏和张辉，2015）。

③债券市场的税收优惠政策。早在 1998 年，新加坡政府就将发展债券市场作为建设世界级金融中心的主要突破口，并对债券市场采取了更多的税收优惠措施。新加坡没有设置资本利得税，投资于债券交易的资金所获得的任何收入都是免税的（王敏和张辉，2015）。

④对股权交易的税收优惠政策。新加坡没有对出售股票、固定资产、无形资产、资本交易的外汇收益等所获得的收入征税，因此只有公司处置股权投资中获得的收益部分才需要在新加坡进行纳税。

⑤对保险市场的税收优惠政策。新加坡是亚洲再保险中心和离岸保险中心，保险市场体系比较完善，相关配套附属机构齐全。新加坡对保险市场的税收优惠政策主要集中于再保险业务和离岸保险业务。2013 年，新加坡政府又将离岸巨灾保险业务列入特殊保险业务并享受相应的税收优惠政策（王敏和张辉，2015）。

⑥金融与资金管理中心税务优惠。该优惠政策是为鼓励企业在新加坡设立金融与资金管理中心（FTC）并鼓励企业提高资金管理能力，立足新加

坡开展战略金融和资金管理业务。符合条件企业的资金管理所产生的收费、利息、股息等收益享受5～10年减至8%的优惠税率。偿还给银行及受承认网络公司（供FTC活动用途）贷款的利息付款可豁免预扣税。该计划延长至2026年12月31日。

⑦海运租赁优惠政策。新加坡对于集装箱或船舶租赁的公司、基金、合作伙伴或商业信托，只要符合资格的租赁收入，可以有长达5年的税务优惠。同时，对于持有该资产的公司所受认可的经理，符合资格的管理收入，将获得10%优惠税率。

⑧飞机租赁优惠政策。飞机租赁计划（Aircraft Leasing Scheme，ALS）由新加坡经济发展局审批，旨在鼓励企业发展飞机租赁能力，促进新加坡飞机租赁业的发展。对租赁飞机或飞机发动机和合格辅助活动的所得收入实行8%的优惠税率；对为购买飞机或飞机发动机而获得的贷款的利息和符合条件的相关付款免征预扣税。优惠期间为5年，期满可依企业提交之租赁计划申请延长。

2. 中国香港国际金融中心金融资产业务发展经验

（1）金融资产业务开发情况。中国香港作为亚洲资产管理第一的地区，截止2020年12月31日，其资产和财富管理业务同比增长21%至34.93万亿港元（合4.5万亿美元）。其中，由持牌公司和注册机构进行的资产管理与基金咨询业务规模占比为68.82%，同比增长20%，达到24.04亿港元（3.1万亿美元）。以资产管理与咨询业务发展情况为例。从资产管理与基金咨询业务的类型来看，其中公共基金，包括证监会授权的基金和其他司法管辖区的基金占比最大（图6－8），2020年达到9.04万亿港元，同比增长21%，占香港资产管理和基金咨询业务的比例达到38%；其次是托管账户（31%）和私人基金（16%，包含对冲基金5%及私募股权和风险投资4%）。截至2020年12月31日，归属于托管账户的资产管理规模同比增长17%，从63200亿港元增至73780亿港元。所有类型公司中，持牌公司进行的资产管理和基金咨询业务同比增长 21% 至 21324 亿港元，占比达到 88.7%。

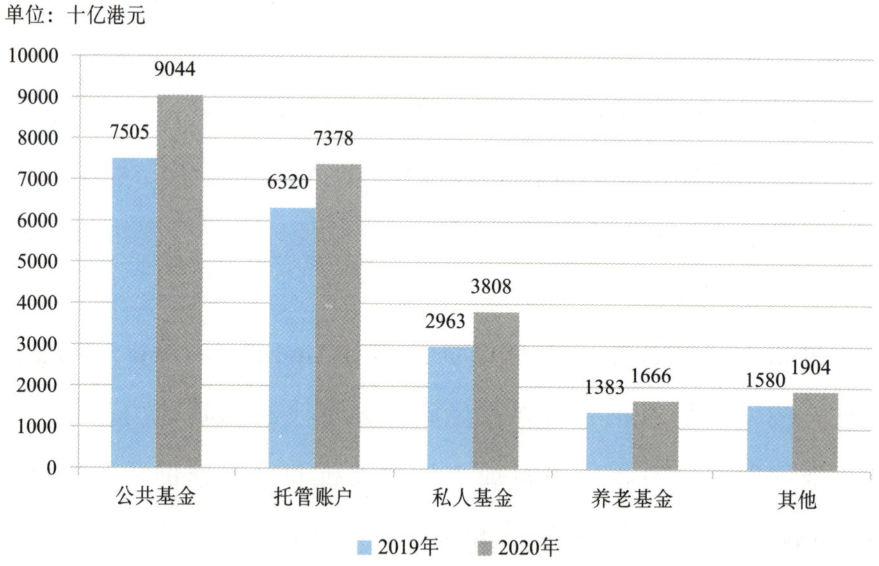

资料来源：《Asset and Wealth Management Activities Survey 2020》。

图 6-8　2019～2020 年咨询业务结构对比情况

（2）金融资产业务税收政策。香港实行来源地税收管辖权，税制简单、稳定，总体税负和名义税率低，纳税申报简单便利。香港金融税制涉及的税种很少，主要是利得税、印花税等。以证券投资基金为例，香港的证券投资基金又称为集合投资计划，基本上都属于开放型契约型基金且以私募基金为主，包括互惠基金和单位信托基金两类。为支持证券投资基金的发展，香港在所得税、印花税等方面对基金收入以及基金管理公司实行一系列税收优惠政策，特别是针对离岸基金。离岸基金是香港基金业的支柱之一，香港对离岸基金管理公司、基金持有人全面实行税收优惠政策。

（3）金融资产业务风险管理。以外汇基金风险管理为例。在外汇基金投资目标的指引下，金管局定期检讨外汇基金的组合结构和目标配置，当中顾及外汇基金所能承担的风险及流动性需要，以达至长期投资回报。此外，金管局积极管理外汇基金的资产。外汇基金的大部分资产由金管局直接管理，其余则由金管局外聘的投资经理管理。风险管理措施主要包括以下几个方面：

①外汇基金风险管理框架。香港金融管理局的风险管理及监察部负责监察外汇基金的风险承担、审查投资活动有否遵守既定指引，汇报并跟进任何违规情况。为确保良好的管治，风险管理及监察部独立于前线投资部门，并直接向金管局总裁汇报。

②信用风险管理。金管局制定了内部信用风险政策及外汇基金投资活动的信用风险管理制度，以确保投资产品符合外汇基金的信用风险要求。

③市场风险管理。金管局主要运用风险值（VaR）方法，计算及监察外汇基金的市场风险，并定期进行压力测试。金管局亦会根据外汇基金咨询委员会认可的追踪误差限额作定期监察实际追踪误差，以防止外汇基金相对其投资基准承担过度的市场风险。

④流动性风险管理。外汇基金设有各项内部的投资限制，以确保外汇基金资产有足够的流动性应付债务和特殊需要。现时外汇基金主要投资于流动性高的金融市场及随时可出售的金融工具。

⑤业务运作风险管理。金管局制定了业务运作风险管理架构，主要元素包括识别及监察关键风险指标，并就业务运作风险状况向管理层汇报。

⑥长期增长组合的投资风险管理。长期增长组合的投资风险是透过资产类别核准、配置限额及专责合伙人风险承担限额等措施在总体水平予以管理。长期增长组合的市值上限为外汇基金累计盈余的三分之一及来自未来基金与外汇基金附属公司存款中与长期增长组合挂钩部分的总和。除了前线投资部门对投资建议进行尽职调查之外，风险管理及监察部亦进行独立业务风险评估，包括投资伙伴的往绩及声誉、其投资团队的能力及稳定性、有关投资建议的财务状况、风险因素及风险缓解措施等；对投资项目进行后续监察，如检视恒常的注资要求、过度集中的风险及投资协议的遵守情况。

（三）临港的相应举措

临港新片区建设国际金融交易平台的主要框架，不是某个平台，而是产业集群和体现产业链、供应链、价值链、创新链的系列平台。

1. 推出各类人民币资产跨境转让业务平台

在境内贸易融资资产跨境转让业务的基础上，进一步拓宽可转让资产范围，包括但不限于银行承兑汇票贴现资产转让、融资租赁资产转让、非贸易融资资产（流动资金贷款、固定资产贷款等）转让。同时，引入开放的人民币资产池概念机制，以池内资产未来现金收益为基础向境外发行债券，进一步拓展资产转让范畴。推进本外币一体化资金池，依托跨国公司资金池推动资本项目可兑换。

2. 建设人民币离岸投融资中心

以扩大金融开放为导向，打造全球人民币资产中心。推进合格境外机构在沪发行债券和股票，开展境内外信贷、债券、股票、融资租赁、产业基金（公募、私募）及融资担保业务；推动境外企业在境内交易所上市的国际版。试点境外企业在上海证券交易所直接挂牌上市或发行中国存托凭证（CDR）。重点推动境外科技类企业在科创板上市。推动更多跨国公司全球或区域资金管理中心落地，为外资企业及“走出去”中资企业提供人民币离岸交易。大力发展以人民币计价、结算的债权资产跨境交易平台，在丰富离岸人民币投资品、探索人民币资产国际定价、推动人民币国际化方面进行积极尝试。

3. 构建特殊市场交易平台

（1）建设特殊资产证券化市场平台。明确各类资产证券化过程中特殊目的载体（SPV）统一的独立法人地位，并赋予其充分的融资和上市功能，以加快各类证券化资产（ABS）和不动产（REITS）产品的推出。

（2）货币与商品衍生品交易平台。包括：①人民币汇率期货平台。以人民币兑美元期货为起点逐步推出境内外汇期货产品。在条件合适的情况下推出人民币兑金砖国家和“一带一路”国家货币的衍生品，使中国外汇市场逐步拥有完善的即期、远期、期货、期权、掉期等金融工具，丰富人民币产品对冲工具。②健全大宗商品衍生品体系。支持上期所成品油、天然气等期货品种在新片区海关特殊监管区域和保税监管场所设立大宗商品期货保税交割库，开展期货保税交割、仓单质押融资等业务，推动大宗商品市场发展，形成健全的能源衍生品体系。同时鼓励多种类型投资者深度参与原油等大宗商品期货市场。允许银行等金融机构参与境内全品种商品期货和期权交易。③开展黄金现货与期货的联通交易。探索在临港新片区开展实物黄金等大宗商品在期货、现货市场间顺畅流转，提升黄金等大宗商品市场的国际化水平。允许进口黄金等大宗商品直接参与期货交割。④建设国际航运期货市场。加强上海航运交易所与上海期货交易所的合作，在临港新片区推出集装箱运价期货。⑤探索电力绿证交易期货。在我国电力绿证现货市场交易的基础上，与国家能源局合作，探索电力绿证交易衍生品。

（3）探索建设为产业服务的专业国际跨境交易平台。建设绿色金融产品深度开发市场。一是探索建设国际船舶、飞机碳排放权与碳交易市场。在欧盟之前推出国际船舶、飞机碳排放权与碳交易市场，争取船舶、航空的碳定价权与话语权。二是打造可持续发展金融中心。推动建设上海 ESG 投资国际合作促进机制，建立“上海国际 ESG 发展合作组织”，吸纳全球相关组织和机构加入；结合国际国内已有的 ESG 治理评估体系，推动形成兼顾统一性和包容性的 ESG 信息披露标准、ESG 评估体系、ESG 评级标准等。规范和促进 ESG 投资咨询、信用评级、资产评估等中介服务机构的发展。推动试点绿色金融产品通用基础标准、绿色金融服务标准、绿色信用评级标准等。三是将我国绿色金融国际合作平台设立在新片区。如争取 G20 可持续金融合作小组的会议、可持续国际金融平台（IPSF）中国分支机构或会议、央行绿色金融网络（NGFS）国际会议等。

4. 建设新片区跨境金融基础支持平台

（1）建设亚洲国际中央证券托管机构。探索与国际接轨的托管清算制度。先行建设的功能包括：抵押品管理、企业行动（包括投票、派息、赎回、税务安排等）、共享托管机构，以及美元、欧元、人民币等多币种的债券结算交收。积极建设国际先进水平的支付、登记、结算、清算、托管、交易报告库、基础征信等金融基础设施。

（2）探索建立全国统一的金融信息数据库。一是以长三角地区为试验田，汇总已有的各地金融信息子数据库，在统一的数据标准下形成基础金融信息数据库，并逐步扩展至涵盖全国金融信息。二是依托以上基础数据库，搭建面向全国的金融信息服务平台。平台为金融机构和企业提供综合信息服务，通过金融供给方与金融需求方在平台上充分展示，实现客户筛选、评级、定价、风险控制线上化和交易实时化。对于绿色金融、科技金融、新兴产业金融等设立专业服务区，满足各类规模企业的业务需求。

（3）建设为跨境金融资产交易平台服务的中介服务平台。一是吸引银行理财子公司和保险资产管理公司。聚集天使投资、风险投资、创业投资引导基金等各类投资机构。二是积极引进各类资产管理机构。在业务准入、税制、财政扶持、运营便利化等方面，支持境外资产管理机构在沪发展业务。重点发展以财富管理、保险资金、养老金为主的长期机构投资者。三是培育中介机构。吸引和集聚为特殊资产行业提供咨询、法律、信用评级、资产评估、税务、审计、处置等专业服务的中介机构，构建与特殊资产中心相匹配的全链条、全周期服务体系。

（4）建立全金融市场的风险管理与压力测试中心。汇集涵盖各金融行业子行业的数据信息，建立全信息风险管理系统，对系统性重要金融机构使用统一标准进行压力测试，为监管机构管理系统性风险提供重要依据。

四、临港贸易新业态发展：以跨境电商为例

（一）临港跨境电商发展现状

1. 交易规模快速扩大

随着国家“一带一路”倡议的提出和推进，跨境电商行业进入战略发展期。受政策利好及行业发展影响，跨境电商在进出口贸易领域展现出巨大的发展潜力，成为推动外贸发展的重要力量。如图 6－9 所示，中国跨境电商规模近六年来连续扩大，2021 年突破 10 万亿元，预计 2022 年将达到 12.1 万亿元。在全国跨境电商快速增长的同时，临港新片区跨境电商也发展迅速。2019 年 1～4 月份，临港跨境电商货值达 1.1 亿美元，同比增长 68.9%，跨境电商出口达 231 万单，同比增长 90.9%；海运快件货值达 1.01 亿元人民币，同比增长 784.7%，海运快件进口达 123 万单，同比增长 223.6%。

跨境电商正成为外贸发展新动能。2021 年 9 月，海关总署在前期试点成果基础上，发布 2021 年第 70 号公告，全面推广跨境电子商务零售进口退货中心仓模式，临港新片区积极响应。退货中心仓能实现与海关特殊监管区域内现有保税仓软硬件资源的共享使用、集约化生产降低经营成本；能实现海关对跨境电商退货包裹入区、在途、分拣、出区监管全覆盖，显著提升监管效能（冯晓鹏，2022）；能进一步理顺跨境电商零售进口业务监管流程，打通消费者退货“最后一公里”，规范退货流程及作业标准，实现以规范促发展，为外向型经济高质量发展注入新动能。

2. 基础设施建设不断完善

上海市商委发布通知要求推动跨境电商新业态发展，持续推进外贸码头智慧出场道口升级改造，提升集卡通行效率。支持优势企业参与国际物

图 6－9　2016～2022 中国跨境电商规模统计

数据来源：Wind 资讯。

流基础设施投资，积极培育有国际竞争力的航运企业，持续增强航运自主可控能力。依托电子 EIR 平台“2.0 版”升级，推进电子化放箱、精准提箱。鼓励船公司和港口经营企业运用区块链等新技术，开展无纸化换单，提升进口环节时效。推进基于区块链的进口集装箱电子放货平台建设和应用，海关提供放行信息予以支持。支持和引导港航企业和主要进口电商等协同联动，持续优化作业流程，拓展平台功能。

3. 金融资本大量涌入

跨境电商已成为了资本市场高度关注的领域。如图 6－10 和表 6－5 所示，中国 2021 年上半年跨境电商融资事件 29 起，同比上涨 222%；融资总金额 78.1 亿元，较 2019 全年 18.4 亿元上升 324%。其中，跨境电商服务商成为投资热点，在 TOP10 融资事件中有 6 起融资为服务商融资，且多处于 B 轮之前。临港新片区地处中国金融中心，资本力量雄厚活跃。上海 2020 年跨境电商融资 19 起，2021 年全年跨境电商融资事件 37 起，较 2020 年增长 94.7%，其中服务商融资 18 起，占比 48.6%。这些活跃的资本为临港新片区跨境电商提供了持续的资本注入。

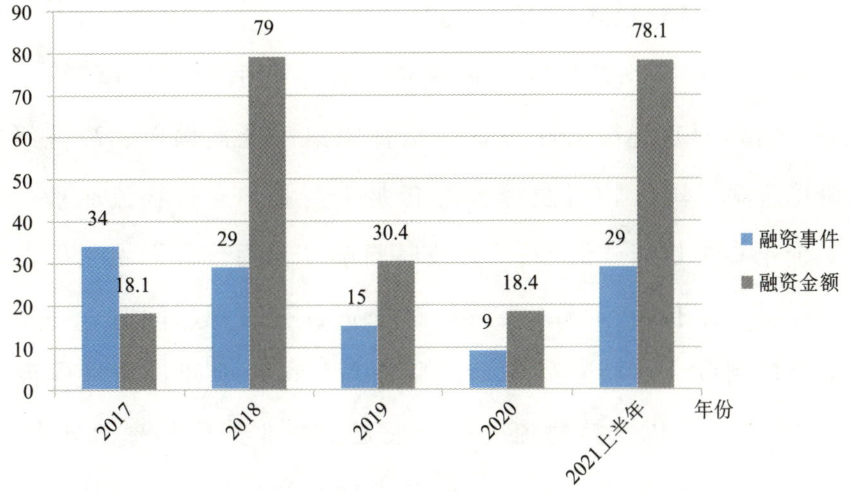

图 6－10　2017～2021 上半年跨境电商领域融资数据

数据来源：Wind 资讯。

表 6－5　　2017～2021 上半年跨境电商领域融资事件

融资方	所属行业	融资金额	融资轮次	投资方
行云集团	进口电商	6 亿美元	C＋	泰康保险、云锋基金、嘉实投资等
全量全速	出口电商	1 亿美元	A	今日资本、山行资本、IDG 资本等
空中云汇	跨境服务商	1 亿美元	D＋＋	Greenoaks、Grok Venture 等
爱客科技	跨境服务商	6600 万美元	B	Tiger Global、高瓴资本
细刻	出口电商	5000 万美元	B	星娜赫资本、腾讯投资
易仓科技	跨境服务商	4000 万美元	B	eWTP、五岳资本、创世伙伴等
领星	跨境服务商	2 亿人民币	B	老虎基金、源码资本、钟鼎资本等
马帮	跨境服务商	1.5 亿人民币	A＋	华映微盟基金
店小秘	跨境服务商	1.5 亿人民币	B	GGV 纪源资本、鼎晖资本、昆仑资本
SHOPSHOPS	进口电商	1500 万美元	B	Lightshed Venture

数据来源：Wind 资讯。

4. 国家政策大力支持

近年来，跨境电商异军突起，改变了传统商品交易的组织方式，成为跨境贸易领域中极具竞争力的新业态、新引擎。跨境电子商务作为外贸新业态，是产业转型升级、创新驱动的重要助推器。上海市商委印发《上海市推进商业数字化转型实施方案（2021－2023年）》的通知，支持跨境电商企业做大做强，进一步提升辐射长三角、服务全国的跨境电商运营中心、物流中心、结算中心能级。此举旨在培育集聚一批强辐射、高能级的跨境电商、跨境金融、国际物流及综合配套龙头企业。支持物流企业、电商平台、贸易企业共建共享"海外仓"；支持打响"出海优品"品牌，鼓励跨境电商平台提供优惠扶持措施，支持打造外贸自主品牌。同时，在海关的支持下，上海市制订《支持自贸试验区临港新片区企业建设跨境电商"海外仓"的工作方案》，以支持物流、平台或贸易企业共建共享海外仓。此外，临港新片区意图构建高水平跨境电商自由化便利化政策制度体系，对标国际公认的竞争力最强的自由贸易园区。临港新片区"十四五"规划明确，"十四五"期间，临港新片区将全面推动跨境电商新一轮全方位高水平对外开放和深化改革。

5. 行业法规监管逐渐加强

跨境电商作为发展迅猛的新兴行业，其创新往往领先于政府的监管和法规。国家部委联合印发了《关于完善跨境电子商务零售进口监管有关工作的通知》（下称《通知》），要求跨境电商监管坚持包容审慎，保持政策连续稳定。根据跨境电商交易信息电子化、可记录、可追溯的特点，《通知》明确要求：企业要建立健全质量安全风险防控机制、商品质量追溯体系等，并如实向监管部门传输电子信息，配合监管部门开展质量风险监测，防控质量安全风险（张岩，2019）。上海市商委发布通知要求持续完善跨境贸易大数据监管；依托上海跨境贸易大数据平台，进一步拓展贸易链、供应链、物流链数据采集范围，运用大数据技术构建各类风险防控模型和便利化应用项目，实现安全和便利在更高水平上的统一，便利守法企业货物快速通关。

6. 输出方式从"产品出海"转为"品牌出海"

过去10年，跨境电商主要以性价比输出为主，通过产品价格获得竞争优势。现阶段，随着海外流量向社交端转移，品牌价值成为链接中国制造和海外消费者的纽带，随着DTC模式的兴起，跨境原生品牌、新消费品牌以及传统品牌都开始了全球化布局，将跨境电商带入“品牌出海”时代。临港新片区紧跟行业趋势，大量企业建立了独立站，把培育品牌提升到战略高度，构建品牌壁垒，实现精细运营及流量获取。临港新片区独立站商家借助SaaS工具和开源代码建立自营的线上平台销售商品，与第三方平台相比凭借流量广泛、自己搭建基础设施数据维度完整、运营能力要求高等特点帮助企业实现品牌成长。

（二）临港跨境电商发展存在的问题

1. 企业品牌知名度有待提高

虽然临港新片区跨境电商企业一直注重培育品牌，但是如何直达消费者，保证良好的服务体验，成为了临港新片区跨境品牌开拓海外市场的首要难点。跨境电商发展模式能够打破渠道垄断、减少中间环节、节约交易成本、缩短交易时间，为企业创造品牌、提升品牌知名度提供途径。临港新片区跨境电商企业需要思考如何掌握并积累第一手的客户数据，并由此通过分析和解读第一手的消费者和多渠道的市场运营数据反馈，打造差异化产品的长期策略，实现数据自主化；同时通过直接与消费者进行互动，深化品牌与消费者之间的情感联系。

2. 物流、订单、营销困难

如图6-11所示，在跨境电商企业面临的现实困难中，物流成本上涨、订单不稳定和海外营销效果差是排在前三位的难题，有40%企业面临物流成本上涨、物流通路不畅问题；有34%的企业面临订单不稳定、没有新订单或者用户订单取消问题；有31%的企业面临海外营销效果差的问题，在新的海外营销环境下，难得其法。临港新片区同样面临这些问题，在营销方面表现更明显。跨境电商企业花费大量资金投入营销资源，但是海外营销起效慢，效果也并不显著。

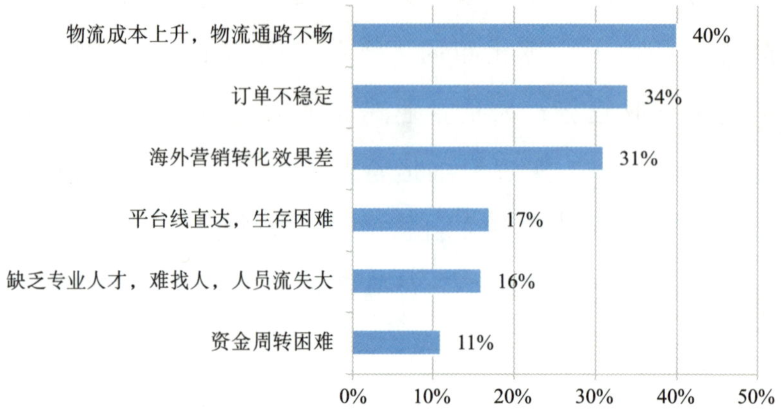

图 6－11　跨境电商企业面临的困难

数据来源：Wind 资讯。

3. 大数据应用对跨境电商服务要求提高

伴随 AI、云计算、大数据等技术的广泛应用，各国及地区提出不同的信息化合规政策，以保护国家与个人信息财产安全，如欧盟的《一般数据保护条例》、印度的《个人数据保护法案》等，这对以数字化技术为支撑的跨境服务商提出了更加细致的合规要求。欧美仍然是临港主要的目标市场，因此，临港新片区现阶段的跨境服务商需要解决关于数据保护、基础设施保护、安全检测、用户认证及访问管理、事故响应、审计合规方面的问题。在保证自身经营状况健康的前提条件下，才能高效的为客户提供服务。

（三）临港跨境电商转型与发展对策

1. 推动跨境电商企业数字化转型

根据《中国（上海）自由贸易试验区临港新片区数字化发展“十四五”规划》提出的目标，至 2025 年，临港新片区将形成比较成熟的数字化发展制度安排，初步建成全球领先的国际数据港，初步建成“国际数字之都”示范先行区。临港新片区政府应以智能示范工厂建设为抓手，建设跨境电商数字孪生企业，增强数字化设计、智能化制造、精细化管理、个性化定制、网络化协同、服务化延伸能力。临港新片区出口跨境电商企业的数字化转型，是以企业转型升级和创新发展为主要目标，主要侧重于以数字技术为引领，开辟由云计算、大数据、人工智能等新一代信息化技术带来的新价值和发展空间。未来，行业将更加关注运营一体的数字化转型，促进跨境电商的商业模式创新和生态构建。

基于海外消费习惯的线上化转变，跨境电商行业将逐步从“新业态”过度为“新常态”。当海外电商消费模式广泛深入，单靠产品维度不足以支撑企业建立长期的品牌忠诚度，还需要良好的商业决策及服务体验加以辅助。面对未来日益激烈的市场竞争，临港新片区具有长远发展眼光的企业将提高对于AI、大数据、云计算等技术的应用程度，包括对推荐系统、电商平台数据与业务安全、客服服务等方面的智能化升级，加快推进数字化转型，从而给予海外消费者更为全面且优质的服务体验。

2. 充分发挥特殊经济功能区作用

临港新片区应当充分发挥特殊经济功能区功能，结合企业实际需求，开展首创性、差别化改革探索，以个案创新带动制度突破。临港新片区对标国际上公认的竞争力最强的自由贸易园区，充分发挥市场在资源配置过程中的决定性作用，深入研究跨境电商等为代表的新型国际贸易发展方式。

为深入总结临港新片区成立一周年的制度创新成果，临港新片区管委会收集并遴选了32个创新案例，这些创新案例充分展现了临港新片区以制度创新为核心驱动力，打造特殊经济功能区和现代化新城建设的生动实践。例如提升国际枢纽港功能，国内首票跨关区国际中转集拼业务成功试单；海外人才从业自由，打造国际人才自由港；实施跨境资金便利收付，首批境内贸易融资资产跨境转让业务成功落地；启用系统集成创新的一体化信息管理服务平台，以“管得好”实现“放得更开”。

3. 建立完善跨境电商产业生态链

加快形成跨境电商生态链，扩大跨境电商物品“正面清单”范围；加快建设跨境电商综合试验区；支持建设跨境电商综合服务平台、国际配送平台、支持企业建立覆盖重点国家、市场的海外仓；完善海外仓配套服务，探索跨境电商 B2B 监管模式适用于特殊综合保税区的前置海外仓；支持跨境电商仓储物流业务拓展，扩大保税备货进口业务规模；鼓励临港新片区机构为跨境电商企业及平台提供包括物流信息匹配、贷款结算、货币汇兑、国际收支申报信息采集在内的一体化综合服务。

4. 打造高能级总部集聚区

实施“总部激励计划”，加速打造总部集聚区，吸引跨国公司地区总部、贸易型总部、研发类总部和国际经济组织（机构）地区总部等落户临港新片区；加快培育和引进民营企业总部和本土跨国公司总部，引进集投资、研发、运营、结算、人力资源等复合功能的综合性功能总部，不断提升全球资源配置能力。打造国内企业走出去的总部集聚区，深化全产业链价值链开放展开，鼓励各类跨国公司设立全球或区域资金管理、运营中心等；充分挖掘和发挥好总部机构资源整合的平台功能，引领供应链和价值链向高端跃升，努力建设兼具贸易资源配置、贸易营运控制、贸易关系协调中心功能的高端平台。

五、临港金融交易数据跨境流动治理研究

数据跨境流动是建设国际化、市场化、数字化金融中心不可回避的关键问题，是新一轮国际竞争和大国博弈的新焦点。习近平总书记指出，金融、能源、通信等领域关键信息基础设施是经济社会的神经中枢，是网络安全的重中之重。目前，上海数据交易所已经正式成立，“国际数据港”建设如火如荼。临港新片区作为全面深化改革开放的先行者和排头兵，作为国际国内双循环的战略链接龙头，迫切需要在新阶段、新理念、新格局背景下系统性探索金融交易数据跨境流动，探索全球化 4.0 背景下临港新片区

金融交易数据跨境流动的模式、路径和策略。

（一）金融交易数据跨境流动的内涵与发展趋势

1. 金融交易数据跨境流动的内涵特征

“数据跨境流动”（Transborder Data Flows）一词较早来源于经济合作与发展组织（OECD）发布的《关于隐私保护和个人数据跨境流动的指南》。依照我国的法律、法规以及规范性文件，“数据跨境流动”一词并未直接出现，这一概念在相关法律性文件中的相关表述为“个人信息和重要数据”“向境外提供”（参见《网络安全法》第 37 条）以及“网络运营者将在中华人民共和国境内运营中收集和产生的个人信息和重要数据，提供给位于境外的机构、组织、个人”（参见《个人信息和重要数据出境安全评估办法（征求意见稿）》第 17 条）。“数据跨境流动”的主要内涵可以概括为“内容+行为”的模式。“内容”即为个人信息和重要数据，“行为”既可以是将前述“内容”主动向境外主体提供，也可以是授权境外主体访问相关“内容”等形式；既可以是线上传输，也可以是线下提供。

中国企业与居民与世界各个国家与地区的贸易与交往日趋频繁，其从事跨境经济活动所产生的数据往往是跨越国界的。金融是经济的血脉，越来越多的跨境贸易等经济活动随之也带来了对跨境金融的强烈需求。而提供金融服务的金融机构，一方面在提供金融服务时，期望能够获得客户的各类相关数据为其获取客户、经营决策提供支持；另一方面，出于合规管理的需要，也需要数据履行相关的义务。同时，洗钱等金融犯罪活动也由于科技的发展以及金融服务业的全球化而变得日益复杂化，各国监管机构之间也很自然的在数据交换方面有着强烈的诉求。因此，从业务、合规、监管三方面看，金融数据跨境流动必不可少。

本篇对于“金融交易数据跨境流动”的定义是指：跨越国界的传输、处理与存储，或者尚未跨越国界，但能够被第三国主体进行访问的金融机构在开展业务过程中所获取、保存、留存的个人数据。主要包括两个：一是证券交易行情数据。根据上交所信息公司调研，证券交易行情数据主要通过香港分支机构作为中转地，与海外机构开展跨境数据流动合作。对于证券公司，更多依托金融信息服务商开展跨境数据流动服务。二是银行交易数据。银行金融数据跨境流动是为了支撑跨境业务开展，更多依赖银行科技部门自身信息技术能力。

2. 金融交易数据跨境流动的未来发展趋势

麦肯锡全球研究院（MGI）发布的《数字全球化：全球流动的新时代》报告指出，传统的商品、服务贸易和资金流动已经趋于平缓，但跨境数据流动正大幅增长，对全球经济增长的贡献已经超过了传统的货物贸易。跨境数据流动的全球治理呈现两个发展趋势，一是规制多极化和规制标准的俱乐部化，二是美欧将继续争夺跨境数据流动规制的主导权。

数据跨境流动的未来发展趋势：一是跨境流动常态化。新冠肺炎疫情以来，全球数据跨境流动进程加速。数据跨境流动已成大势所趋，诸国纷纷针对本国国情和优先目标选择适当的数据跨境流动方案。二是规则制定法治化。大规模的数据流动可能引发一系列风险，影响一国安全和国家利益，因此需要对跨境数据流动进行监管和限制。三是数据安全谨慎化。在保护个人隐私和商业秘密、维护国家安全的基础上，允许数据依法依规有序跨境流动，应成为数据监管的中心和发展方向。在应对全球危机和重大事件时，及时的数据共享可以使各国、国际组织和机构更及时和有效地合作并制定相应措施。四是国际合作圈层化。重要国际组织为数据跨境流动提供了实践空间。随着“一带一路”倡议从“硬连接”转向“软连接”，应努力推动在“一带一路”合作框架下制定数据流标准，促进数字连接，金融交易数据跨境流通的未来发展趋势应该是在保留监管空间的前提下，为所有金融服务提供商提供更加公平、开放、稳定和透明的竞争环境，以维护金融体系的稳定，防范金融风险。

（二）治理金融交易数据跨境流动的国际经验

由于世界各国数据跨境流动规则不统一，涉及国家安全、网络安全、金融安全背景下，数据跨境流动成为制约国际金融中心建设的瓶颈。因此，有必要研究国外发达国家金融交易数据跨境流动的价值理念、监管模式、规制体系和实施措施，取长补短，为临港新片区金融交易数据跨境流动提供经验借鉴。整理主要国家和地区数据跨境流动政策如表6-6所示。

表6-6　主要国家和地区的数据跨境流动治理政策

国家/地区	规制
美国	美国推行亚太经合组织（APEC）隐私框架下跨境隐私保护规则体系（CBPR），推动数据自由流动。①反对数据本地化。美国强大的互联网产业通过数据全球自由流动，推行较低的数据安全保护要求，为数据向美国流动营造有利的政策环境。②采用长臂管辖权。严格限制重大科学技术及基础领域的技术数据和敏感数据的跨境转移，通过"长臂管辖权"和庞大情报网络执行。
欧盟	欧盟2016年通过《通用数据保护条例》（GDPR）和2018年通过《非个人数据自由流动条例》，成立数据保护委员会以及相关协调机制。①欧盟成员国内自由流动。个人数据在欧盟成员国内自由流动，流出欧盟成员国必须满足法律规定的条件。②其他国家充分性认定。认定该国达到欧盟个人数据充分保护标准，允许欧盟公民的个人数据传输至该国。目前已经认可日本、以色列、瑞士、加拿大等国家和地区。③非认定地区采取例外原则。根据欧盟认可的标准合同条款、约束性公司规则、行为规范、认证机制，或者获得数据主体的明确同意等特定减损情形，作为个人数据流出欧盟的合法依据。
新兴经济体	俄罗斯、巴西等国家以数据主权和网络安全立场出发，实施数据本地化或限制性跨境流动政策。①要求跨国企业在本国开展业务或提供服务时须在本国境内建立数据中心。例如越南要求Google、Facebook等全球互联网公司在越南开展业务时须建立新的数据中心。②对数据存储和服务器地址提出本地化要求。

资料来源：研究者根据各国相关文件整理。

1. 美国数据跨境流动治理经验

美国推崇的全球数据自由流动政策。APEC跨境隐私规则（Cross-Border Privacy Rules，CBPR）体系是美国着力推动的区域性跨境数据流动制度安排，CBPR 体系于 2011 年经 APEC 领导人批准。作为最早加入 CBPR 体系的经济体，美国一直积极推广 CBPR 体系。2018 年的《美墨加协定》就在“个人信息保护”条款中写入了 CBPR 体系，将其作为增强个人信息保护机制兼容性的参照。而且美国还联合日本，推动更多的 APEC 经济体加入，并试图将其扩展到 APEC 区域外更多的贸易伙伴，使 CBPR 体系可以成为与 GDPR 相对抗的跨境数据流动机制。

奥巴马政府时期美国贸易代表办公室（USTR）发布的《数字 24 条》和特朗普政府的《2017 年国家安全战略》都阐明了美国有关数据流动的政策主张。《数字 24 条》提出要促进跨境数据流动，企业和消费者必须能够传输其认为合适的数据。《2017 年国家安全战略》明确指出，美国经济的成功与数据流动密不可分，美国将通过积极参与互联网名称与数字地址分配机构（ICANN）、互联网治理论坛（IGF）、国际电信联盟（ITU）等重要组织的活动促进数据自由流动并保护其利益。

2010 年《韩美自贸协定》首次纳入跨境数据流动的软法条款，2016 年《跨太平洋伙伴关系协定》将这一条款变成有强制约束力的规则，2018 年的《美墨加协定》和 2019 年的《美日数字贸易协定》进一步扩大规则的适用范围。美国还将寻求在今后的贸易谈判中继续深化跨境数据流动条款。例如，英美两国已于 2020 年 5 月启动自贸协定谈判，美国提出要制定最高水平的跨境数据流动规则。美国也在世界贸易组织（WTO）电子商务谈判中明确表示其目标是达成高标准协议，以解决数字贸易的真正障碍，包括跨境数据流动限制和数据本地化要求。

2. 欧盟数据跨境流动治理经验

欧盟主导“外严内松”的个人隐私保护政策。2018 年生效的《通用数据保护条例》（GDPR），支持区域内成员国之间数据自由流动。由于欧盟的数字技术发展远远落后于美国和中国，欧盟 27 国致力于在成员国内部推动数据自由流动争取大数据时代的话语权。根据联合国发布的《2019 年数字经济报告》，中美占全球70个最大数字平台市值的90%，而欧洲所占份额仅为4%。欧盟通过《通用数据保护条例》（GDPR）和《非个人数据自由流动条例》，以对个人数据及非个人数据采取不同的跨境流动策略，其中GDPR在欧盟对于数据跨境流动规制中起主导地位，也被认为更适合在物联网时代被参考确立国际数据标准。GDPR通过其全球适用的规则将欧盟内外的个人数据保护统一起来，在制度体系上保障了内外一致性。这不仅赋予了原有数据主体更广泛的权利，也拉高了全球数据治理的标准，化被动为主动，为欧盟流出的个人数据营造了较为良好的数据保护环境。

欧洲是个人数据保护立法的发源地，《个人数据保护公约》《95指令》《电子通信领域特别立法》等指示文件一步一步将欧盟数据跨境流动规制完善，推动个人数据保护规制的统一化、法律化，最终形成了GDPR。GDPR是基于《95指令》而颁布的全面、具体且严格的数据保护条例，在原有立法之上强化了三个方面的要求。GDPR规定了十分严苛的罚款条例，对于没有实施充分的网络安全保障措施、没有提供全面透明的隐私政策、没有签订书面的数据处理协议等相对较轻的违法行为，处一千万欧元或上一年度全球营业收入的2%的罚款，以金额更高者为准；对于无法说明如何获得了用户许可、违反数据处理的一般性原则，侵害数据主体合法权利、拒绝服从监管机构执法命令等严重违法行为，处两千万欧元或企业上一年度全球营业收入的4%的罚款，同样以金额较高者为准。GDPR的严格的处罚力度及巨额的罚款使各国企业不得不注意营业规范，这使用户个人数据得到最大力度的保护。

（三）临港治理金融交易数据跨境流动的瓶颈

上海金融开放要从要素准入型开放升级为高水平制度型开放，使临港新片区成为金融交易数据跨境流动的创新前沿和试验田。与美国、欧盟的跨境数据流动规制和实践相比，我国在数据分类分级、隐私保护、安全评估等方面存在诸多问题。临港新片区作为国内国际双循环战略链接的桥头堡，亟待明确金融交易数据跨境流动的瓶颈问题与薄弱环节，借助政策“东风”，迅速调整政策方向、重点和着力点。

1. 临港新片区金融交易数据跨境流动发展瓶颈

数据跨境流动作为新生事物，需要监管与创新的动态平衡。比如《网络安全法》首次提出个人信息和“重要数据”应存储于境内，未经审批不得进行跨境流动。但是如何界定重要数据，缺乏相应细则。一方面，数据跨境流动面临中央网信办、工信部、公安部等多个监管部门，需要高层次的政策协调能力。然而，临港新片区作为上海的自贸区，政策协调有一定困难。另一方面，专业支撑力度不足。上海成立数据交易专家委员会，对数据确权、定价等方面有一定的支撑作用。但是关于跨境数据流动方面相关的专家学者还比较少，缺少相应的智力支撑。

我国的数据跨境流动必然有一条中国路径，应是“攻防有序”模式，但是在国际接轨策略和保障机制方面仍处于探索期。一方面，临港新片区虽然倡导参与数据安全国际规则制定，但是没有明确与国际数据安全法则接轨机制。另一方面，数据风险评估制度、数据安全审查制度等具体内容不够清晰，缺少完善的机制保障。

2. 临港新片区金融交易数据跨境流动发展优劣势分析

（1）优势。

响应“数字丝绸之路”，巩固“一带一路”建设成果。现阶段，中国已利用自身市场规模优势，在“一带一路”沿线国家取得了一定的建设成果，这为中国与“一带一路”沿线国家加强跨境数据流动治理提供了沟通的基础。2021 年 11 月 22 日，中国与几内亚共同签署“一带一路”谅解备忘录，至此，中国已与 142 个国家、32 个国际组织签署 200 余份“一带一路”共建文件。“数字丝绸之路”的建设，为我国与沿线国家在经济发展、文化交流、基础设施建设等方面展开合作提供了契机，也为今后开展数据跨境流动治理、推动数字经济高质量发展等方面提供了有利条件。

借鉴国际成熟发展经验，形成从国家到企业多层次合作模式。相较于西方国家，中国的数据跨境流动治理较为落后。正因如此，中国能够站在“巨人的肩膀”上，充分学习领悟西方国家的发展历程与先进经验，取长补短。积极加强国际交流，促进政府、机构、行业、企业之间的对话，加强数据跨境流动管理的国际协作，实现从国家到企业多层次、多渠道的合作，不断加快我国的数据要素市场建设。

国内利好政策不断落地，加速数据跨境流动治理。近年来，从国家到地方，各级政府纷纷出台了很多政策，积极推动数据跨境流动建设。2020年9月，国务院发布《中国（浙江）自由贸易试验区扩展区域方案》，提出在国家数据跨境传输安全管理制度框架下，试点开展数据跨境流动安全评估，探索建立数据保护能力认证、数据流动备份审查、跨境数据流动和交易风险评估等数据安全管理机制。同月，《北京市关于打造数字贸易试验区实施方案》提出将北京市打造成我国首个数字贸易试验区，聚焦金融和科技合作等关键领域。2021年9月《上海市数据条例（草案）》发布，聚焦个人信息保护与数据安全，同时明确提出支持在浦东新区建设行业性数据枢纽，将浦东打造成国际数据港。2021年11月25日，上海数据交易所正式成立，在不涉及国家秘密和个人隐私的前提下，以“全国五大首发”（全国首发数商体系、全国首发数据交易配套制度、全国首发全数字化数据交易系统、全国首发数据产品登记凭证、全国首发数据产品说明书）探索特定领域数据非本地化存储，形成系列创新安排。

（2）劣势。

数据保护理念滞后。虽然近些年我国在不断加强数据的治理和监管，但数据跨境流动治理能力仍较低，尤其是涉及数据安全方面。各类机构组织违规采集、贩卖滥用用户数据信息，本应加密安全保护的数据却一直在“裸奔”。数据跨境流动更是乱象环生，境内外主体复杂、环节错综、适用法律口径不一。跨境数据传输漏洞较大，安全风险较高。

缺乏明晰的顶层设计。目前，国内的数据治理相关法规政策较为分散，且没有清晰明确的数据跨境治理规则，加剧“数据孤岛”现象，不利于我国掌控数据跨境流动治理的规则主导权。

国内暂无可推广的成功案例。自 2020 年以来，北京、上海、浙江多地试点自贸区数据跨境流动方案，但仍处于制度探索期，暂无可在全国推广的成功实践案例。

3. 临港新片区金融交易数据跨境流动风险

临港新片区金融交易数据跨境流动的主要风险是指在广义的法律适用层面下可能产生的相关风险，可概括为违法风险、违规风险、违约风险与其他风险。

违法风险主要是指在“网络空间主权”政策高度下所引领的《国家安全法》与《网络安全法》形成“一体两翼”式的基本法被违反所致的风险。《国家安全法》第 25 条等从国家安全的视角出发，明确了利用网络危害国家安全的实质情势；《网络安全法》则将空间主权、国家安全等作为立法原则进一步明确了数据跨境流动影响、危害国家安全的法律责任。违反相关法律将面临重大法律风险。

违规风险主要是指在《网络安全法》出台背景下，相关法规以及规范性文件被违反所致的风险。数据跨境流动既包含内容管理层面的信息管理安全规范，也涉及物理设备层面的技术管理安全规范。目前，《网络产品和服务安全审查办法（试行）》已经颁行，《个人信息和重要数据出境安全评估办法》的征求意见稿也已出台，在法规层面对数据跨境流动提供了相对细化的操作指引，若相关企业“选择性忽视”，将会触发违规风险。

违约风险主要是指在《合同法》框架下，就相关合同义务（数据提供服务）履行时出现瑕疵或因与公法规定相悖导致违约的风险。前述违法违规风险主要是在公法约束的语境下进行探讨，而违约风险则是在私法层面进一步的明确法律风险。数据服务提供商在履行日常合约时应当在合法合规的前提下，做好保护商业秘密与合理利用数据的平衡，实现对供应方及客户方利益的兼顾，否则将面临对某一方的违约风险。

其他风险主要是指政策或法律更新或更迭所致的风险以及法律域外管辖效力不足所致的风险等情况。仅在2000～2016年中，依据欧美对于数据跨境流动的监管政策与态度的多次变化，可以大致划分为三个阶段：安全港协议阶段、标准合同条款与约束性企业规则适用的过渡阶段以及隐私盾协议与保护伞协议阶段。目前网络安全已经愈发受到各国政府的重视，我国在网络安全层面的政策强化以及法律优化是大势所趋，若相关企业没有足够的预见性，将会产生不必要的成本与风险。

4. 金融交易数据跨境流动治理案例剖析

上交所信息网络公司是上海证券交易所证券信息的独家全权经营机构，主要功能有对外发布和管理上证所实时行情、开发信息产品、提供信息服务、提供证券行业信息安全认证服务等。随着国际化发展，上交所信息网络公司在数据跨境流动方面也进行了一些探索实践。主要内容如下：

第一，数据分类分级管理。根据证监会文件，上海证券交易所将数据分为四个等级，行情数据是最低等级，可以交易的数据。然而，证监会文件已经实行20年，需要结合国家《数据安全法》《网络安全法》等规定，提出更全面、系统、专业的分类分级管理细则，为证券交易行情数据的流通提供依据。

第二，香港跨境中转策略。上交所信息公司与德国证券交易所等国外金融机构的数据跨境流动，主要通过香港分支机构来完成。然而，临港新片区作为国家战略承载区，需要明确与香港在金融交易数据跨境流动中的差异定位。

第三，行业垂直监管为主。上交所信息公司证券交易数据的跨境流动，主要接受证监会的监管。而森浦信息等金融信息服务商的数据跨境流动，主要接受网信办的监管。未来我国的监管采取以网信办统一监管为主，还是以行业垂直监管为主，哪种监管体制更有利于提升金融交易数据跨境流动的安全与效率，成为值得亟需研究的问题。

（四）临港治理金融交易数据跨境流动的策略

全面分析我国监管政策现状、瓶颈问题、优劣势基础上，借鉴国际发达国家和地区的经验，提出临港新片区金融交易数据跨境流动的总体思路、模式路径和主攻方向。

1. 临港新片区金融交易数据跨境流动治理总体思路

以促进上海金融中心建设为出发点，以国家安全、网络安全、金融安全为底线，以数据自由安全流动为基本原则，以维护国家安全、社会的公共利益和个人的合法权益，促进经济金融稳定为目标，坚持新发展理念，坚持高质量发展，强化临港新片区金融交易数据跨境流动监管。挖掘金融数据最大化价值，显著提升金融服务质效，通过把握完善新体制、健全新机制、确立新主体、借鉴新模式的主攻方向，实现发展和安全的平衡。同时，发挥临港新片区先行先试的优势，响应双边、多边机制，积极参与数字贸易下金融交易数据跨境流动的国际合作，融入数据跨境流动的国际规则。总结和学习发达国家先进的金融数据跨境监管经验，提升我国在全球跨境数据流动规制方面的影响力，完善多元化的跨境数据流动治理机制，构建“和平、安全、开放、合作”的区域经济新形态。

2. 临港新片区金融交易数据跨境流动路径

由于世界各国经济、技术、立法等方面差异，其会选择适合本国国情的数据跨境流动模式。就目前而言，全球数据跨境流动模式主要有战略进攻型、防守反击型、防守为主型三种模式。一是战略进攻型模式。以美国为代表，通过自身强大的金融、互联网等领域优势，极力推动全球数据跨境流动，特别是全球数据资源流向美国。二是防守反击型模式。以欧盟为代表，由于在互联网领域的相对弱势和对个人权利的关注，数据跨境流动战略相对保守，但是又不愿意放弃大数据时代的发展机遇。三是防守为主型模式。以俄罗斯、越南为代表，由于大数据时代的弱势地位，出于国家安全、金融安全和网络安全考虑，大多采取数据本地化等限制性政策，避免被大数据强国吞噬。

我国具有超大规模数据优势，要走出一条符合我国国情的中国模式。坚持“攻防均衡”的模式，在发展与监管中寻求平衡，依托“一带一路”倡议等建立数据跨境流动的中国“朋友圈”，建立大数据时代的命运共同体。

我国金融交易数据跨境流动的探索路径如下：一是建设面向跨境业务功能的数据中心承载区。构建性能和安全性达到最高国际标准的数据基础设施。通过设立外资企业数据出境审查和试点区，确定运营主体，在不同领域创建一批“全球数据港”功能示范区，作为吸引跨国企业入驻、实现跨境企业数据聚合和集中管理的载体，进而带动相关产业发展。之后通过建立监管体系以确保金融交易数据流动的安全，以跨部门和基于平台的方式展开工作。最后建立与国际接轨、安全有序的数据跨境流动规则。创新技术模式为数据跨境流动带来全新的机遇，在数据流动的各个环节都必须有效识别和解决数据跨境流动过程中的安全风险。

3. 临港新片区金融交易数据跨境流动的主攻方向

从新体制、新机制、新主体和新模式的“四新”角度，提出临港新片区金融交易数据跨境流动的主攻方向（如图 6－12）。

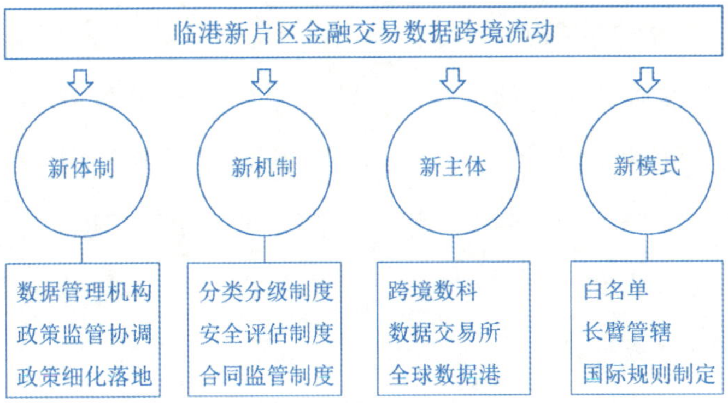

图 6－12　临港新片区金融交易数据跨境流动结构图

从新体制角度，应明确跨境数据监管的责任机构。首先，临港新片区牵头成立数据跨境流动监管委员会，在数据确权、价值评估、法律合规等方面提出专业建议。其次，成立数据跨境流动监管协调小组。负责落实跨境数据监管流动监管委员会的决策。明确自身责任导向的基础上，指导、协调、督促个人或企业加强金融数据管理，抓好金融交易数据流动出入境的安全建设，保障金融交易主体的信息安全。最后，加强数据跨境流动的政策细化落地，提升金融交易数据监管工作的合法性、有序性、高效性，切实推进金融交易数据安全有序的流动。

从新机制角度，应健全数据跨境流动的制度体系。首先，建立分类分级的数据跨境流动管理制度。通过建立金融交易数据的分级管理，监管机构针对不同等级的金融数据，对其施行不同程度的跨境流动规制和监管，进一步推进临港新片区金融交易数据跨境流动监管制度的细化。其次，建立数据跨境流动的安全风险评估制度。要明确安全风险评估的触发机制、内容、流程，完善相关制度体系。只有在开展安全风险评估的前提下，才能切实保障数据流动的安全。最后，建立合法有序的合同监管制度。金融主体在法律规定的范围内依据合同进行自由交易，但对于利用合同危害国家和社会利益的主体，监管部门需采取相应的措施依法惩处合同主体。

从新主体角度，应以企业主体推动跨境数据落地。以上海数据交易所成立为契机，建立以跨境数科为载体，结合“全球数据港”建设，推动金融交易数据跨境流动的实施落地。首先，以跨境数科为核心的企业主体。明确上海数据交易所与跨境数科的差异化定位，充分发挥企业主体的积极性、主动性和灵活性。其次，科学推进“国际数据港”建设。银行等大型金融机构对跨境业务给予支撑，需要数据中心分离等现实需求。最后，明确上海数据交易所定位。上海数据交易所面向全球的数据跨境流动，是数据交易形式的跨境数据流通的主渠道。

从新模式角度，应接轨全球跨境数据流动规制。首先，建立我国数据跨境流动的“白名单”。一方面，中国要与欧盟协商达成“充分性认定”，积极争取进入欧盟的“白名单”国家行列，以便共享国家间的金融交易数据信息，这样更有利于新片区实现金融交易的快速发展。另一方面，通过调查我国境内金融交易数据流向国家或地区的安全性并做出风险评估，对于达到中国充分性保护要求标准的国家或地区，将其纳入我国的“白名单”中。其次，采取“长臂管辖”获取全球数据资源。西方经济体不断强化数据出境的“长臂管辖”，我国可扩大金融交易数据的管辖权和受理范围，可以临港新片区为中心，逐步向外扩散。最后，主导全球数据跨境流动的规则制定。临港新片区要积极发挥自己的产业优势、地理优势，以前瞻性的战略视野，积极响应双边、多边机制。我国也要加强与各国的合作与交流，主动参与到国际跨境数据规则的制定中，借助“一带一路”、亚太自由贸易区等平台与他国进行磋商与谈判，扩大我国在全球跨境数据流动规制方面的影响力和话语权，汲取优质的经验，积极构建起以我国为主导的“跨境数据流动圈”，以期实现我国金融交易数据跨境流动的安全和利益。

主要参考文献

[1] Agustín Carstens, 徐泽, 蔡子键, 等. 中央银行数字货币: 从理念迈向实践 [J]. 经济导刊, 2021 (06): 74 - 79.

[2] 安连成.《阻断外国法律与措施不当域外适用办法》的法律意义 [J]. 中国外资, 2021 (05): 90 - 92.

[3] 陈得文. 系统性风险与跨境资本流动管理——宏观审慎管理与资本管制效果的比较 [J]. 南方金融, 2016 (05): 46 - 54.

[4] 陈高松. 中国跨境资金流动监管有效性研究 [D]. 中共中央党校博士学位论文, 2014.

[5] 陈军, 侯军强, 郭文峰, 李小梅. 我国全口径跨境融资宏观审慎管理问题研究 [J]. 西部金融, 2018 (06): 25 - 29.

[6] 陈连颐. 微笑曲线——构建完整产业链的核心密码 [J]. 中国禽业导刊, 2019, 36 (21): 31 - 36.

[7] 陈楠. 当代中国城市外交的理论与实践探索 [D]. 华东师范大学, 2018.

[8] 陈姗姗; 金叶子. "因海而生、向海而兴" 驰骋海空再启程 [N]. 第一财经日报, 2021 - 11 - 05.

[9] 陈西果. 全球流动性泛滥: 成因、危害及我国应对策略 [J]. 经济研究参考, 2011 (31): 40 - 47.

[10] 陈晓静, 乔继凡, 张宇. 上海自贸试验区临港新片区统筹发展在

岸与离岸业务研究［J］. 科学发展，2021－10－20.

［11］陈志成，余运江，王泓，等. 上海数字经济发展策略［J］. 科学发展，2020，7：87－97.

［12］程敏. 企业知识产权管理体系的构建浅析［J］. 科技与创新，2017（08）：86.

［13］程实. 加快数字货币研发，应对未来国际货币体系升维竞争［J］. 现代商业银行，2020（13）：20－25.

［14］曹啸. 上海自贸试验区临港新片区发展跨境金融服务研究［J］. 科学发展，2021－01－15.

［15］崔亚光，张玥. 宏观审慎视角下我国跨境资本流动风险识别与调控工具选择［J］. 金融发展评论，2017（04）：122－129.

［16］常燕军，赖柳柳. 全球三大自由贸易港金融管理政策对上海自贸区的启示［J］. 秘书（01）：12.

［17］丁剑平，管珺. 稳慎推进人民币离岸业务［J］. 中国金融，2021（18）：74－76.

［18］丁剑平. 上海发展人民币离岸交易研究［J］. 科学发展，2022（03）：53－61.

［19］丁剑平，郭凤娟. 外汇期货发展的国际经验与启示［J］. 中国外汇，2021（17）：14－16. DOI：10. 13539/j. cnki. 11－5475/f. 2021. 17. 003.

［20］丁树成，曹鲁峰，连飞. 资本账户开放、跨境资本流动与宏观审慎管理——基于动态随机一般均衡分析［J］. 金融发展评论，2017（06）：118－129.

［21］丁艺，李树丞，李林. 中国金融集聚程度评价分析［J］. 软科学，2009，23（06）：9－13.

［22］丁弋弋. 构建"3＋6"新型产业体系 上海绘就先进制造业"十四五"蓝图［J］. 上海信息化，2021（10）：6－11.

［23］杜莉，谢皓. 中国与主要竞争对手对美高技术产品出口竞争力比

较——基于出口相似度指数与转移份额分析方法［J］. 技术经济，2011，30（09）：7－14.

［24］邓敏，蓝发钦. 金融开放背景下国际资本流动的审慎管理——新兴市场经济体的经验［J］. 金融理论与实践，2012（02）：20－25.

［25］董明，袁瑞卿，任清.301 调查冲击波［J］. 中国外汇，2018（07）：16－18.

［26］董翔. 鼓楼：五千亿主城的新时代“出海”［N］. 新华日报，2021－10－11（A03）.

［27］邓志超与景建国，自由贸易账户与多账户体系比较研究［J］. 新金融，2019（12）：第21－25页.

［28］付保宗，余新创，刘振中，徐建伟，于潇宇. 新形势下全球供应链调整趋势及对我国供应链运行的影响［J］. 科学发展，2022（06）：29－38.

［29］冯果，张阳. 债券市场国际化的结构困局及其治道突破［J］. 社会科学战线，2020（03）：178－191.

［30］冯晓鹏. 为人民办实事 助力跨境电商发展［J］. 中国海关，2022（01）：32－33.

［31］冯正霖会见上海市市长应勇签署《关于推进新时代上海民航高质量发展战略合作协议》［J］. 民航管理，2019－07－15.

［32］傅士华. 上海国际金融中心涉外金融税收制度的需求与供给［J］. 科学发展，2019－10－20.

［33］傅旭亮. 数字贸易：经济发展新动能［J］. 成才与就业，2021（12）：16－17.

［34］甘爱平，罗雅文. 上海建立国际航运碳资产交易中心的对策［J］. 当代经济，2016－03－20.

［35］龚关. 宏观审慎监管视角下跨境资本流动风险监测预警研究［D］. 天津财经大学，2019.

[36] 高洪民. 构建上海双循环金融战略链接及债市开放的作用 [J]. 债券, 2022 (02): 16-19.

[37] 高慧清, 任建武. 跨境资本流动、银行风险承担与宏观审慎政策有效性 [J]. 郑州航空工业管理学院学报, 2019, 37 (05): 96-106.

[38] 国家外汇管理局江苏省分局资本项目处课题组, 陈国宁. 跨境资本流动的价格型宏观审慎监管工具研究 [J]. 金融纵横, 2017 (01): 28-34.

[39] 国务院关于印发中国 (上海) 自由贸易试验区临港新片区总体方案的通知 [N]. 中华人民共和国国务院公报, 2019-08-20.

[40] 郭建伟. 中国跨境资金流动的宏观审慎调控手段及其协调配合研究 [J]. 金融发展研究, 2016 (11): 26-33.

[41] 葛奇. 宏观审慎管理政策和资本管制措施在新兴市场国家跨境资本流出入管理中的应用及其效果——兼析中国在资本账户自由化过程中面临的资本流动管理政策选择 [J]. 国际金融研究, 2017 (03): 3-14.

[42] 高秀成, 张靖, 刘飞. 跨境资本流动的宏观审慎管理工具研究 [J]. 经济问题, 2018 (04): 22-25.

[43] 关蕴珈. "一带一路" 高质量发展与数字人民币跨境使用 [J]. 福建金融, 2022 (10): 18-25.

[44] 关益众, 刘莉亚, 程天笑. 国际资本流动 "突然中断" 的预警指标体系研究 [J]. 财经研究, 2013, 39 (02): 4-14+91.

[45] 黄国妍, 孟晨阳, 栗凡. 上海金融中心功能演进与功能拓展研究 [J]. 全球城市研究 (中英文), 2020, 1 (01): 135-146+191-192.

[46] 黄剑辉, 张超. 打造数字化碳金融平台助力碳中和目标达成 [J]. 现代国企研究, 2022 (04): 29-33.

[47] 胡建华. 逆周期资本缓冲能否消除我国商业银行顺周期行为? [J]. 财经问题研究, 2013 (11): 48-54.

[48] 金成晓, 李岩松, 姜旭. 跨境资本流动、宏观审慎管理与金融稳

定［J］. 世界经济研究，2020（03）：46－59＋136.

［49］景麟德. 加快构建我国跨境资本流动的宏观审慎管理体系［J］. 现代管理科学，2018（04）：45－47.

［50］靖立坤. 资本项目：重点推进外汇监管方式改革［J］. 中国外汇，2016（Z1）：47－50.

［51］纪敏，陈得文. 跨境资本宏观审慎管理［J］. 中国金融，2016（15）：42－44.

［52］纪慰华. 上海自贸试验区、临港新片区、浦东新区的功能联动和错位发展［J］. 科学发展，2021－07－20.

［53］贾儒楠. 都市圈：城市发展的方向［J］. 生态经济，2014，30（08）：2－5.

［54］蒋润祥，魏长江. 宏观审慎政策框架的最新理论和实践进展［J］. 南方金融，2012（05）：4－9.

［55］金祥荣，徐子福，霍炜. 中国资本流动风险预警研究［J］. 经济理论与经济管理，2006（10）：22－27.

［56］蒋一乐. 从全球人民币市场发展看上海浦东离岸金融中心建设［J］. 中国外汇，2021（19）：39－41.

［57］蒋一乐，何雨霖，李一芃. 金融开放下离岸人民币市场新风险——外汇衍生品隐形负债的估算［J］. 亚太经济，2022（01）：20－27.

［58］金中夏，夯实基础，走向自由浮动——成功的浮动汇率要求良好的货币与财政纪律［J］. 新金融评论，2020（04）：67－85.

［59］金中夏，赵岳与王浩斌，人民币：从市场化走向国际化［M］. 2021：中国金融出版社.

［60］康彬彬，易文琴，刘鑫，等. 跨境电商时代下的政策研究与探索——以中国（广州）的电子商务政策为例［J］. 现代商业，2017，10：83－84.

［61］李波. 宏观审慎政策框架与金融体制改革［R］. 中国金融四十

人课题报告，2016.

[62] 李锋，陆丽萍．临港新片区服务国内国际双循环发展战略研究［J］．科学发展，2021（05）：34－42.

[63] 李红，王彦晓．金融集聚、空间溢出与城市经济增长——基于中国 286 个城市空间面板杜宾模型的经验研究［J］．国际金融研究，2014（02）：89－96.

[64] 李金龙．义乌跨境电商保税物流平台的探索［J］．中国流通经济，2015，29（07）：30－34.

[65] 李佳耘．我国跨境资本流动预警指标体系构建研究［D］．天津财经大学，2019.

[66] 李良艳．人民币期货发展研究［D］．中共中央党校，2017.

[67] 李猛．中国自由贸易港发展离岸业务的国际经验借鉴［R］．2019.

[68] 李娜．自贸试验区离岸金融业务的配套税收政策研究［J］．国际税收，2019（02）：17－20. DOI：10.19376/j.cnki.cn10－1142/f.2019.02.003.

[69] 李青，颜守保，施翠娥．主要发达国家系统性金融风险监管分析及经验借鉴［J］．经济师，2020（09）：117－120.

[70] 李伟，乔兆颖，吴晓利．宏观审慎视角下短期跨境资本流动风险防范研究［J］．金融发展研究，2015（04）：40－46.

[71] 李伟，乔兆颖，柳光程．中国跨境资金流动监测预警指标体系研究［J］．金融理论与实践，2013（04）：56－59.

[72] 李文泓．关于宏观审慎监管框架下逆周期政策的探讨［J］．金融研究，2009（07）：7－24.

[73] 李向阳．跨境电商监管的国际实践和经验借鉴［J］．海关与经贸研究，2019，40（03）：50－61.

[74] 刘国风，和金生．全球化视角下的国际投机资本流动风险预警［J］．税务与经济，2010（03）：23－27.

[75] 刘磊，南平．义乌实践：着力打造“知识产权生态最优市”[J]．中华商标，2018（12）：9－13.

[76] 刘如，周京艳．我国数字经济外循环面临的跨境数据流动政策问题与对策[J]．科技中国，2021（04）：53－56.

[77] 刘玚，李佳耘．逆全球化视角下我国跨境资本流动监测预警指标体系构建研究[J]．中央财经大学学报，2019（06）：119－128.

[78] 娄鹤，陈国彧．中国企业个人数据跨境传输最佳法律实践探讨[J]．信息安全与通信保密，2019（08）：50－62.

[79] 陆简，离岸人民币货币创造探析——机制、特殊性及其政策含义[J]．上海金融，2018（05）：34－39.

[80] 陆简，网络经济视角下的人民币国际化[J]．上海金融，2015（05）：第30－35页．

[81] 林江鹏，黄永明．金融产业集聚与区域经济发展——兼论金融中心建设[J]．金融理论与实践，2008（06）：49－54.

[82] 林潇．试论我国跨境短期资本流动监管与风险防范[J]．财会通讯，2012（23）：47－49.

[83] 赖洁瑜．自贸区背景下跨境电商发展问题研究——以广东自贸区为例[J]．现代商贸工业，2018，39（34）：27－28.

[84] 连平，离岸金融研究[M]．2002：离岸金融研究．

[85] 卢友东，袁君．广州市白云区跨境电子商务发展对策研究[J]．对外经贸，2019（11）：73－76＋84.

[86] 马爱琳，宋蔚．我国跨境资本流动宏观审慎政策有效性研究——基于贝叶斯VAR模型[J]．西部金融，2020（12）：4－10.

[87] 马威，肖帅．金融危机预警指标体系及其结构方程模型构建[J]．中南大学学报（社会科学版），2014，20（04）：47－52.

[88] 马勇，陈雨露．资本账户开放与系统性金融危机[J]．当代经济科学，2010，32（04）：1－8.

[89] 民建上海市委．对标更高水平改革创新，贡献上海智慧临港样本[N]．联合时报，2021－03－19（007）．

[90] 闵琦．拓展上海航空业发展新空间[N]．中国经济导报，2015－03－07.

[91] 庞超然，林源，张爽，杜奇睿．上海自贸试验区临港新片区制度集成创新研究[J]．科学发展，2021－08－20.

[92] 彭峰．宏观审慎目标下跨境资金流动有效监管的难点与对策[J]．金融经济，2015（20）：104－106.

[93] 彭化非．中国跨境资金流动的波动性及影响因素研究——基于人民币国际化和资本项目开放的背景[J]．南方金融，2017（10）：3－12.

[94] 平晓冬，赵文兴，彭英．宏观审慎的跨境资金流动调节工具选择和设计[J]．金融发展研究，2016（04）：59－63.

[95] 其格．临港新片区的法治期待[J]．上海人大月刊，2019，11：48.

[96] 冉从敬，刘瑞琦，何梦婷．国际个人数据跨境流动治理模式及我国借鉴研究[J]．信息资源管理学报，2021，11（03）：30－39.

[97] 茹乐峰，苗长虹，王海江．我国中心城市金融集聚水平与空间格局研究[J]．经济地理，2014，34（02）：58－66.

[98] 任新建，李浩，张苑．论打造全球人民币资产交易、定价和清算中心对上海国际金融中心建设的战略意义[J]．上海金融，2012－01－25.

[99] 施东辉，何勇．设立国际金融交易平台打造临港新片区开放新高地[N]．第一财经日报，2020－10－12.

[100] 苏耿斌．我国跨境资金流动宏观审慎管理研究[D]．华南理工大学，2018.

[101] 沈杭．浙江出台金融支持跨境电商九条举措[N]．金融时报，2021－08－06（003）．

[102] 上海国际航运中心与特殊经济功能区联动发展研究[R]．汪传

旭．科学发展 2021－09－20.

［103］．上海市统计局，国家统计局上海调查总队．2020 年上海市国民经济和社会发展统计公报［J］．统计科学与实践，2021（03）：12－23.

［104］《上海临港新片区民用航空产业规划》发布［J］．航空维修与工程，2021－09－20.

［105］宋杰．中欧班列“朋友圈”越来越大“沪欧通”上海发车，建起移动的“跨境电商海外仓”［J］．中国经济周刊，2018，15：74－76.

［106］宋金桂．构建宏观审慎风险预警机制［J］．中国外汇，2016（17）：78－79.

［107］宋巍．我国经济新常态下影子银行的风险预警实证研究［J］．技术经济与管理研究，2018（01）：63－66.

［108］宋薇萍．临港新片区“十四五”规划出炉 描绘制度创新和产业发展蓝图［N］．上海证券报，2021－08－13（002）.

［109］宋玉洁．我国对外直接投资风险预警机制与防范研究［D］．山东师范大学，2018.

［110］孙天琦等，“离岸金融”研究［J］．上海金融，2018（11）：14－18.

［111］孙喜涛．深圳市专利资助申请管理系统的研究与实现［D］．电子科技大学，2010.

［112］邵亚良．上海建设国际性财富与资产管理中心的目标与路径［J］．上海金融，2013－07－15.

［113］施颖云．上海建设全球资产管理中心的破局之路［J］．上海商业，2019－08－10.

［114］深圳科工贸信委．深圳：打造电子商务强市［J］．中国科技投资，2012，6：31－37.

［115］唐宏飞．宏观审慎管理框架下跨境资本流动监管问题研究［J］．南方金融，2014（08）：38－41.

［116］田拓，马勇．中国的短期跨境资金流动——波动性测度及影响因素分析［J］．金融研究，2013（12）：87－99.

［117］伍戈与杨凝，离岸市场发展对本国货币政策的影响——一个综述［J］．金融研究，2013（10）：第81－100页．

［118］伍戈，严仕锋．跨境资本流动的宏观审慎管理探索——基于对系统性风险的基本认识［J］．新金融，2015（10）：14－18.

［119］王可．提升运输效率和供应链韧性［N］．中国证券报，2021－11－05.

［120］王力．上海已展现引领航运业发展影响力［N］．解放日报，2021－11－04.

［121］王曼．稳步发展离岸贸易 赋能外贸高质量发展［N］．中国贸易报，2022－08－23（003）．DOI：10.28113/n.cnki.ncmyb.2022.000894.

［122］王敏，张辉．新加坡金融业税收优惠政策及其借鉴［J］．2021（2015－11）：10－13.

［123］王敏，张辉．新加坡金融业税收优惠政策及其借鉴［J］．国际税收，2015（11）：10－13.DOI：10.19376/j.cnki.cn10－1142/f.2015.11.003.

［124］王琦．关于我国国际资本流动影响因素计量模型的构建和分析［J］．国际金融研究，2006（06）：64－69.

［125］王如玉，王志高，梁琦，陈建隆．金融集聚与城市层级［J］．经济研究，2019，54（11）：165－179.

［126］王世华，何帆．中国的短期国际资本流动：现状、流动途径和影响因素［J］．世界经济，2007（07）：12－19.

［127］王书朦．我国跨境资本流动的宏观审慎监管研究——基于新兴经济体的国际借鉴［J］．金融发展研究，2015（11）：33－39.

［128］王维安，钱晓霞．金融开放、短期跨境资本流动与资本市场稳定——基于宏观审慎监管视角［J］．浙江大学学报（人文社会科学版），2017，47（05）：196－212.

［129］王文嫣．上海将加快向世界一流国际航运中心进军［N］．上海证券报，2021－11－05.

［130］王宇，郭新强，干春晖．关于金融集聚与国际金融中心建设的理论研究——基于动态随机一般均衡系统和消息冲击的视角［J］．经济学(季刊)，2015，14（01）：331－350.

［131］汪文姣．广州市跨境电商发展的现状和对策研究［J］．现代商贸工业，2018，39（19）：52－54.

［132］汪洋．中国的资本流动：1982～2002［J］．管理世界，2004(07)：43－52＋155.

［133］温韧．上海自贸试验区新片区服务贸易海关监管模式设计和政策研究［J］．科学发展，2020，8：40－49.

［134］吴轶．上海建设全球资产管理中心研究［J］．科学发展，2020－10－20.

［135］吴轶．上海建设全球资产管理中心战略路径与对策［J］．科学发展，2019－01－20.

［136］肖本华．上海自贸试验区临港新片区发展金融交易平台思路和举措［J］．科学发展，2020（07）：30－40.

［137］肖继五，李沂．顺周期国际资本流动——影响因素、负面效应及反向调节［J］．山西财经大学学报，2010，32（03）：38－47.

［138］肖奎喜，杨岩．纽约增强城市辐射力研究——兼论对广州的启示［J］．城市观察，2013（05）：54－63.

［139］谢宏武，刘欣．跨境电子商务物流发展问题及对策［J］．中国市场，2017，3：79－80.

［140］谢司阳．宏观审慎视角下的跨境资本流动管理［J］．时代金融，2018（18）：200＋206.

［141］谢文卿，吴文娟．全球经济继续下行港口生产尚未复苏——全球港口发展半年报［J］．中国航务周刊，2020，40：37－39.

[142] 熊健．上海自贸区临港新片区发展模式与空间对策研究［J］．上海城市规划，2020（05）：57－62.

[143] 夏骥．上海自贸试验区临港新片区引领长三角更高质量一体化发展［J］．科学发展，2020－03－20.

[144] 夏悦，张宝明．后疫情时代上海自贸区临港新片区发展优化研究［J］．物流科技，2021，44（10）：93－96.

[145] 许璐．跨境电商产业链生态系统构建思路探析［J］．投资与创业，2021，32（19）：217－219.

[146] 徐强．长三角建设世界汽车产业集群的路径选择［J］．浙江经济，2021，9：26－28.

[147] 熊世伟，爨谦．提升上海产业链现代化水平，强化高端产业引领功能［J］．科学发展，2021（10）：14－23.

[148] 于斌斌．金融集聚促进了产业结构升级吗：空间溢出的视角——基于中国城市动态空间面板模型的分析［J］．国际金融研究，2017（02）：12－23.

[149] 于海云．后金融危机时代苏州城市产业竞争力提升的机遇及对策［J］．长春金融高等专科学校学报，2010（04）：40－42.

[150] 闫碧洁．大宗商品市场国际化进程加快［N］．期货日报，2021－10－22（007）．DOI：10.28619/n.cnki.nqhbr.2021.003386.

[151] 闫燕，叶金龙．中国（上海）自由贸易试验区临港新片区若干问题研究［J］．国际商务财会，2020，1：20－23.

[152] 殷凤，陈允宏．浦东构建离岸金融体系的重点举措与风险防范策略［J］．科学发展，2021－11－20.

[153] 易纲，遵循三大原则扩大金融业对内对外开放［J］．中国金融家，2018（06）：18－19.

[154] 易莞姣，唐利军．宏观审慎外汇监管工具的国际经验及启示［J］．区域金融研究，2018（04）：33－35＋51.

［155］袁吉伟．英国资产管理行业的发展与启示［J］．金融博览（6）：3.

［156］袁晓霞．金融集聚问题研究［D］．厦门大学，2008.

［157］杨佳茵．发展数字贸易还看数字服务［J］．中国信息界，2021（04）：30－33.

［158］杨璘璘．服务“一带一路”的广州高端跨境电商人才培养路径研究［J］．高教学刊，2016，19：3－6.

［159］晏丘．外汇管理中的中国均衡［J］．中国金融，2012（1）：79－81.

［160］颜晓斌．上海自贸试验区临港新片区发展金融交易平台思路研究［J］．商讯，2021－04－05.

［161］曾雪根，徐杨，李秋晴．义乌中小企业专利管理及专利策略研究［J］．科学导报，2014，7：135.

［162］张春，蒋一乐，刘郭方．中国资本账户开放和人民币国际化的新路径：境内人民币离岸金融体系建设［J］．国际经济评论，2022（04）：30－47.

［163］张春．资本账户开放与离岸金融中心建设［J］．中国金融，2020（18）：24－26.

［164］张春，蒋一乐．央行应该考虑离岸流动性操作以保证宏观政策自主性和金融稳定［J］．国际金融，2021（05）：50－57.

［165］张大卫，喻新安，王小艳．跨境电商蓝皮书：中国跨境电商发展报告（2020）［M］．北京：社会科学文献出版社，2020.

［166］张光平．人民币产品创新和风险管控［J］．国际金融研究，2006（08）：4－10.

［167］张广婷．新兴市场国家跨境资本流动的驱动因素研究——基于因子分析法的实证分析［J］．世界经济研究，2016（10）：42－61＋135－136.

[168] 张国云．长三角亟待金融高质量一体化 [J]．中国发展观察，2020 (Z8)：67 - 70.

[169] 张昊．知识产权：价值链分工时代产业升级的核心 [EB/OL]．经济参考网．2018 - 08 - 29. http：//www.jjckb.cn/2018 - 08/29/c_137426472.htm？from = singlemessage.

[170] 张磊．"双循环"视域下打造上海国际航运中心高质量发展格局实践路径 [J]．对外经贸实务，2021 - 11 - 10.

[171] 张明：跨境资本流动新特征与资本账户开放新讨论 [J]．财经智库．2022 (01)．

[172] 张茉楠．数字主权背景下的全球跨境数据流动动向与对策 [J]．中国经贸导刊，2020 (12)：49 - 52.

[173] 张强．全球五大都市圈的特点、做法及经验 [J]．城市观察，2009 (01)：26 - 40.

[174] 张清正．异质性视角下中国金融业集聚及影响因素研究 [J]．经济问题探索，2015 (06)：162 - 169.

[175] 张帅．资本流动风险主要预警模型述评 [J]．金融理论探索，2017 (02)：71 - 78.

[176] 张帅．"丝绸之路经济带"背景下中国对哈萨克斯坦资本流动风险预警研究 [J]．金融发展评论，2016 (08)：34 - 44.

[177] 张炜，翁默斯，王良，沈锦璐，周翔宇．上海自贸试验区临港新片区集聚海内外人才开展国际创新协同研究 [J]．科学发展，2021 - 11 - 20.

[178] 张毅．"网上丝绸之路"越走越宽 [N]．经济日报，2019 - 05 - 24 (007).

[179] 张岩．密集政策的出台促跨境电商行业强劲增长 [J]．中国对外贸易，2019 (01)：28 - 31.

[180] 张杨．上海国际金融中心发力更高能级 [N]．解放日报，2021 -

08－25.

[181] 张中华．汇率、国际资本流动与经济发展［J］．财贸经济，2007（07）：73－77.

[182] 赵晓菊．上海建设全球资产管理中心研究［J］．科学发展，2020－04－20.

[183] 郑杨．金融宏观调控与外汇管理市场化选择［J］．中国货币市场，2010（10）：4－7.

[184] 钟震，郭立，姜瑞．当前我国跨境资本流动：特点、成因、风险与对策［J］．宏观经济研究，2015（12）：3－13＋85.

[185] 卓夫．业内嘉宾在第十二届陆家嘴论坛上倡议加快推进上海全球资产管理中心建设［J］．中国金融家，2020－07－15.

[186] 中国部委联合赴欧创业投资考察团，刘健钧．欧洲创业投资发展及启示［J］．证券市场导报，2012，000（001）：4－9.

[187] 中国人民银行海口中心支行课题组，曹协和．离岸金融市场发展的国际经验及启示——基于海南自由贸易港视角［J］．海南金融，2021（01）：76－87.

[188] 中国人民银行上海总部跨境人民币业务部课题组，施琍娅．开放环境下跨境资金流动宏观审慎管理政策框架研究——基于上海自贸区的实践思考［J］．上海金融，2016（06）：64－73.

[189] 中国（上海）自由贸易试验区临港新片区总体方案［N］．解放日报，2019－08－07.

[190] 周豪，温小敏．跨境资金流动风险监测预警指标体系的构建与实证分析［J］．上海金融，2010（05）：73－77.

[191] 周海成．国际大都市科技创新与金融“双中心”建设的经验与启示——以纽约、伦敦为例［J］．科学管理研究，2016，34（01）：105－108.

[192] 周坚男，朱海鹏，杨坚争．上海市跨境电子商务发展情况分析

[J]. 中国林业经济，2018，1：24－27.

[193] 周文斌，闫彦明，黄超，马隽卿，阮立遥. 上海建设离岸人民币债券市场：国际经验与发展建议 [J]. 上海金融，2022 (06)：2－11. DOI：10.13910/j.cnki.shjr.2022.06.001.

[194] 周小川. 金融政策对金融危机的响应——宏观审慎政策框架的形成背景、内在逻辑和主要内容 [J]. 金融研究，2011 (01)：1－14.

[195] 周小全. 加快推进全球资产管理中心建设 [J]. 中国金融，2021－06－16.

[196] 邹兆敏. 上海国际金融中心建设对"一带一路"沿线国家市场要素配置影响的研究——兼论临港新片区金融服务定位 [J]. 上海立信会计金融学院学报 2020－06－20.

[197] 朱辉. 金融集聚对区域经济增长的影响效应研究 [D]. 上海社会科学院，2019.

[198] 朱贤强，何朋，胡豫陇. 跨境电商对我国服务贸易竞争力的影响及应对 [J]. 经济纵横，2020，6：109－114.

[199] 朱林. 政府机构改革后，义乌会展业探索新的发展方向——专访义乌市市场发展委员会主任楼小东 [J]. 中国会展，2019，7：48－49.

[200] 朱琳. 中国跨境资本流动宏观审慎管理 [J]. 未来与发展，2019，43 (04)：18－22.

[201] Asset and Wealth Management Activities Survey 2020 [R], SECURITIESANDFUTURESCOMMISSION.

[202] Bandid Nijathaworn. Marco－prudential Policies and Capital Flows—Managing under the New Globalization [R]. BISReview, 2010 (141).

[203] BorioC.. Toward sa Macro－prudential Framework for Financial Supervision and Regulation [J]. CESIE conomic Studies, 2003 (02): 49.

[204] Bossone, B., Mahajan, S., and Zahir, F. Financial Infrastructure, Group Interests, and Capital Accumulation [R]. IMF Working Papers 2003,

024，A001.

[205] Brouwer HJ. Macroprudential supervision：from concept to practice [J]. SUERF - The European Money and Finance Forum，2010.

[206] Chong T，Wong V. Asset Management Industry Development in Hong Kong，Singapore and China [D]. 2012.

[207] CrockettA.. Marrying the Micro - and Marco - prudential Dimensions of Financial Stability [R]. Speech at the 11th International Conference of Banking Supervisors，2000.

[208] Feldman M P.，Innovation in Cities：Science - Based Diversity，Specialization and Localized Competition (September 1998) [J]. CEPR Discussion Paper Series No. 1980.

[209] Gabriele Galati，Richhild Moessner. Marco - prudential policy—Aliterature Review [R]. BIS Working Papers，2011 (337).

[210] IMF. Managing Capital Inflows：What Tools to Use? [R]. IMF Staff Discussion Note，April5，2011.

[211] IMF. Recent Experiences in Managing Capital in flows—Cross Cutting The mes and Possible Policy Framework [R]. IMF Policy Paper，2011.

[212] MeadeJ. E. The Balance - of - payment of A European Free - trade Area [J]. The Economic Journal，1957 (267)：379.

[213] MinskyH. P.. The Financial Instability Hypothesis [R]. The Jerome Levy Economics Institute Working Paper，1982 (74).

[214] Murau，S.，J. Rini and A. Haas，The evolution of the Offshore US - Dollar System：past，present and four possible futures [J]. Journal of Institutional Economics，2020. 16.

[215] Nedelj kovic，M. and C. Saborowski，The Relative Effectiveness of Spot and Derivatives Based Intervention [J]：The Case of Brazil. 2016.

[216] Singapore Asset Management Survey 2019 [R]. MAS.

[217] Sphan P. B.. The Tobin Taxand Exchange Rate Stability [J]. Financeand Development, 1996 (02): 24 –17.

[218] Tobin J.. A Proposal for International Monetary Reform [J]. Eastern Economic Journal, 1978 (04): 153 – 159.

[219] Turner, P (2009) . Currency mismatches and liquidity risk: diagnosis and reform. Paper presented at the EBRD High level workshop on Local currency lending and capital market development tine merging Europe and central Asia. London, 3 December.

[220] Unsal, Filiz D. Capital Flows and Financial Stability: Monetary Policy and Macro prudential Responses [M]. International Monetary Fund, 2011.